A – Nº 5.

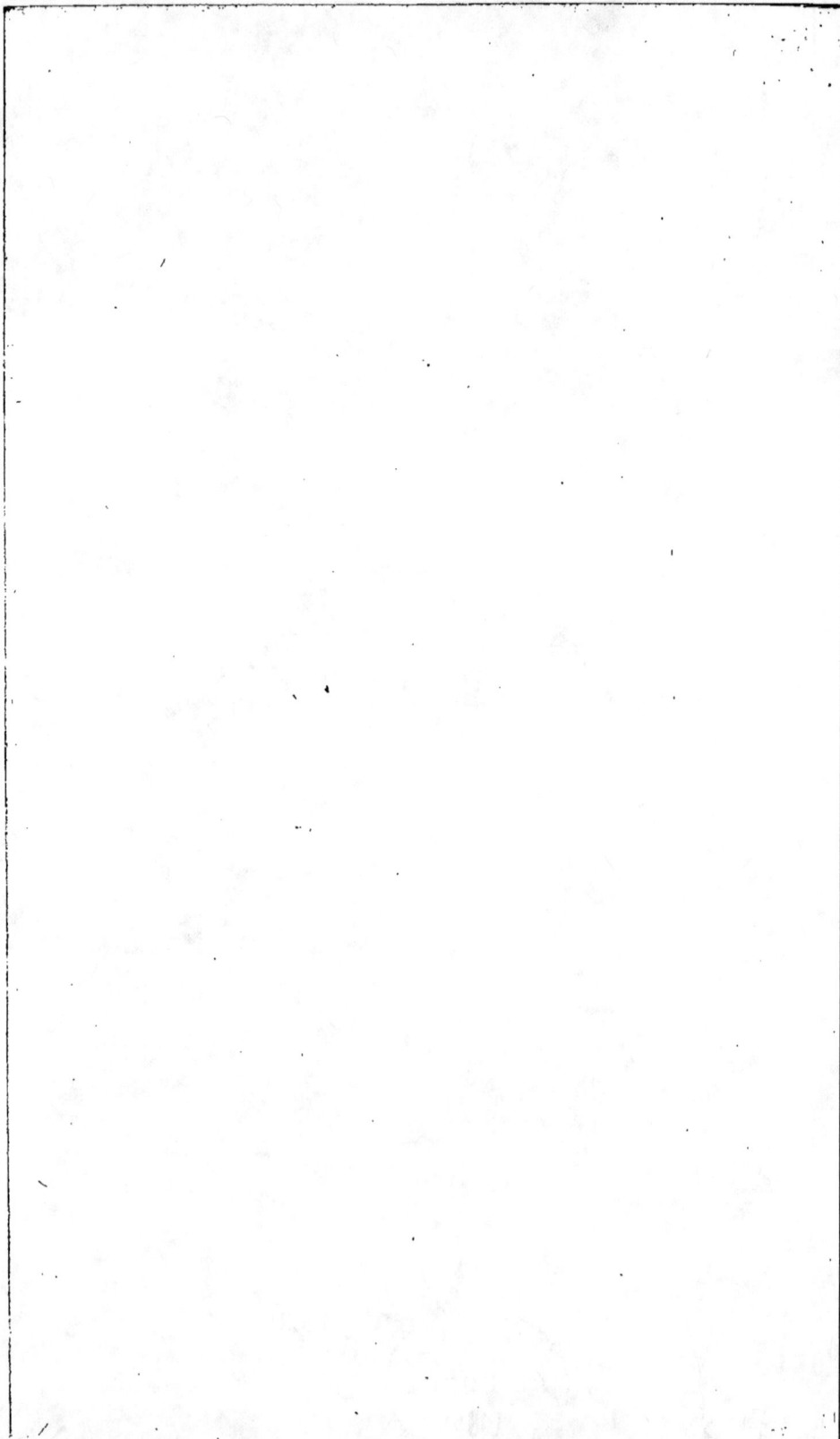

AIDE-MÉMOIRE

DE

MÉCANIQUE PRATIQUE.

OUVRAGES DU MÊME AUTEUR.

———

NOUVELLES EXPÉRIENCES SUR LE FROTTEMENT faites à Metz en 1831, imprimées par ordre de l'Académie des sciences; Paris, 1832 (Bachelier, libraire), un vol. in-4° avec neuf planches.

NOUVELLES EXPÉRIENCES SUR LE FROTTEMENT faites à Metz en 1832, imprimées par ordre de l'Académie des sciences; Paris, 1833 (Bachelier, libraire), un vol. in-4° avec quatre planches.

NOUVELLES EXPÉRIENCES SUR LE FROTTEMENT faites à Metz en 1833, imprimées par ordre de l'Académie des sciences; Paris, 1835 (Bachelier, libraire), un vol. in-4° avec neuf planches.

NOUVELLES EXPÉRIENCES SUR L'ADHÉRENCE DES PIERRES ET DES BRIQUES POSÉES EN BAIN DE MORTIER OU SCELLÉES EN PLATRE, SUR LE FROTTEMENT DES AXES DE ROTATION, SUR LA VARIATION DE TENSION DES COURROIES OU CORDES SANS FIN, EMPLOYÉES A LA TRANSMISSION DU MOUVEMENT, SUR LE FROTTEMENT DES COURROIES A LA SURFACE DES TAMBOURS, faites à Metz en 1834 (Carillan-Gœury, libraire à Paris, quai des Augustins).

EXPÉRIENCES SUR LES ROUES HYDRAULIQUES A AUBES PLANES ET SUR LES ROUES HYDRAULIQUES A AUGETS; Metz, 1836 (L. Mathias et Carillan-Gœury, libraires à Paris).

SOUS PRESSE :

EXPÉRIENCES SUR LES TURBINES; Metz, 1838 (madame Thiel, libraire).

NOTICE SUR DIVERS APPAREILS DYNAMOMÉTRIQUES, PROPRES A MESURER L'EFFORT OU LE TRAVAIL DÉVELOPPÉ PAR LES MOTEURS ANIMÉS OU INANIMÉS ET PAR LES ORGANES DE TRANSMISSION DU MOUVEMENT DANS LES MACHINES.

NOTICE SUR DIVERS APPAREILS CHRONOMÉTRIQUES A STYLE, PROPRES A LA REPRÉSENTATION GRAPHIQUE ET A LA DÉTERMINATION DES LOIS DU MOUVEMENT DANS DIVERS GENRES D'EXPÉRIENCES.

———

METZ, TYPOGRAPHIE DE S. LAMORT. — FIGURES SUR BOIS PAR DEMBOUR.

AIDE-MÉMOIRE

DE

MÉCANIQUE PRATIQUE

A L'USAGE

DES OFFICIERS D'ARTILLERIE

ET

DES INGÉNIEURS CIVILS ET MILITAIRES,

CONTENANT LES PRINCIPALES RÈGLES ET FORMULES PRATIQUES RELATIVES AU JAUGEAGE
ET AU MOUVEMENT DES EAUX, A L'ÉCOULEMENT DES GAZ, A LA FORCE DES COURS D'EAU,
A L'EFFET UTILE ET A L'ÉTABLISSEMENT DES ROUES HYDRAULIQUES ET DES MACHINES A
VAPEUR, AUX VOLANS, AUX COMMUNICATIONS DU MOUVEMENT, A LA DÉTERMINATION
DES DIMENSIONS A DONNER AUX PRINCIPALES PIÈCES DES MACHINES, ET LES RÉSULTATS
DE L'EXPÉRIENCE SUR L'EFFET UTILE DES MOTEURS ET DES MACHINES EMPLOYÉES AUX
ÉPUISEMENS, A DIFFÉRENTES FABRICATIONS ;

DEUXIÈME ÉDITION,

Augmentée de résultats nouveaux d'expériences sur les turbines, des règles à employer pour calculer la
flexion des diverses pièces de support, la poussée des voûtes, leurs dimensions et celles de leurs
piédroits, la poussée des terres, l'épaisseur à donner aux murs de revêtement, les dimensions
des pièces de charpente des planchers et des toitures, et de plusieurs autres additions ;

PAR ARTHUR MORIN,

CAPITAINE D'ARTILLERIE, ANCIEN ÉLÈVE DE L'ÉCOLE POLYTECHNIQUE, PROFESSEUR DE MACHINES A L'ÉCOLE
D'APPLICATION DE L'ARTILLERIE ET DU GÉNIE, MEMBRE DE L'ACADÉMIE ROYALE DE METZ.

METZ.

Mme THIEL, LIBRAIRE-ÉDITEUR, RUE DU PALAIS, 2.

PARIS.

GAUTHIER-LAGUIONIE, LIBRAIRE, RUE ET PASSAGE DAUPHINE, 36.

1838.

TABLE DES MATIÈRES.

—

ERRATA.

—

Pages.	Lignes.	

55   7   de Prony — *lisez :* Eytelvein.

66   29 $t = \dfrac{0,451\,A}{ma}\left(\sqrt{\overline{\mathrm{II}}} - \sqrt{h}\right)$ — *lisez :* $t = \dfrac{0,451\,A}{ma}\left(\sqrt{\overline{\mathrm{II}}} - \sqrt{h}\right)$

126   7 $P\nu = 800\,AV(V-\nu)\nu$ — *lisez :* $P\nu = 81,5\,AV(V-\nu)\nu$.

        12   Multipliez 800 — *lisez :* Multipliez 81,5.

        21   $P\nu = 800 \times 2^{mq},08 \times 2^m \times 1 \times 1 = 333^{km}$ — *lisez :*
            $P\nu = 81,5 \times 2^{mq},08 \times 2^m \times 1 \times 1 = 339^{km}$.

155   29   multiplier — *lisez :* diviser.

287   29 $\frac{3}{5}$ — *lisez :* $\frac{8}{5}$.

AVANT-PROPOS.

———◦◦◦———

Depuis long-temps j'avais pensé qu'un recueil où se trouveraient réunis les résultats les plus importans et les règles de la mécanique appliquée, serait d'une grande utilité pour tous les hommes qui, par leurs fonctions ou leur état, sont appelés à les mettre en pratique. J'hésitais cependant à le publier, parce que je sentais qu'il était indispensable de pouvoir donner aux règles qui y seraient

énoncées, la sanction de l'expérience ; mais la position spéciale dans laquelle je suis placé, m'ayant
permis d'entreprendre et d'exécuter des expériences relatives à un grand nombre de questions
d'applications, je me suis décidé à réunir les résultats les plus importans auxquels conduisent la
théorie et la pratique. L'accueil que les ingénieurs
ont fait à cet ouvrage m'a prouvé que, bien qu'il
soit encore très-incomplet et loin de la perfection
qu'il pourrait atteindre dans des mains plus habiles, j'étais entré dans une route utile, et m'a
déterminé à y persévérer. Quoique la seconde
édition que je publie en ce moment paraisse trop
tôt après la première pour qu'il m'ait été possible
d'y insérer d'aussi nombreuses additions que je
l'aurais désiré, elle en contient cependant quel-
ques-unes relatives à des résultats d'expériences
sur les turbines de M. Fourneyron, sur la poussée
des voûtes, le calcul des épaisseurs à donner à
leurs piédroits et aux murs de revêtement.

Les formules qui expriment les règles rapportées
dans cet ouvrage, ne sont précédées d'aucune
démonstration, et je me suis contenté d'indiquer
la notation et la signification des lettres qui y en-

trent. Mais afin de faire mieux sentir la manière dont on doit les employer dans les applications, je les ai fait suivre d'abord de leur traduction en langage ordinaire, et ensuite d'exemples plus ou moins nombreux, selon les cas, et choisis, autant que possible, parmi des résultats bien constatés d'expériences ou d'observations directes.

Cette traduction des formules, bien superflue sans doute pour des officiers d'artillerie et pour des ingénieurs, a eu aussi pour objet de rendre cet ouvrage utile aux personnes qui n'ont pas l'habitude de se servir des signes algébriques, et si j'ai pu parvenir à énoncer ces règles d'une manière assez claire pour remplir ce but, j'aurai, je l'espère, rendu service à l'industrie, qui depuis long-temps désire des ouvrages dégagés de considérations scientifiques, propres à guider les constructeurs dans les applications.

Mais si des règles pratiques simples et claires sont d'une utilité incontestable, elles doivent avant tout être justes et basées, d'une part, sur des théories mathématiques conformes à la nature des faits, et de l'autre, sur un ensemble d'expériences bien discutées. Il n'y a en effet que le concours de la théorie et de l'observation des faits qui puisse conduire à des conséquences applicables ; car si le théoricien qui ne consulte pas l'expérience s'expose à de graves mécomptes quand il veut passer aux applications , le praticien qui ne discute pas les faits qu'il observe et ne les lie pas par le calcul ou par le raisonnement, ne suit qu'une aveugle routine.

Cet heureux accord de la science et de l'esprit d'observation, s'est rencontré dans ces dernières années , au plus haut degré, chez deux savans illustres qui se sont spécialement occupés de l'application des théories mathématiques à la mécanique industrielle. Feu M. Navier, dont la science regrettera long-temps la perte récente, dans ses notes sur l'architecture hydraulique de Bélidor et dans ses leçons à l'école des ponts et chaussées, et M. Poncelet, dans le cours de machines qu'il a créé à l'école d'application de l'artillerie et du génie, ont fait de la mécanique appliquée une science nouvelle dont l'étude est indispensable à tous ceux qui veulent avoir des principes sûrs pour se guider dans la construction des machines.

C'est en résumant et réunissant les règles que ces savans , et particulièrement M. Poncelet , ont établies, que j'ai rédigé une grande partie de l'Aide-Mémoire que je publie aujourd'hui.

Les règles et formules pratiques relatives au mouvement des liquides et des gaz, qui y sont rapportées, sont extraites de la sixième section du cours professé par M. Poncelet, et des notes qu'il m'a laissées, en quittant l'école de Metz, sur l'écoulement de l'eau, quand le niveau du réservoir est variable. J'ai ajouté à cette dernière partie quelques règles relatives à la vidange des étangs, et j'ai emprunté au traité d'hydraulique du savant M. d'Aubuisson plusieurs exemples relatifs aux écluses de navigation.

Les formules pour calculer l'effet utile des roues hydrauliques, sont celles dont la démonstration est établie dans la septième section de ce même cours, et dans celui de M. Navier, modifiées par des coëfficiens numériques, déduits tant des expériences faites par M. Poncelet sur les roues à aubes courbes, que de celles que j'ai exécutées et publiées moi-même sur les roues à aubes planes et à augets.

Ce chapitre contient aussi le résumé des expériences que j'ai faites en 1837 sur deux turbines établies dans les Vosges, par M. Fourneyron.

Pour les machines à vapeur, les formules théoriques, qui permettent d'en calculer l'effet utile, ont été aussi établies par M. Poncelet, et les coëfficiens de correction qu'on y applique ont été déduits de l'observation des effets réellement obtenus. Mais il serait fort à désirer que de nouvelles expériences vinssent compléter celles que l'on possède sur ce sujet, et mettre à même de déterminer ces coëfficiens d'une manière plus certaine qu'on n'a pu le faire jusqu'à ce jour.

J'ai comparé les résultats d'expériences sur les machines locomotives du chemin de fer de Liverpool à Manchester, obtenus et publiés par M. de Pambour, mon ancien camarade à l'école polytechnique, avec ceux que l'on déduit des formules théoriques, relatives aux machines à haute pression sans détente ni condensation, dans le cas où les robinets d'admission, convenablement proportionnés, sont complètement ouverts, et j'en ai déduit la formule pratique qui permet, dans ce cas et dans des limites convenables de vîtesse et de charge, de calculer l'effet utile de ces machines lorsqu'elles sont en parfait état d'entretien.

Les règles pratiques suivies par Watt et ses successeurs pour la construction des machines à vapeur à basse pression, sont traduites du traité de la machine à vapeur de M. Farey, ouvrage dont la continuation eût été un vrai service rendu à la fabrication de ces machines.

Les règles pratiques pour la détermination des poids et des dimensions des volans, sont déduites de considérations directes et de l'observation de plusieurs machines en activité. Celle qui est relative aux volans des machines à vapeur, est à la fois conforme à la théorie établie pour ce cas par MM. Navier et Poncelet, et à la pratique de Watt.

Pour les communications du mouvement, je n'ai fait que parler succinctement des règles connues et suivies par les constructeurs.

Les résultats sur le frottement sont un résumé de ceux que j'ai obtenus dans les longues séries d'expériences que j'ai exécutées à Metz, dans les années 1831, 1832, 1833 et 1834.

Quant aux formules pratiques pour déterminer les dimensions des principales parties des machines, je les ai extraites du résumé des leçons de mécanique données par feu M. Navier, à l'école des ponts et chaussées; mais j'ai dû en modifier les

coëfficiens numériques selon la destination particulière des pièces auxquelles elles se rapportent,
et pour ce choix je me suis guidé sur des observations directes et sur des données que j'ai pu recueillir dans diverses usines.

Dans la nouvelle édition que je publie aujour-
d'hui, j'ai ajouté à ce chapitre une suite des principales règles nécessaires pour calculer la flexion
des pièces des formes le plus généralement en
usage pour les corps de support, les charpentes etc.,
parce que, dans certains cas, il ne suffit pas que
ces pièces puissent résister aux charges qu'elles
doivent soutenir, mais il importe encore de pouvoir calculer les flexions qu'elles peuvent prendre
sous ces charges.

Dans un autre chapitre nouveau, j'ai réuni les
règles et les tables nécessaires pour calculer la poussée des voûtes, leurs dimensions et celles de leurs
piédroits. C'est un extrait d'un beau mémoire de
M. Petit, capitaine du génie, et imprimé dans le
Mémorial des officiers de ce corps savant.

M. Poncelet a bien voulu me permettre d'insérer dans cet Aide-Mémoire une partie des résultats,
encore inédits, auxquels il est parvenu, sur la pous-

sée des terres et la stabilité des murs de revêtement et dont la recherche lui a fourni la preuve que le grand Vauban avait soumis la discussion du profil des revêtemens, ainsi qu'il le dit lui-même, *aux lois des mécaniques.*

Des règles et des résultats de pratique sur les dimensions à donner aux charpentes des planchers et des toitures terminent ce chapitre, qui, bien que consacré à un sujet étranger aux machines proprement dites, m'a paru devoir être utile aux constructeurs.

Enfin l'ouvrage est terminé par une suite de résultats d'observations sur l'effet utile des moteurs animés, des machines employées aux épuisemens, et sur les quantités de travail nécessaires pour faire marcher les différentes machines de fabrication. Ce dernier tableau pour lequel j'ai recueilli moi-même une partie des données, et dont les autres sont dues à l'obligeance de quelques-uns de mes camarades et de plusieurs industriels, n'est pas aussi complet que je l'eusse désiré, mais les règles rapportées dans le cours de l'ouvrage, pour l'appréciation de l'effet utile des divers moteurs, mettront à même de le compléter, et je serais fort reconnaissant envers les personnes qui, dans ce but, voudraient bien me communiquer des résultats d'observations faites avec soin.

En indiquant rapidement dans quel esprit a été rédigé cet ouvrage, je me suis fait un devoir et un plaisir de reconnaître tout ce que j'ai emprunté, pour sa rédaction, aux travaux de plusieurs auteurs ; mais je ne saurais non plus me dispenser de témoigner ici au comité de l'artillerie, ma reconnaissance pour les moyens de toute espèce qui ont été mis à ma disposition pour l'exécution des nombreuses et diverses expériences que j'ai exécutées. Sans cet appui libéral et digne d'un gouvernement ami de la science et des progrès, il ne m'eût pas été possible d'entreprendre toutes ces recherches.

AIDE-MÉMOIRE

DE

MÉCANIQUE PRATIQUE.

DÉFINITIONS ET NOTATIONS ADOPTÉES.

Dans toutes les formules et règles pratiques qui seront données dans le cours de cet ouvrage, nous attacherons aux mots et aux signes le sens indiqué par les définitions et conventions suivantes.

Force. Les forces qui agissent sur les machines, sont comparables à des poids. En prenant pour unité de cette comparaison le kilogramme, elles seront exprimées par un certain nombre de kilogrammes. La lettre qui désigne la force dans les formules, sera souvent suivie de l'indice *kil.*, pour rappeler cette notation.

Vitesse. La vitesse d'un corps est l'espace qu'il par-

I

court en 1″, quand il se meut uniformément. Quand son mouvement est varié, c'est l'espace qu'il parcourrait en 1″, si, à partir du moment où on le considère, son mouvement devenait uniforme. Le mètre étant l'unité de longueur adoptée, la vitesse sera exprimée en mètres, et rapportée à la seconde prise pour unité de temps.

LES CHEMINS PARCOURUS par les points d'application des forces, seront exprimés en mètres.

QUANTITÉ D'ACTION OU DE TRAVAIL. La quantité d'action ou de travail développée par une force, est le produit de l'intensité de cette force par le chemin parcouru dans sa direction propre. Le kilogramme et le mètre étant respectivement les unités adoptées pour exprimer la force et l'espace, la quantité d'action ou de travail sera représentée par un certain nombre de kilogrammes élevés à un mètre de hauteur, et l'unité de travail sera le kilogramme élevé à un mètre, ce que l'on indiquera souvent dans les formules, en plaçant en dessus et à droite des nombres, qui expriment la quantité d'action ou de travail, l'indice *k.m* en exposant.

Lorsque le travail est long-temps et périodiquement reproduit par l'action des forces, ou pour éviter d'avoir des nombres trop grands pour le représenter, on le rapporte à une certaine période, dont on prend ordinairement la durée égale à celle d'une seconde. On dit alors que la quantité d'action ou de travail dont il s'agit, est un certain nombre de kilogrammes élevés à un mètre en 1″.

FORCE DE CHEVAL DYNAMIQUE. Dans les machines puissantes, les nombres qui exprimeraient la quantité d'action ou de travail développé en 1″, seraient encore très-grands. Cette considération et quelques autres circonstances ont fait adopter par les mécaniciens une autre unité de travail connue sous la dénomination impropre de *force de cheval, cheval vapeur, cheval dynamique*. La valeur le plus généralement adoptée pour cette unité est celle de 75 kil. élevés à un mètre en 1″, et correspond à fort peu près à celle que Watt avait nommée *unité routinière* et qui équivalait à 33 000 livres, avoir du poids, élevées à un pied anglais en 1′.

Cette valeur de la force du cheval n'étant pas cependant employée par tous les praticiens, il est important, dans les calculs et dans les transactions, de spécifier exactement celle que l'on adopte.

MASSE DES CORPS. On nomme ainsi le quotient du poids d'un corps par le nombre g, qui représente la vitesse que les graves acquièrent dans le vide, à la fin de la première seconde de leur chute. A la latitude de l'observatoire de Paris, et pour la France en général $g = 9^m,8088$ environ.

QUANTITÉ DE MOUVEMENT. C'est le produit de la masse d'un corps par la vitesse qu'il possède à l'instant où on le considère.

FORCE VIVE. La force vive possédée par un corps, est le produit de sa masse par le quarré de sa vitesse, à l'instant où on le considère.

PRINCIPE DES FORCES VIVES. Lorsque l'action des forces qui sollicitent un corps, a pour effet de faire varier sa vitesse, la variation de la force vive, qui en résulte, est égale au double des quantités d'action ou de travail développées par les forces qui ont agi sur le corps.

UNITÉS DE MESURES. Les dimensions linéaires seront exprimées en mètres, les surfaces en mètres quarrés et les volumes en mètres cubes, toutes les fois que le contraire ne sera pas expressément spécifié. Le temps sera ordinairement exprimé en secondes.

DE L'ECOULEMENT DE L'EAU.

DE LA DÉPENSE D'EAU QUI SE FAIT EN UNE SECONDE PAR UN ORIFICE.

1. Dans l'écoulement de l'eau par un orifice, il faut distinguer deux cas, ordinairement faciles à reconnaître à la vue simple :

1° Celui où la paroi est assez mince, par rapport aux dimensions de l'orifice, pour que la veine fluide se détache complètement des côtés; on dit alors que la contraction a lieu comme *en mince paroi*. Ce cas est celui qui se présente le plus fréquemment dans les usines : il a lieu toutes les fois que la plus petite dimension de l'orifice n'est pas moindre que l'épaisseur de la paroi ou de la vanne par laquelle l'eau s'écoule, et que celle-ci n'excède pas $0^m,05$ à $0^m,06$;

2° Celui où la paroi ayant une épaisseur au moins égale à une fois et demie la plus petite des dimensions de l'orifice, les filets fluides se rapprochent des parois et les suivent, de manière qu'à l'extérieur ils paraissent se mouvoir parallèlement à ces parois. C'est ce qui a lieu notamment quand l'orifice est prolongé par un tuyau additionnel. Le fluide paraissant sortir en remplissant complètement le tuyau, on dit alors qu'il s'écoule à *gueule-bée*.

2. VITESSE MOYENNE AVEC LAQUELLE L'EAU S'ÉCOULE PAR UN ORIFICE DANS LE PREMIER CAS. Dans le premier cas, si l'écoulement a lieu à l'air libre, la vitesse moyenne de

sortie de l'eau par un orifice de petites dimensions, par rapport à celles du réservoir et à la charge d'eau sur son milieu, est sensiblement égale à *la vitesse due à la hauteur de cette charge.*

Par conséquent en appelant
H la charge sur le milieu de l'orifice,
V la vitesse moyenne d'écoulement de l'eau,
$g = 9^m,8088$ la vitesse que la pesanteur imprime aux graves à la fin de la première seconde de leur chute on a

$$V = \sqrt{2g\mathrm{H}}.$$

Cette relation est connue sous le nom de formule de Torricelli. Elle revient à la règle suivante :

Pour avoir la vitesse due à une charge donnée sur le centre ou le milieu d'un orifice,

Multipliez la hauteur d'eau au-dessus du centre de l'orifice par 19,62, *la racine quarrée du produit sera la vitesse due à cette hauteur.*

3. HAUTEUR A LAQUELLE EST DUE UNE VITESSE DONNÉE D'ÉCOULEMENT. On tire de cette formule la relation

$$\mathrm{H} = \frac{V^2}{2g}$$

qui donne la hauteur correspondante à une vitesse connue, et revient à la règle suivante :

Pour avoir en mètres la hauteur due à une vitesse donnée, divisez le quarré de cette vitesse par 19,62.

4. TABLE DES HAUTEURS ET DES VITESSES CORRESPONDANTES. La table suivante donne les vitesses et les hauteurs correspondantes depuis la vitesse o jusqu'à celle de $9^m,64$ par seconde.

TABLE DES HAUTEURS CORRESPONDANTES A DIFFÉRENTES VITESSES, LES UNES ET LES AUTRES ÉTANT EXPRIMÉES EN MÈTRES.

VITESSE.	HAUTEUR correspond^te.	VITESSE.	HAUTEUR correspond^te.	VITESSE.	HAUTEUR correspond^te.	VITESSE.	HAUTEUR correspond^te.
m	m	m	m	m	m	m	m
0,01	0,00001	0,46	0,0108	0,91	0,0422	1,36	0,0943
0,02	0,00002	0,47	0,0112	0,92	0,0431	1,37	0,0957
0,03	0,00005	0,48	0,0117	0,93	0,0441	1,38	0,0970
0,04	0,00009	0,49	0,0122	0,94	0,0450	1,39	0,0984
0,05	0,00013	0,50	0,0127	0,95	0,0460	1,40	0,0999
0,06	0,00019	0,51	0,0132	0,96	0,0470	1,41	0,1013
0,07	0,00026	0,52	0,0138	0,97	0,0480	1,42	0,1028
0,08	0,00034	0,53	0,0143	0,98	0,0490	1,43	0,1042
0,09	0,00043	0,54	0,0148	0,99	0,0500	1,44	0,1057
0,10	0,00051	0,55	0,0154	1,00	0,0510	1,45	0,1072
0,11	0,00062	0,56	0,0160	1,01	0,0520	1,46	0,1086
0,12	0,00074	0,57	0,0165	1,02	0,0530	1,47	0,1101
0,13	0,00087	0,58	0,0171	1,03	0,0541	1,48	0,1116
0,14	0,00101	0,59	0,0177	1,04	0,0551	1,49	0,1131
0,15	0,00115	0,60	0,0184	1,05	0,0562	1,50	0,1147
0,16	0,00131	0,61	0,0190	1,06	0,0573	1,51	0,1162
0,17	0,00148	0,62	0,0196	1,07	0,0584	1,52	0,1177
0,18	0,00166	0,63	0,0202	1,08	0,0595	1,53	0,1193
0,19	0,00185	0,64	0,0209	1,09	0,0606	1,54	0,1209
0,20	0,00204	0,65	0,0215	1,10	0,0617	1,55	0,1225
0,21	0,00225	0,66	0,0222	1,11	0,0628	1,56	0,1241
0,22	0,00247	0,67	0,0229	1,12	0,0639	1,57	0,1257
0,23	0,00270	0,68	0,0236	1,13	0,0651	1,58	0,1273
0,24	0,00294	0,69	0,0243	1,14	0,0662	1,59	0,1289
0,25	0,00319	0,70	0,0250	1,15	0,0674	1,60	0,1305
0,26	0,00345	0,71	0,0257	1,16	0,0686	1,61	0,1321
0,27	0,00372	0,72	0,0264	1,17	0,0698	1,62	0,1337
0,28	0,00400	0,73	0,0272	1,18	0,0710	1,63	0,1354
0,29	0,00429	0,74	0,0279	1,19	0,0722	1,64	0,1371
0,30	0,00459	0,75	0,0287	1,20	0,0734	1,65	0,1388
0,31	0,00490	0,76	0,0295	1,21	0,0746	1,66	0,1405
0,32	0,00522	0,77	0,0302	1,22	0,0758	1,67	0,1422
0,33	0,00555	0,78	0,0310	1,23	0,0771	1,68	0,1440
0,34	0,00589	0,79	0,0318	1,24	0,0783	1,69	0,1456
0,35	0,00624	0,80	0,0326	1,25	0,0797	1,70	0,1473
0,36	0,00660	0,81	0,0334	1,26	0,0809	1,71	0,1490
0,37	0,00697	0,82	0,0343	1,27	0,0822	1,72	0,1508
0,38	0,00735	0,83	0,0351	1,28	0,0835	1,73	0,1525
0,39	0,00775	0,84	0,0360	1,29	0,0848	1,74	0,1543
0,40	0,00816	0,85	0,0368	1,30	0,0861	1,75	0,1561
0,41	0,00860	0,86	0,0377	1,31	0,0875	1,76	0,1579
0,42	0,00900	0,87	0,0386	1,32	0,0888	1,77	0,1597
0,43	0,00940	0,88	0,0395	1,33	0,0901	1,78	0,1615
0,44	0,00980	0,89	0,0404	1,34	0,0915	1,79	0,1633
0,45	0,01030	0,90	0,0413	1,35	0,0929	1,80	0,1651

VITESSE.	HAUTEUR correspond^{te}.	VITESSE.	HAUTEUR correspond^{te}.	VITESSE.	HAUTEUR correspond^{te}.	VITESSE.	HAUTEUR correspond^{te}.
m	m	m	m	m	m	m	m
1,81	0,1670	2,30	0,2696	2,79	0,3967	3,28	0,5484
1,82	0,1688	2,31	0,2720	2,80	0,3996	3,29	0,5517
1,83	0,1707	2,32	0,2743	2,81	0,4025	3,30	0,5551
1,84	0,1726	2,33	0,2767	2,82	0,4054	3,31	0,5585
1,85	0,1745	2,34	0,2791	2,83	0,4082	3,32	0,5618
1,86	0,1763	2,35	0,2815	2,84	0,4111	3,33	0,5652
1,87	0,1782	2,36	0,2839	2,85	0,4140	3,34	0,5686
1,88	0,1801	2,37	0,2863	2,86	0,4169	3,35	0,5721
1,89	0,1820	2,38	0,2887	2,87	0,4198	3,36	0,5755
1,90	0,1840	2,39	0,2911	2,88	0,4228	3,37	0,5789
1,91	0,1859	2,40	0,2936	2,89	0,4257	3,38	0,5823
1,92	0,1878	2,41	0,2960	2,90	0,4287	3,39	0,5858
1,93	0,1898	2,42	0,2985	2,91	0,4316	3,40	0,5893
1,94	0,1918	2,43	0,3010	2,92	0,4346	3,41	0,5927
1,95	0,1938	2,44	0,3034	2,93	0,4376	3,42	0,5962
1,96	0,1958	2,45	0,3060	2,94	0,4406	3,43	0,5997
1,97	0,1978	2,46	0,3085	2,95	0,4436	3,44	0,6032
1,98	0,1998	2,47	0,3110	2,96	0,4466	3,45	0,6067
1,99	0,2018	2,48	0,3135	2,97	0,4496	3,46	0,6102
2,00	0,2039	2,49	0,3160	2,98	0,4526	3,47	0,6138
2,01	0,2059	2,50	0,3186	2,99	0,4557	3,48	0,6173
2,02	0,2080	2,51	0,3211	3,00	0,4588	3,49	0,6209
2,03	0,2100	2,52	0,3237	3,01	0,4618	3,50	0,6244
2,04	0,2121	2,53	0,3263	3,02	0,4649	3,51	0,6280
2,05	0,2142	2,54	0,3289	3,03	0,4680	3,52	0,6316
2,06	0,2163	2,55	0,3315	3,04	0,4711	3,53	0,6352
2,07	0,2184	2,56	0,3341	3,05	0,4742	3,54	0,6388
2,08	0,2205	2,57	0,3367	3,06	0,4773	3,55	0,6424
2,09	0,2226	2,58	0,3393	3,07	0,4804	3,56	0,6460
2,10	0,2248	2,59	0,3419	3,08	0,4835	3,57	0,6497
2,11	0,2269	2,60	0,3446	3,09	0,4866	3,58	0,6533
2,12	0,2291	2,61	0,3472	3,10	0,4899	3,59	0,6569
2,13	0,2313	2,62	0,3499	3,11	0,4930	3,60	0,6606
2,14	0,2334	2,63	0,3526	3,12	0,4962	3,61	0,6643
2,15	0,2356	2,64	0,3553	3,13	0,4994	3,62	0,6680
2,16	0,2378	2,65	0,3580	3,14	0,5026	3,63	0,6717
2,17	0,2400	2,66	0,3607	3,15	0,5058	3,64	0,6754
2,18	0,2422	2,67	0,3634	3,16	0,5090	3,65	0,6791
2,19	0,2444	2,68	0,3661	3,17	0,5122	3,66	0,6828
2,20	0,2467	2,69	0,3688	3,18	0,5155	3,67	0,6866
2,21	0,2490	2,70	0,3716	3,19	0,5187	3,68	0,6903
2,22	0,2512	2,71	0,3744	3,20	0,5220	3,69	0,6940
2,23	0,2535	2,72	0,3771	3,21	0,5252	3,70	0,6978
2,24	0,2557	2,73	0,3799	3,22	0,5285	3,71	0,7016
2,25	0,2580	2,74	0,3827	3,23	0,5318	3,72	0,7054
2,26	0,2603	2,75	0,3855	3,24	0,5351	3,73	0,7092
2,27	0,2626	2,76	0,3883	3,25	0,5384	3,74	0,7130
2,28	0,2649	2,77	0,3911	3,26	0,5417	3,75	0,7168
2,29	0,2673	2,78	0,3939	3,27	0,5450	3,76	0,7206

VITESSE.	HAUTEUR correspond.te	VITESSE.	HAUTEUR correspond.te	VITESSE.	HAUTEUR correspond.te	VITESSE.	HAUTEUR correspond.te
m	m	m	m	m	m	m	m
3,77	0,7245	4,26	0,9251	4,75	1,1501	5,24	1,3996
3,78	0,7283	4,27	0,9294	4,76	1,1549	5,25	1,4050
3,79	0,7322	4,28	0,9337	4,77	1,1598	5,26	1,4103
3,80	0,7361	4,29	0,9381	4,78	1,1647	5,27	1,4157
3,81	0,7400	4,30	0,9425	4,79	1,1695	5,28	1,4211
3,82	0,7438	4,31	0,9469	4,80	1,1744	5,29	1,4265
3,83	0,7478	4,32	0,9513	4,81	1,1793	5,30	1,4319
3,84	0,7517	4,33	0,9557	4,82	1,1842	5,31	1,4373
3,85	0,7556	4,34	0,9601	4,83	1,1891	5,32	1,4427
3,86	0,7595	4,35	0,9646	4,84	1,1941	5,33	1,4481
3,87	0,7634	4,36	0,9690	4,85	1,1990	5,34	1,4535
3,88	0,7674	4,37	0,9734	4,86	1,2040	5,35	1,4590
3,89	0,7713	4,38	0,9779	4,87	1,2090	5,36	1,4645
3,90	0,7753	4,39	0,9823	4,88	1,2139	5,37	1,4699
3,91	0,7793	4,40	0,9869	4,89	1,2189	5,38	1,4754
3,92	0,7833	4,41	0,9913	4,90	1,2239	5,39	1,4809
3,93	0,7873	4,42	0,9958	4,91	1,2289	5,40	1,4864
3,94	0,7913	4,43	1,0003	4,92	1,2339	5,41	1,4919
3,95	0,7953	4,44	1,0048	4,93	1,2389	5,42	1,4975
3,96	0,7993	4,45	1,0094	4,94	1,2440	5,43	1,5030
3,97	0,8034	4,46	1,0140	4,95	1,2490	5,44	1,5085
3,98	0,8074	4,47	1,0185	4,96	1,2541	5,45	1,5141
3,99	0,8115	4,48	1,0231	4,97	1,2591	5,46	1,5196
4,00	0,8156	4,49	1,0276	4,98	1,2642	5,47	1,5252
4,01	0,8197	4,50	1,0322	4,99	1,2693	5,48	1,5308
4,02	0,8238	4,51	1,0368	5,00	1,2744	5,49	1,5364
4,03	0,8279	4,52	1,0414	5,01	1,2795	5,50	1,5420
4,04	0,8320	4,53	1,0460	5,02	1,2846	5,51	1,5476
4,05	0,8361	4,54	1,0507	5,03	1,2897	5,52	1,5532
4,06	0,8402	4,55	1,0553	5,04	1,2948	5,53	1,5588
4,07	0,8444	4,56	1,0599	5,05	1,3000	5,54	1,5645
4,08	0,8485	4,57	1,0646	5,06	1,3051	5,55	1,5701
4,09	0,8527	4,58	1,0692	5,07	1,3103	5,56	1,5758
4,10	0,8569	4,59	1,0739	5,08	1,3155	5,57	1,5815
4,11	0,8611	4,60	1,0786	5,09	1,3206	5,58	1,5872
4,12	0,8653	4,61	1,0833	5,10	1,3258	5,59	1,5929
4,13	0,8695	4,62	1,0880	5,11	1,3311	5,60	1,5986
4,14	0,8737	4,63	1,0927	5,12	1,3363	5,61	1,6043
4,15	0,8779	4,64	1,0974	5,13	1,3415	5,62	1,6100
4,16	0,8821	4,65	1,1022	5,14	1,3467	5,63	1,6157
4,17	0,8864	4,66	1,1069	5,15	1,3520	5,64	1,6215
4,18	0,8906	4,67	1,1117	5,16	1,3572	5,65	1,6272
4,19	0,8949	4,68	1,1164	5,17	1,3625	5,66	1,6330
4,20	0,8992	4,69	1,1212	5,18	1,3678	5,67	1,6388
4,21	0,9035	4,70	1,1260	5,19	1,3730	5,68	1,6446
4,22	0,9078	4,71	1,1308	5,20	1,3784	5,69	1,6503
4,23	0,9121	4,72	1,1356	5,21	1,3837	5,70	1,6562
4,24	0,9164	4,73	1,1404	5,22	1,3890	5,71	1,6620
4,25	0,9207	4,74	1,1452	5,23	1,3943	5,72	1,6678

VITESSE.	HAUTEUR correspond.ᵗᵉ	VITESSE.	HAUTEUR correspond.ᵗᵉ	VITESSE.	HAUTEUR correspond.ᵗᵉ	VITESSE.	HAUTEUR correspond.ᵗᵉ
m	m	m	m	m	m	m	m
5,73	1,6736	6,22	1,9721	6,71	2,2951	7,20	2,6425
5,74	1,6795	6,23	1,9785	6,72	2,3019	7,21	2,6499
5,75	1,6854	6,24	1,9848	6,73	2,3088	7,22	2,6572
5,76	1,6912	6,25	1,9912	6,74	2,3156	7,23	2,6646
5,77	1,6971	6,26	1,9976	6,75	2,3225	7,24	2,6720
5,78	1,7030	6,27	2,0039	6,76	2,3294	7,25	2,6794
5,79	1,7089	6,28	2,0103	6,77	2,3363	7,26	2,6868
5,80	1,7148	6,29	2,0167	6,78	2,3432	7,27	2,6942
5,81	1,7207	6,30	2,0232	6,79	2,3501	7,28	2,7016
5,82	1,7266	6,31	2,0296	6,80	2,3571	7,29	2,7090
5,83	1,7326	6,32	2,0361	6,81	2,3640	7,30	2,7164
5,84	1,7385	6,33	2,0425	6,82	2,3709	7,31	2,7239
5,85	1,7445	6,34	2,0490	6,83	2,3779	7,32	2,7313
5,86	1,7505	6,35	2,0554	6,84	2,3849	7,33	2,7388
5,87	1,7564	6,36	2,0619	6,85	2,3919	7,34	2,7463
5,88	1,7624	6,37	2,0684	6,86	2,3989	7,35	2,7538
5,89	1,7684	6,38	2,0749	6,87	2,4059	7,36	2,7613
5,90	1,7744	6,39	2,0814	6,88	2,4129	7,37	2,7688
5,91	1,7805	6,40	2,0879	6,89	2,4199	7,38	2,7763
5,92	1,7865	6,41	2,0945	6,90	2,4269	7,39	2,7838
5,93	1,7925	6,42	2,1010	6,91	2,4339	7,40	2,7914
5,94	1,7986	6,43	2,1075	6,92	2,4410	7,41	2,7989
5,95	1,8046	6,44	2,1141	6,93	2,4481	7,42	2,8065
5,96	1,8107	6,45	2,1207	6,94	2,4551	7,43	2,8140
5,97	1,8168	6,46	2,1273	6,95	2,4622	7,44	2,8216
5,98	1,8229	6,47	2,1338	6,96	2,4693	7,45	2,8292
5,99	1,8290	6,48	2,1404	6,97	2,4764	7,46	2,8368
6,00	1,8351	6,49	2,1471	6,98	2,4835	7,47	2,8444
6,01	1,8412	6,50	2,1537	6,99	2,4906	7,48	2,8521
6,02	1,8473	6,51	2,1603	7,00	2,4978	7,49	2,8597
6,03	1,8535	6,52	2,1670	7,01	2,5049	7,50	2,8673
6,04	1,8596	6,53	2,1736	7,02	2,5121	7,51	2,8750
6,05	1,8658	6,54	2,1803	7,03	2,5192	7,52	2,8826
6,06	1,8720	6,55	2,1869	7,04	2,5264	7,53	2,8903
6,07	1,8782	6,56	2,1936	7,05	2,5336	7,54	2,8980
6,08	1,8843	6,57	2,2003	7,06	2,5408	7,55	2,9057
6,09	1,8905	6,58	2,2070	7,07	2,5480	7,56	2,9134
6,10	1,8968	6,59	2,2137	7,08	2,5552	7,57	2,9211
6,11	1,9030	6,60	2,2205	7,09	2,5624	7,58	2,9288
6,12	1,9092	6,61	2,2272	7,10	2,5696	7,59	2,9365
6,13	1,9155	6,62	2,2339	7,11	2,5769	7,60	2,9443
6,14	1,9217	6,63	2,2407	7,12	2,5841	7,61	2,9520
6,15	1,9280	6,64	2,2474	7,13	2,5914	7,62	2,9598
6,16	1,9343	6,65	2,2542	7,14	2,5987	7,63	2,9676
6,17	1,9405	6,66	2,2610	7,15	2,6060	7,64	2,9754
6,18	1,9468	6,67	2,2678	7,16	2,6132	7,65	2,9832
6,19	1,9531	6,68	2,2746	7,17	2,6205	7,66	2,9910
6,20	1,9595	6,69	2,2814	7,18	2,6279	7,67	2,9988
6,21	1,9658	6,70	2,2883	7,19	2,6352	7,68	3,0066

VITESSE.	HAUTEUR correspond^{te}.	VITESSE.	HAUTEUR correspond^{te}.	VITESSE.	HAUTEUR correspond^{te}.	VITESSE.	HAUTEUR correspond^{te}.
m	m	m	m	m	m	m	m
7,69	3,0144	8,18	3,4108	8,67	3,8317	9,16	4,2771
7,70	3,0223	8,19	3,4192	8,68	3,8405	9,17	4,2864
7,71	3,0301	8,20	3,4275	8,69	3,8494	9,18	4,2958
7,72	3,0380	8,21	3,4359	8,70	3,8583	9,19	4,3051
7,73	3,0459	8,22	3,4443	8,71	3,8671	9,20	4,3145
7,74	3,0538	8,23	3,4526	8,72	3,8760	9,21	4,3239
7,75	3,0617	8,24	3,4610	8,73	3,8849	9,22	4,3333
7,76	3,0696	8,25	3,4695	8,74	3,8938	9,23	4,3417
7,77	3,0775	8,26	3,4779	8,75	3,9028	9,24	4,3511
7,78	3,0854	8,27	3,4863	8,76	3,9117	9,25	4,3615
7,79	3,0933	8,28	3,4947	8,77	3,9206	9,26	4,3710
7,80	3,1013	8,29	3,5032	8,78	3,9295	9,27	4,3804
7,81	3,1092	8,30	3,5116	8,79	3,9385	9,28	4,3898
7,82	3,1172	8,31	3,5201	8,80	3,9475	9,29	4,3993
7,83	3,1252	8,32	3,5286	8,81	3,9565	9,30	4,4088
7,84	3,1332	8,33	3,5371	8,82	3,9654	9,31	4,4183
7,85	3,1412	8,34	3,5455	8,83	3,9744	9,32	4,4278
7,86	3,1492	8,35	3,5541	8,84	3,9834	9,33	4,4373
7,87	3,1572	8,36	3,5626	8,85	3,9925	9,34	4,4468
7,88	3,1652	8,37	3,5711	8,86	4,0015	9,35	4,4563
7,89	3,1733	8,38	3,5796	8,87	4,0105	9,36	4,4659
7,90	3,1813	8,39	3,5882	8,88	4,0196	9,37	4,4754
7,91	3,1894	8,40	3,5968	8,89	4,0286	9,38	4,4850
7,92	3,1974	8,41	3,6053	8,90	4,0377	9,39	4,4945
7,93	3,2055	8,42	3,6139	8,91	4,0468	9,40	4,5041
7,94	3,2136	8,43	3,6225	8,92	4,0559	9,41	4,5137
7,95	3,2217	8,44	3,6311	8,93	4,0650	9,42	4,5233
7,96	3,2298	8,45	3,6397	8,94	4,0741	9,43	4,5329
7,97	3,2380	8,46	3,6483	8,95	4,0832	9,44	4,5425
7,98	3,2461	8,47	3,6570	8,96	4,0923	9,45	4,5522
7,99	3,2542	8,48	3,6656	8,97	4,1015	9,46	4,5618
8,00	3,2624	8,49	3,6743	8,98	4,1106	9,47	4,5715
8,01	3,2705	8,50	3,6829	8,99	4,1198	9,48	4,5811
8,02	3,2787	8,51	3,6916	9,00	4,1290	9,49	4,5908
8,03	3,2869	8,52	3,7003	9,01	4,1381	9,50	4,6005
8,04	3,2951	8,53	3,7090	9,02	4,1473	9,51	4,6102
8,05	3,3033	8,54	3,7177	9,03	4,1565	9,52	4,6199
8,06	3,3115	8,55	3,7264	9,04	4,1657	9,53	4,6296
8,07	3,3197	8,56	3,7351	9,05	4,1750	9,54	4,6393
8,08	3,3280	8,57	3,7438	9,06	4,1832	9,55	4,6490
8,09	3,3362	8,58	3,7526	9,07	4,1924	9,56	4,6588
8,10	3,3445	8,59	3,7613	9,08	4,2017	9,57	4,6685
8,11	3,3527	8,60	3,7701	9,09	4,2109	9,58	4,6783
8,12	3,3610	8,61	3,7789	9,10	4,2212	9,59	4,6880
8,13	3,3693	8,62	3,7876	9,11	4,2305	9,60	4,6978
8,14	3,3776	8,63	3,7964	9,12	4,2398	9,61	4,7076
8,15	3,3859	8,64	3,8052	9,13	4,2091	9,62	4,7174
8,16	3,3942	8,65	3,8141	9,14	4,2584	9,63	4,7272
8,17	3,4025	8,66	3,8229	9,15	4,2677	9,64	4,7370

5. Vitesse moyenne d'écoulement dans le deuxième cas. Dans le deuxième cas, où l'orifice est prolongé par un tuyau ou ajutage prismatique ou cylindrique, d'une longueur égale à trois ou quatre fois la plus petite dimension de l'orifice, et où l'écoulement se fait à *gueule-bée* (n° 1), ou lorsque la paroi à travers laquelle le liquide s'écoule a une épaisseur égale à une fois ou une fois et demie sa plus petite dimension, la vitesse est altérée par la présence des parois, et elle est réduite, dans les cas ordinaires, à 0,82 de celle qui serait due à la charge sur le milieu de l'orifice.

De là résulte la règle suivante :

Pour avoir la vitesse moyenne d'écoulement par un ajutage, ou lorsque l'eau sort à gueule-bée,

Multipliez la vitesse due à la charge sur le milieu de l'orifice par 0,82.

6. Hauteur a laquelle peut s'élever un jet d'eau lancé par un ajutage cylindrique. Il suit de là que la hauteur à laquelle le liquide peut s'élever, en vertu de cette vitesse réduite, est, en la désignant par h',

$$h' = \frac{(0,82 V)^2}{2g} = \frac{0,67 V^2}{2g} = 0,67 H,$$

formule qui revient à la règle suivante :

Pour avoir la hauteur à laquelle peut s'élever l'eau qui sort d'un réservoir, en s'écoulant à gueule-bée par un ajutage prismatique ou cylindrique,

Multipliez la charge sur le milieu de l'orifice par 0,67.

7. Distinction entre la dépense théorique et la dépense effective. On nomme *dépense théorique d'un orifice,* celle que l'on déduit de la théorie du mouvement des liquides, dans l'hypothèse du parallélisme des tranches et en faisant abstraction des effets de la contraction,

et *dépense effective*, celle qui a lieu réellement et qu'il importe surtout de connaître.

Nous indiquerons d'abord les formules et les règles auxquelles la théorie conduit pour calculer la première, et nous ferons ensuite connaître le moyen d'en déduire, dans les cas les plus ordinaires de la pratique, la dépense effective.

8. LES ORIFICES D'ÉCOULEMENT DES USINES PEUVENT ÊTRE PARTAGÉS EN TROIS CLASSES. A cet effet, nous remarquerons

Fig. 1.

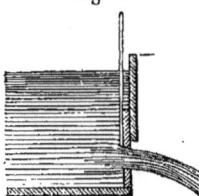

que l'on peut partager les orifices en usage en trois classes, qui sont :

1° Les orifices qui *débouchent à l'air libre* (Fig, 1) et dont le côté supérieur ou le sommet, est au-dessous du niveau du réservoir.

Fig. 2.

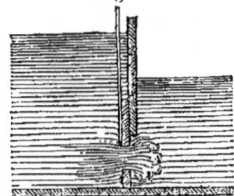

2° Les orifices qui débouchent dans un réservoir inférieur (Fig. 2) et dont le côté supérieur, ou le sommet, est à la fois au-dessous du niveau du réservoir supérieur et de celui du réservoir inférieur. On dit alors que *l'orifice est noyé.*

Fig. 3.

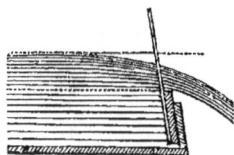

3° *Les orifices en déversoir* (Fig. 3) par lesquels l'eau s'écoule en passant par-dessus une vanne ou un barrage et qui ne sont limités qu'inférieurement et sur les côtés.

9. DÉPENSE THÉORIQUE FAITE PAR LES ORIFICES AVEC CHARGE D'EAU SUR LE CÔTÉ SUPÉRIEUR ; ORIFICES QUI DÉBOUCHENT A L'AIR LIBRE, AVEC CHARGE SUR LE CÔTÉ SUPÉRIEUR. Nous nous occuperons d'abord du calcul de la dépense faite par les deux premiers genres d'orifices.

En appelant

L la largeur de l'orifice,

E sa hauteur ou la plus petite distance des deux côtés opposés,

H la charge d'eau sur son milieu,

Q la dépense théorique en $1''$,

on a

$$Q = LE\sqrt{2gH},$$

ce qui revient à la règle suivante :

Pour obtenir la dépense théorique d'un orifice qui débouche à l'air libre, avec charge d'eau sur le côté supérieur,

Multipliez l'aire de l'orifice par la vitesse due à la charge sur son centre.

EXEMPLE : Quelle est la dépense théorique d'eau faite en $1''$, par un orifice de $1^m,20$ de largeur, $0^m,15$ de hauteur, et sous une charge de $1^m,30$ sur le milieu ?

L'aire de l'orifice $= 1^m,20 \times 0^m,15 = 0^{mq},180$, la vitesse moyenne d'écoulement $= \sqrt{19,62 \times 1^m,30} = 5^m,05$ (n° 2) : on a donc

La dépense théorique $Q = 0^{mq},180 \times 5^m,05 = 0^{mc},910$.

10. ORIFICES AVEC CHARGE SUR LE CÔTÉ SUPÉRIEUR ET NOYÉS. En appelant

L la largeur de l'orifice,

E la hauteur de l'orifice,

H la charge d'eau sur le seuil de l'orifice du côté du réservoir supérieur,

h la charge d'eau sur le seuil du côté du réservoir inférieur,

Q la dépense théorique en $1''$,

on a

$$Q = LE\sqrt{2g\,(H-h)},$$

ce qui revient à la règle suivante :

Pour obtenir la dépense théorique d'un orifice avec charge sur le côté supérieur et noyé,

Multipliez l'aire de l'orifice par la vitesse due à la différence de niveau du réservoir supérieur et du réservoir inférieur.

Nota. Les règles précédentes s'appliquent à tous les orifices, quelle que soit leur forme.

Exemple : Quelle est la dépense théorique faite en 1″ par un orifice noyé de $0^m,90$ de largeur, $0^m,10$ de hauteur, le niveau du réservoir supérieur étant de $1^m,40$ au-dessus de celui du réservoir inférieur.

L'aire de l'orifice $= 0^m,90 \times 0^m,10 = 0^{mq},09$, la vitesse moyenne d'écoulement $\sqrt{19,62 \times 1^m,40} = 5^m,24$,

La dépense théorique $Q = 0^{mq},09 \times 5^m,24 = 0^{mc},4716$.

DÉPENSE EFFECTIVE FAITE PAR LES ORIFICES AVEC CHARGE D'EAU SUR LE CÔTÉ SUPÉRIEUR.

11. La dépense effective est toujours plus faible que la dépense théorique, et elle en diffère d'autant plus que les effets de la contraction sont plus considérables. Ces effets étant principalement influencés par la disposition de l'orifice par rapport aux parois du réservoir, par les dimensions de cet orifice, par la charge d'eau sur son sommet, et enfin, dans certains cas, par la présence des coursiers qui conduisent l'eau après sa sortie, nous allons indiquer les règles à suivre pour les cas principaux, qui se présentent dans les usines.

12. Cas où la contraction est complète. Lorsque l'orifice est éloigné du fond et des côtés du réservoir d'une fois et demie à deux fois sa plus petite dimension, les filets fluides y affluent de toutes parts, la contraction

a lieu sur tout son contour : on dit alors qu'elle est *complète*.

Les expériences sur l'écoulement de l'eau ont été particulièrement faites dans ce cas. Les plus complètes et les plus précises sont dues à MM. Poncelet et Lesbros *.

Le rapport de la dépense effective à la dépense théorique, varie avec la plus petite dimension de l'orifice et la charge sur son sommet. Ses valeurs déterminées par ces habiles ingénieurs sont consignées, sous le nom de *coëfficiens de la dépense théorique*, dans le tableau suivant, qui est à deux entrées, l'une relative aux hauteurs d'orifice, l'autre aux charges sur le sommet.

Comme il peut arriver certains cas où l'on soit obligé de mesurer la charge d'eau sur l'orifice immédiatement au-dessus de cet orifice, où elle est toujours moindre que dans un lieu où le fluide est calme, on a donné dans ce tableau les valeurs du coëfficient de la dépense relatives :

1° Au cas où les charges d'eau sont mesurées dans un endroit où le liquide est stagnant ;

2° Au cas où les charges d'eau sont mesurées immédiatement au-dessus de l'orifice.

---

* Expériences hydrauliques sur les lois de l'écoulement de l'eau, entreprises à Metz, par MM. Poncelet et Lesbros, d'après les ordres du ministre de la guerre. — Paris ; Bachelier, libraire. 1832.

TABLE DES COEFFICIENS DES FORMULES DE LA DÉPENSE THÉORIQUE DES ORIFICES REC-
TANGULAIRES VERTICAUX EN MINCE PAROI, AVEC CONTRACTION COMPLÈTE ET VERSANT
LIBREMENT DANS L'AIR. (*Les charges étant mesurées en un point du réservoir
où le liquide soit parfaitement stagnant.*)

CHARGES sur le sommet des orifices.	COEFFICIENS DE LA DÉPENSE THÉORIQUE pour des hauteurs d'orifice de					
	0m,20.	0m,10.	0m,05.	0m,03.	0m,02.	0m,01.
m						
0,000	»	»	»	»	»	»
0,005	»	»	»	»	»	0,705
0,010	»	»	0,607	0,630	0,660	0,701
0,015	»	0,593	0,612	0,632	0,660	0,697
0,020	0,572	0,596	0,615	0,634	0,659	0,694
0,030	0,578	0,600	0,620	0,638	0,659	0,688
0,040	0,582	0,603	0,623	0,640	0,658	0,683
0,050	0,585	0,605	0,625	0,640	0,658	0,679
0,060	0,587	0,607	0,627	0,640	0,657	0,676
0,070	0,588	0,609	0,628	0,639	0,656	0,673
0,080	0,589	0,610	0,629	0,638	0,656	0,670
0,090	0,591	0,610	0,629	0,637	0,655	0,668
0,100	0,592	0,611	0,630	0,637	0,654	0,666
0,120	0,593	0,612	0,630	0,636	0,653	0,663
0,140	0,595	0,613	0,630	0,635	0,651	0,660
0,160	0,596	0,614	0,631	0,634	0,650	0,658
0,180	0,597	0,615	0,630	0,634	0,649	0,657
0,200	0,598	0,615	0,630	0,633	0,648	0,655
0,250	0,599	0,616	0,630	0,632	0,646	0,653
0,300	0,600	0,616	0,629	0,632	0,644	0,650
0,400	0,602	0,617	0,628	0,631	0,642	0,647
0,500	0,603	0,617	0,628	0,630	0,640	0,644
0,600	0,604	0,617	0,627	0,630	0,638	0,642
0,700	0,604	0,616	0,627	0,629	0,637	0,640
0,800	0,605	0,616	0,627	0,629	0,636	0,637
0,900	0,605	0,615	0,626	0,628	0,634	0,635
1,000	0,605	0,615	0,626	0,628	0,633	0,632
1,100	0,604	0,614	0,625	0,627	0,631	0,629
1,200	0,604	0,614	0,624	0,626	0,628	0,626
1,300	0,603	0,613	0,622	0,624	0,625	0,622
1,400	0,603	0,612	0,621	0,622	0,622	0,618
1,500	0,602	0,611	0,620	0,620	0,619	0,615
1,600	0,602	0,611	0,618	0,618	0,617	0,613
1,700	0,602	0,610	0,617	0,616	0,615	0,612
1,800	0,601	0,609	0,615	0,615	0,614	0,612
1,900	0,601	0,608	0,614	0,613	0,612	0,611
2,000	0,601	0,607	0,613	0,612	0,612	0,611
3,000	0,601	0,603	0,606	0,608	0,610	0,609

TABLE DES COEFFICIENS DES FORMULES DE LA DÉPENSE THÉORIQUE DES ORIFICES REC-
TANGULAIRES VERTICAUX EN MINCE PAROI, AVEC CONTRACTION COMPLÈTE ET VERSANT
LIBREMENT DANS L'AIR. (*Les charges étant relevées immédiatement au-dessus
de l'orifice.*)

CHARGES sur le sommet des orifices.	COEFFICIENS DE LA DÉPENSE THÉORIQUE pour des hauteurs d'orifice de					
	0m,20.	0m,10.	0m,05.	0m,03.	0m,02.	0m,01.
m						
0,000	0,619	0,667	0,713	0,766	0,783	0,795
0,005	0,597	0,630	0,668	0,725	0,750	0,778
0,010	0,595	0,618	0,642	0,687	0,720	0,762
0,015	0,594	0,615	0,639	0,674	0,707	0,745
0,020	0,594	0,614	0,638	0,668	0,697	0,729
0,030	0,593	0,613	0,637	0,659	0,685	0,708
0,040	0,593	0,612	0,636	0,654	0,678	0,695
0,050	0,593	0,612	0,636	0,651	0,672	0,686
0,060	0,594	0,613	0,635	0,647	0,668	0,681
0,070	0,594	0,613	0,635	0,645	0,665	0,677
0,080	0,594	0,613	0,635	0,643	0,662	0,675
0,090	0,595	0,614	0,634	0,641	0,659	0,672
0,100	0,595	0,614	0,634	0,640	0,657	0,669
0,120	0,596	0,614	0,633	0,637	0,655	0,665
0,140	0,597	0,614	0,632	0,636	0,653	0,661
0,160	0,597	0,615	0,631	0,635	0,651	0,659
0,180	0,598	0,615	0,631	0,634	0,650	0,657
0,200	0,599	0,615	0,630	0,633	0,649	0,656
0,250	0,600	0,616	0,630	0,632	0,646	0,653
0,300	0,601	0,616	0,629	0,632	0,644	0,651
0,400	0,602	0,617	0,629	0,631	0,642	0,647
0,500	0,603	0,617	0,628	0,630	0,640	0,645
0,600	0,604	0,617	0,627	0,630	0,638	0,643
0,700	0,604	0,616	0,627	0,629	0,637	0,640
0,800	0,605	0,616	0,627	0,629	0,636	0,637
0,900	0,605	0,615	0,626	0,628	0,634	0,635
1,000	0,605	0,615	0,626	0,628	0,633	0,632
1,100	0,604	0,614	0,625	0,927	0,631	0,629
1,200	0,604	0,614	0,624	0,626	0,628	0,626
1,300	0,603	0,613	0,622	0,624	0,625	0,622
1,400	0,603	0,612	0,621	0,622	0,622	0,618
1,500	0,602	0,611	0,620	0,620	0,619	0,615
1,600	0,602	0,611	0,618	0,618	0,617	0,613
1,700	0,602	0,610	0,617	0,616	0,615	0,612
1,800	0,601	0,609	0,615	0,615	0,614	0,612
1,900	0,601	0,608	0,614	6,613	0,613	0,611
2,000	0,601	0,607	0,614	0,612	0,612	0,611
3,000	0,601	0,603	0,606	0,608	0,610	0,609

13. RÈGLE POUR CALCULER LA DÉPENSE EFFECTIVE LORSQUE LA CONTRACTION EST COMPLÈTE. A l'aide de ce tableau, il devient facile de calculer la dépense effective pour tous les orifices, avec charge sur le côté supérieur, où la contraction est complète. Voici la règle à suivre :

Recherchez dans le tableau du n° 12, la valeur du coëfficient de la dépense correspondante à la fois à l'ouverture donnée de l'orifice et à la charge sur son sommet et multipliez la dépense théorique par le nombre trouvé, le produit sera la dépense effective en 1″.

Cette règle s'applique aux orifices noyés et à ceux qui débouchent à l'air libre.

PREMIER EXEMPLE : Quelle est la dépense effective d'un orifice de $0^m,10$ de hauteur sur $1^m,20$ de largeur, et sous une charge de $1^m,30$ sur le milieu, débouchant à l'air libre ?

La vitesse due à la charge sur le centre est (règle du n° 2 et table du n° 4).

$$\sqrt{19,62 \times 1^m,30} = 5^m 05.$$

L'aire de l'orifice $= 1^m,20 \times 0^m,10 = 0^{mq},12$.

La dépense théorique est (n° 9) $0^{mq},120 \times 5^m,05 = 0^{mc},606$.

Le tableau du n° 12 indique que le coëfficient de la dépense, dans le cas actuel et si la charge est mesurée en un endroit où le liquide soit stagnant, est alors $0,614$.

La dépense effective, d'après la règle précédente, est donc $0,614 \times 0^{mc},606 = 0^{mc},372$.

DEUXIÈME EXEMPLE : Quelle est la dépense effective par seconde d'un orifice noyé de $0^m,10$ de hauteur sur $0^m,90$ de largeur, le niveau du réservoir supérieur étant de $1^m,40$ au-dessus de celui du réservoir inférieur : la contraction étant complète ?

La vitesse due à la différence des niveaux est $\sqrt{19,62 \times 1^m 40} = 5^m,24$ (règle du n° 2 et table du n° 4).

L'aire de l'orifice est $0^{mq} 09$.

La dépense théorique par seconde est $0^{mq},09 \times 5^m,24 = 0^{mc},4716$.

Le tableau du n° 12 indique que le coëfficient de la dépense, dans le cas actuel et si la différence de niveau est mesurée au-dessus de l'orifice, est $0,615$.

La dépense effective, d'après la règle précédente, est donc

$$0,615 \times 0^{mc},4716 = 0^{mc},2900.$$

14. Observations sur l'usage du tableau et de la règle précédente. Lorsque la hauteur de l'orifice ou la charge sur son sommet seront comprises entre les valeurs indiquées aux tableaux, on prendra pour le coëfficient de la dépense une moyenne arithmétique, entre celles qui correspondent aux données du tableau.

Troisième exemple : Quelle est la dépense effective par seconde d'un orifice de $0^m,18$ de hauteur sur $0^m,8o$ de largeur, et sous une charge de $1^m,5o$ sur le centre, mesurée en un endroit où le liquide est stagnant, la contraction étant complète ?

La vitesse due à la charge sur le centre est (règle du n° 2 et table du n° 4).

$$\sqrt{19,62 \times 1^m,5o} = 5^m 423.$$

L'aire de l'orifice est

$$0^m,18 \times 0^m,8 = 0^{mq},144.$$

La dépense théorique est (règle du n° 9)

$$0^{mq},144 \times 5^m,423 = 0^{mc},781.$$

La hauteur de l'orifice étant comprise entre $0^m,10$ et $0^m,20$, le coëfficient de la dépense sera la moyenne arithmétique entre $0,602$ et $0,611$ et égal à $0,607$.

La dépense effective sera donc

$$0,607 \times 0^{mc},781 = 0^{mc},474.$$

NOTA. *Lorsque la hauteur de l'orifice dépassera* $0^m,20$, *on prendra pour le coëfficient de la dépense, celui qui correspond à l'orifice de* $0^m,20$.

15. CAS OU LA CONTRACTION N'EST PAS COMPLÈTE. Si l'un des côtés de l'orifice se trouve dans le prolongement des parois du réservoir, de sorte que les filets fluides sortent parallèlement à cette paroi, les effets de la contraction sont diminués ou annulés sur ce côté. On dit alors que la contraction n'a lieu que sur les trois autres côtés. C'est, par exemple, ce qui arrive lorsque le seuil de l'orifice est dans le prolongement du fond du coursier. La même chose pouvant arriver à la fois sur les autres côtés, on observera, dans ce cas, la règle suivante :

Pour avoir la dépense effective par seconde d'un orifice avec charge sur le côté supérieur, et pour lequel la contraction est supprimée sur un ou plusieurs côtés,

Multipliez le coëfficient de la dépense donné par le tableau du n° 12, relatif à la même hauteur d'orifice et à la même charge sur le sommet, pour le cas de la contraction complète, par

1,035	*quand la contraction a lieu sur*	3 côtés.
1,072	*id.*	2 côtés.
1,125	*id.*	1 côté.

Puis multipliez la dépense théorique, calculée par la règle du n° 9, ou par celle du n° 10, selon les cas, par le coëfficient de la dépense, ainsi déterminé; le produit sera la dépense effective cherchée.

PREMIER EXEMPLE : Quelle est la dépense effective d'un orifice de $0^m,15$ de hauteur sur $1^m,20$ de largeur, et sous une charge de $1^m,30$ sur son milieu, débouchant à l'air libre et dont le seuil est dans le prolongement du fond du réservoir ?

Le coëfficient de la dépense, si la contraction était complète aurait, d'après les règles précédentes, pour valeur $\dfrac{0,603+0,613}{2} = 0,608$; mais la contraction n'ayant lieu que sur trois côtés, il sera, d'après la règle ci-dessus, égal à

$$0,608 \times 1,035 = 0,629.$$

La dépense théorique étant

$$0^m,15 \times 1^m,20 \times \sqrt{19,62 \times 1^m,30} = 0^{mc},910$$

la dépense effective sera

$$0,629 \times 0^{mc},910 = 0^{mc},572.$$

DEUXIÈME EXEMPLE : Quelle sera la dépense effective du même orifice dans les mêmes circonstances, si l'un de ses côtés verticaux se trouve en outre dans le prolongement des parois du réservoir ?

La contraction n'ayant alors lieu que sur le côté supérieur et sur un des côtés verticaux de l'orifice, le coëfficient de la dépense sera égal à

$$0,608 \times 1,072 = 0,652.$$

et la dépense effective sera

$$0,652 \times 0^{mc},910 = 0^{mc},593.$$

TROISIÈME EXEMPLE : Quelle serait la dépense du même orifice dans les mêmes circonstances, si les deux côtés verticaux se trouvaient dans le prolongement des parois du réservoir ?

La contraction n'ayant lieu que sur le côté supérieur de l'orifice, le coëfficient de la dépense sera égal à

$$0,604 \times 1,125 = 0,688,$$

et la dépense effective à

$$0,684 \times 0^{mc},910 = 0^{mc},623.$$

16. VANNES DES ÉCLUSES. Les vannes des écluses ont en général leur seuil très-près du fond du radier d'amont (Fig. 4). Dans ce cas,

Fig. 4.

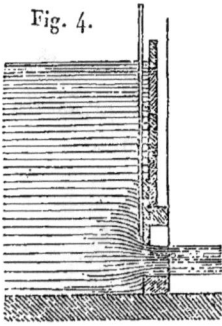

Pour calculer la dépense effective,
Multipliez la dépense théorique
par 0,625.

Cette règle s'applique aux orifices noyés et à ceux qui débouchent à l'air libre.

EXEMPLE : Quelle est la dépense effective en 1″ d'une vanne d'écluse, qui démasque un orifice de 0ᵐ,50 de hauteur sur 0ᵐ70 de largeur, débouchant à l'air libre sous une charge de 2ᵐ,50 sur le seuil ?

La dépense théorique calculée par la règle du n° 9 est

$$0^m,50 \times 0^m,70 \sqrt{19,62 \times 2^m,25} = 2^{mc},325.$$

La dépense effective est donc

$$0,625 \times 2^{mc},325 = 1^{mc},455.$$

17. ORIFICES VOISINS : Si deux vannes d'écluses sont ouvertes à la fois (Fig. 5), comme celles des portes bus-

Fig. 5.

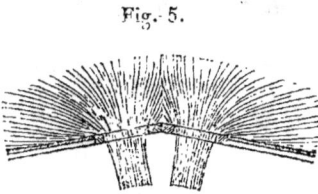

quées d'un sas, le coëfficient de la dépense diminue et devient égal à 0,55. Cette diminution se fait sentir *pour les grands orifices* des écluses, même quand ils sont à deux ou trois mètres l'un de l'autre.

EXEMPLE : Quelle est la dépense effective de deux orifices pareils au précédent, sous la même charge, placés à moins de 3ᵐ l'un de l'autre ?

La dépense théorique est

$$2 \times 2^{mc},315 = 4^{mc},630.$$

La dépense effective est

$$0,55 \times 4^{mc},630 = 2^{mc},550.$$

18. VANNES INCLINÉES. Lorsque les deux côtés de l'orifice et son fond sont dans le prolongement des faces du réservoir, et que le vannage est en outre incliné, le coëfficient de la dépense est pour

un vannage incliné à $\left\{ \begin{array}{l} \text{1 de base sur 2 de hauteur}\ldots\ldots\ 0,74 \\ \text{1 de base sur 1 de hauteur}\ldots\ldots\ 0,80 \end{array} \right.$

Ce dispositif se rencontre habituellement dans les prises d'eau des roues à aubes courbes.

Il est d'ailleurs évident que dans ce cas la hauteur de l'orifice doit être mesurée verticalement ou, plus exactement, perpendiculairement au fond du réservoir.

De là résulte la règle suivante :

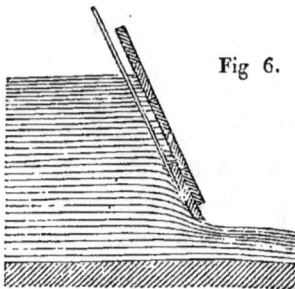

Fig 6.

Pour obtenir la dépense effective faite en 1″ par un orifice incliné à $\frac{1}{2}$ (Fig. 6) ou à $\frac{1}{1}$ (Fig. 7), pour lequel la contraction est supprimée sur le fond et sur les côtés verticaux,

Multipliez la dépense théorique

dans le premier cas par 0,74, dans le second par 0,80.

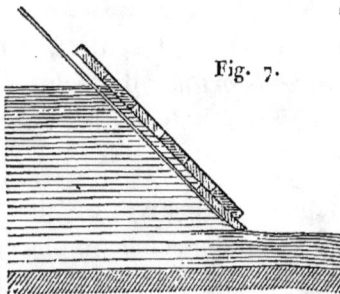

Fig. 7.

PREMIER EXEMPLE : Quelle est la dépense effective d'un orifice de 1^m de largeur, de $0^m,20$ de hauteur, incliné à un de base sur deux de hauteur, sous une charge de $1^m,50$ sur le seuil, pour lequel la contraction est annulée sur le fond et sur les côtés verticaux ?

La dépense théorique est

$$1^m \times 0^m,20 \times \sqrt{19,62 \times 1^m,40} = 1^{mc},048.$$

La dépense effective est de

$$0,74 \times 1^{mc},048 = 0^{mc},776.$$

DEUXIÈME EXEMPLE : Quelle serait la dépense effective de ce même orifice, si le vannage était incliné à un sur un ou à $45°$?

La dépense théorique est encore de $1^{mc},048$.

La dépense effective est de

$$0,80 \times 1^{mc},048 = 0^{mc},838.$$

19. ORIFICES GARNIS D'AJUTAGES, QUI DIRIGENT L'EAU DANS LES AUGETS DES ROUES HYDRAULIQUES.

Fig. 8.

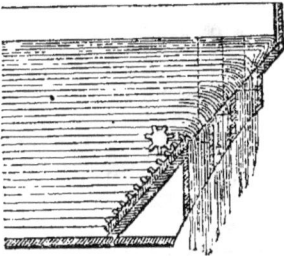

Lorsque les orifices sont accompagnés d'une espèce d'ajutage (Fig. 8) destiné à diriger l'eau dans les augets, ainsi que cela se pratique souvent pour les roues à augets, qui reçoivent l'eau au-dessous du sommet, on obtient la dépense effective par la règle suivante :

Calculez la dépense théorique pour chacun des orifices ou ajutage démasqué par la vanne, en prenant pour aire le produit de la largeur par la plus courte distance des diaphragmes qui forment l'ajutage, et pour charge d'eau la hauteur du niveau au-dessus du milieu de cette plus courte distance; ajoutez les dépenses théoriques relatives à ces divers orifices, et multipliez la somme par 0,75, le résultat sera la dépense effective.

EXEMPLE : Quelle est la dépense d'eau faite en $1″$ par un orifice incliné à $40°$, de $2^m,63$ de largeur, composé de trois orifices partiels pour lesquels on a les données d'observation suivantes ?

4

	LARGEUR.	HAUTEUR.	CHARGE sur le milieu.	DÉPENSE théorique.
1er orifice...	2,63	0,070	0,120	0,282
2me orifice...	2,63	0,070	0,260	0,411
3me orifice...	2,63	0,045	0,346	0,308

La dépense théorique totale $= 1,001$

La dépense effective est $0,75 \times 1^{mc},001 = 0^{mc},752$.

20. ORIFICES ACCOMPAGNÉS D'UN COURSIER. Les orifices d'écoulement sont le plus souvent accompagnés d'un coursier ou cánal plus ou moins incliné. D'après les expériences de Bossut et celles plus récentes de MM. Poncelet et Lesbros, la présence de ce coursier n'exerce pas d'influence notable sur la dépense tant que la charge sur le centre n'est pas au-dessous de

0,50 à 0,60 pour les orifices de 0,20 à 0,15 de hauteur.
0,30 à 0,40   id.   0,10
0,20   id.   0,05 et au-dessous.

Il est rare que la charge sur le milieu de l'orifice soit au-dessous des limites que nous venons d'indiquer; cependant, comme cela arrive quelquefois, le tableau suivant donnera la valeur des coëfficiens de la dépense pour les différens dispositifs indiqués dans les figures 9.

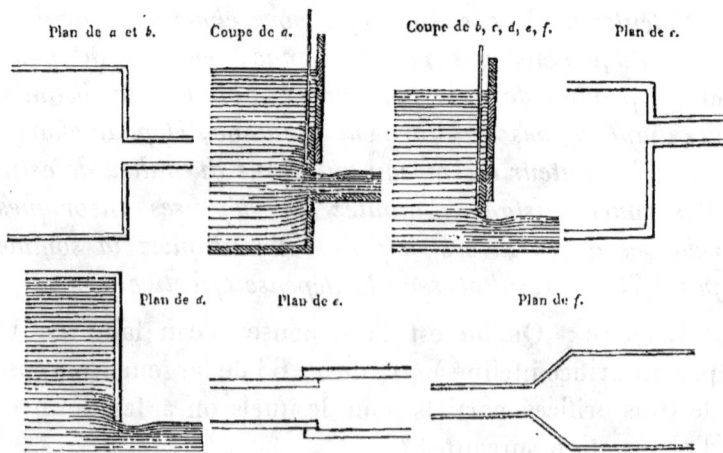

Plan de a et b.   Coupe de a.   Coupe de b, c, d, e, f.   Plan de c.

Plan de d.   Plan de e.   Plan de f.

HAUTEUR de l'orifice.	CHARGE sur le centre de l'orifice.	COEFFICIENS DE LA DÉPENSE POUR LES DISPOSITIFS					
		a.	b.	c.	d.	e.	f.
0,20	0,40	0,591	0,580	0,582	0,577	0,603	0,597
	0,24	0,559	0,552	0,550*	0,548	0,576	0,573
	0,12	0,483	0,482	0,484	0,485	0,484	0,483*
0,10	0,16	0,590	0,580*	0,583*	0,585*	0,606*	0,604*
	0,11	0,562	0,560*	0,561*	0,562*	0,566*	0,564*
	0,09	0,523	0,522*	0,522*	0,517*	0,510*	0,510*
	0,06	0,464	0,463*	0,462*	0,462*	0,460*	0,460*
0,05	0,20	0,631	0,615	0.618*	0,622	0,636	0,628
	0,11	0,614	0,597	0,598	0,601	0,610	0,609
	0,05	0,495	0,493	0,486	0,490	0,462	0,501
	0,04	0,452	0,443	0,442*	0,442	0,417*	»
0,03	0,20	0,632	0,631*	0,632*	0,635	0,650*	0,651*
	0,06	0,627	0,605*	0,602*	0,607	0,572*	0,594*

NOTA. Les nombres accompagnés d'un astérisque ont été calculés par interpolation.

A l'aide des valeurs ci-dessus des coëfficiens de la dépense, il sera facile, dans le cas des petites charges, de calculer la dépense effective des orifices dont la disposition est analogue à l'une de celles indiquées ci-dessus, et on observera la règle suivante :

Multipliez la dépense théorique, calculée par la règle du n° 9, ou par celle du n° 10, selon les cas, par le coëfficient de la dépense correspondant à la disposition de l'orifice, à la charge sur son centre et à son ouverture.

Pour tous les cas intermédiaires entre ceux qui sont indiqués au tableau, on pourra déterminer, avec une approximation suffisante, le coëfficient de la dépense, en prenant la moyenne arithmétique entre les valeurs correspondantes aux données du tableau les plus rapprochées de celles que l'on aura.

EXEMPLES : *Dispositif a.* Quelle est la dépense effective

en 1″ d'un orifice de 0^m,65 de largeur, 0^m,20 de hauteur, sous une charge de 0^m,24 sur le centre, dans le cas du dispositif *a* ?

La dépense théorique (n° 9) est

$$0^m,65 \times 0^m,20 \times \sqrt{19,62 \times 0^m,24} = 0^{mc},282.$$

Le coëfficient de la dépense est, d'après le tableau précédent, égal à 0,559. La dépense effective est

$$0,559 \times 0^{mc},282 = 0^{mc},158.$$

Dispositif b. Quelle est la dépense effective en 1″ d'un orifice de 0^m,80 de largeur, 0^m,10 de hauteur, sous une charge de 0^m,09 sur le centre, dans le cas du dispositif *b* ?

La dépense théorique égale

$$0^m,80 \times 0^m,10 \times \sqrt{19,62 \times 0^m,09} = 0^{mc},106.$$

Le coëfficient de la dépense est 0,522.

La dépense effective $= 0,522 \times 0^{mc},106 = 0^{mc},0554.$

Dispositif c. Quelle est la dépense effective en 1″ d'un orifice de 0^m,70 de largeur, 0^m,05 de hauteur, sous une charge de 0^m,05 sur le centre, dans le cas du dispositif *c* ?

La dépense théorique est

$$0^m,70 \times 0^m,05 \times \sqrt{19,62 \times 0,05} = 0^{mc},0348.$$

Le coëfficient de la dépense est 0,493.

La dépense effective est

$$0,493 \times 0^{mc},0348 = 0^{mc},0172.$$

Dispositif d. Quelle est la dépense effective en 1″ d'un orifice de 0^m,55 de largeur, 0^m,15 de hauteur, sous une charge de 0^m,12 sur le centre, dans le cas du dispositif *d* ?

La dépense théorique égale

$$0^m,55 \times 0^m,15 \times \sqrt{19,62 \times 0^m,12} = 0^{mc},1265.$$

Le coëfficient de la dépense est

$$\frac{0,485 + 0,562}{2} = 0,523.$$

La dépense effective $= 0,523 \times 0^{mc},1265 = 0^{mc},0663$.

Dispositif e. Quelle est la dépense effective en 1″ d'un orifice de $1^m,10$ de largeur, sur $0^m,10$ de hauteur, et sous une charge de $0^m,11$ sur le centre, dans le cas du dispositif *e ?*

La dépense théorique égale

$$1^m,10 \times 0^m,10 \times \sqrt{19,62 \times 0,11} = 0^{mc},161.$$

Le coëfficient de la dépense $= 0,566$.

La dépense effective $= 0,566 \times 0^{mc},161 = 0^{mc},0912$.

Dispositif f. Quelle est la dépense effective en 1″ d'un orifice de $0^m,90$ de largeur, $0^m,20$ de hauteur, sous une charge de $0^m,12$ sur le centre de l'orifice, dans le cas du dispositif *f?*

La dépense théorique égale

$$0^m,90 \times 0^m,20 \times \sqrt{19,62 \times 0^m,12} = 0^{mc},276.$$

Le coëfficient de la dépense $= 0,483$.

La dépense effective $= 0,483 \times 0^{mc},276 = 0^{mc},1335$.

DÉPENSE D'EAU FAITE PAR LES ORIFICES EN DÉVERSOIR.

21. Le volume d'eau qui s'écoule en 1″ par un orifice en déversoir, se calcule à l'aide de la formule suivante :

$$Q = m\mathrm{LH}\sqrt{2g\mathrm{H}},$$

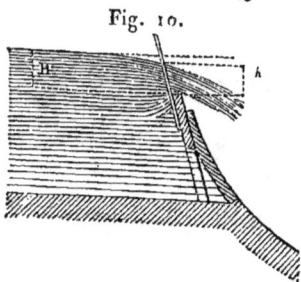

Fig. 10.

dans laquelle

Q est le volume en mètres cubes,

L la largeur du déversoir,

H la hauteur du niveau général du réservoir au-dessus du seuil du déversoir, ou de la vanne abaissée, sur laquelle passe le liquide (Fig. 10). Cette hauteur doit être mesurée dans un endroit où la dénivellation qui se produit près du déversoir ne soit pas sensible,

$$2g = 19^m,62,$$

m un coëfficient numérique, qui, d'après les expériences de MM. Poncelet et Lesbros, prend les valeurs suivantes :

Valeurs de H........	$\overset{m}{0,01}$	$\overset{m}{0,02}$	$\overset{m}{0,03}$	$\overset{m}{0,04}$	$\overset{m}{0,06}$	$\overset{m}{0,08}$	$\overset{m}{0,10}$	$\overset{m}{0,15}$	$\overset{m}{0,20}$	$\overset{m}{0,22}$
Valeurs du coëfficient m	0,424	0,417	0,412	0,407	0,401	0,397	0,395	0,393	0,390	0,385

Dans les cas et dans les limites ordinaires de la pratique, on pourra prendre moyennement $m = 0,405$, de sorte que la formule pratique pour calculer la dépense des déversoirs, est

$$Q = 0,405 LH \sqrt{2gH} ;$$

Cette formule revient à la règle suivante :

Pour calculer le volume d'eau qui s'écoule en une seconde par un orifice en déversoir,

Multipliez la largeur de l'orifice par la hauteur du niveau général du réservoir au-dessus du seuil ou côté inférieur de l'orifice, multipliez le produit par la vitesse due à cette hauteur, et prenez les 0,405 de ce second produit, le résultat sera le volume cherché.

Premier exemple : Quel est le volume d'eau qui s'écoule en une seconde par un déversoir de 10^m de large, dont le seuil est à $0^m,20$ au-dessous du niveau général du réservoir ?

La formule précédente donne

$$Q = 0,390 \times 10^m \times 0^m,20 \sqrt{19,62 \times 0^m,20} = 1^{mc},545.$$

La règle pratique en prenant $m = 0,405$ aurait donné $Q = 1^m,605.$

Deuxième exemple : Quel est le volume d'eau qui s'écoule en une seconde par-dessus une vanne de 3^m de largeur, qui forme déversoir en s'abaissant de $0^m,15$ au-dessous du niveau du réservoir?

La formule donne

$$Q = 0,393 \times 3^m \times 0^m,15 \sqrt{19,62 \times 0^m,15} = 0^{mc},304.$$

22. OBSERVATION SUR LA MESURE DE LA CHARGE D'EAU SUR LE SEUIL DU DÉVERSOIR. Dans les applications de la formule et de la règle précédentes, on devra, comme on l'a dit au n° 21, mesurer la hauteur du niveau du réservoir au-dessus du côté inférieur de l'orifice, en un endroit où la dénivellation, qui se produit près de l'orifice, cesse de se faire sentir, ce qui exige que le réservoir soit découvert à une distance de 1^m au moins de l'orifice, et qu'on puisse donner un coup de niveau.

Lorsque le déversoir est moins large que le réservoir, le niveau de l'eau dans les angles du barrage est à la même hauteur qu'à une distance assez grande en amont. Il suffira donc de mesurer la hauteur du niveau en ces points au-dessus du déversoir, pour en déduire H ou la charge.

23. CAS OU LE DÉVERSOIR A LA MÊME LARGEUR QUE LE CANAL D'ARRIVÉE DE L'EAU. Lorsque le déversoir a la même largeur que le canal d'arrivée et que celui-ci n'a qu'une profondeur comparable à la charge sur le déversoir, la dépense augmente et le coëfficient, par lequel il faut multiplier le produit $LH \sqrt{2gH}$, a pour valeur moyenne $0,42$ environ [*].

24. CAS OU L'ON NE PEUT MESURER QUE L'ÉPAISSEUR DE LA LAME D'EAU QUI PASSE SUR LE DÉVERSOIR. Lorsque le réservoir est couvert ou que l'on ne peut déterminer la différence de niveau qui existe entre le réservoir et

[*] Expériences sur l'écoulement de l'eau par les déversoirs, faites au château d'eau de Toulouse, par M. Castel. Note de M. d'Aubuisson, annales des mines, troisième série, tome IX, 2ᵐᵉ livraison de 1836.

le seuil du déversoir, on est forcé de se contenter de mesurer l'épaisseur de la lame d'eau qui passe au-dessus du côté inférieur.

Dans ce cas, il faudra mesurer cette épaisseur directement au-dessus de l'arête intérieure du seuil ou de la vanne (Fig. 10), et en la désignant par h, on en déduira approximativement la hauteur H du niveau au-dessus du seuil de l'orifice, au moyen de la relation

H $= 1,178\,h$ quand la largeur du déversoir sera les 4/5 de celle du réservoir.
H $= 1,25\ h$ id.   égale à celle du réservoir.

Ce qui revient à la règle suivante :

Pour déduire la hauteur du niveau général du réservoir, au-dessus du seuil d'un déversoir, de l'épaisseur de la lame d'eau, qui passe au-dessus de l'arête intérieure de ce seuil,

Multipliez cette épaisseur par

1,178 *quand la largeur du déversoir est égale aux* 4/5 *de celle du réservoir.*
1,25   *id.*   *à celle du réservoir.*

EXEMPLE : Quel est le volume d'eau qui s'écoule par un déversoir de 5^m de large sur l'arête intérieure duquel passe une lame d'eau de $0^m,12$?

La hauteur du niveau général du réservoir sera H $= 1,25 \times 0^m,12 = 0^m,15$, et la dépense en une seconde sera

$$Q = 0,393 \times 5^m \times 0^m,15 \sqrt{19,62 \times 0^m,15} = 0^{mc},507.$$

25. ORIFICES EN DÉVERSOIR ACCOMPAGNÉS D'UN COURSIER. Lorsqu'un déversoir est accompagné d'un coursier peu incliné, la dépense d'eau est altérée, et d'après les expériences de MM. Poncelet et Lesbros, il faut alors multiplier le produit.

$$LH\sqrt{2gH},$$

par les nombres suivans, relatifs aux dispositifs *a*, *b*, *d*,
e, *f*, représentés fig. 9 du n° 20.

CHARGES sur le seuil.	COEFFICIENT DE $LH\sqrt{2gH}$.				
	a.	*b.*	*d.*	*e.*	*f.*
m 0,21	0,319	0,324	0,322	0,324	0,336
0,15	0,314	0,313	0,314	»	»
0,10	0,305	0,303	0,303	0,308	0,315
0,06	0,283	0,281	0,280	0,271	0,287
0,04	0,272	0,259	0,257	0,246	0,260
0,03	0,227	0,227	»	»	»

Ce qui revient à la règle suivante :

*Pour calculer le volume d'eau qui s'écoule par un dé-
versoir accompagné d'un coursier, et disposé par rapport
aux parois et au fond du réservoir d'une manière analogue à l'un des dispositifs* a, b, d, e, f *(Fig. 9),*

*Multipliez la largeur du déversoir par la hauteur du
niveau général du réservoir au-dessus du seuil ou côté
inférieur de l'orifice, et par la vitesse due à cette hauteur,
puis multipliez le produit par celui des coëfficiens contenus dans le tableau précédent, qui convient au dispositif
du déversoir donné et à la charge sur son seuil.*

PREMIER EXEMPLE : *Dispositif a.* Quel est le volume
d'eau qui s'écoule par un déversoir de $4^m,30$ de largeur,
accompagné d'un coursier incliné à $\frac{1}{10}$ et dont le seuil est
à $0^m,25$ au-dessous du niveau général du réservoir ?

Le coëfficient correspondant au cas actuel est 0,319,
et la dépense est

$$Q = 0,319 \times 4^m,30 \times 0^m,25 \sqrt{19,62 \times 0^m,25} = 0^{mc},758.$$

DEUXIÈME EXEMPLE : *Dispositif d.* Quel est le volume
d'eau qui s'écoule en 1″ par un déversoir de $3^m,20$ de

5

largeur, accompagné d'un coursier incliné à $\frac{1}{20}$, et dont le seuil est à $0^m,10$ au-dessous du niveau général du réservoir ?

Le coëfficient correspondant au cas actuel est $0,303$.

La dépense est

$$Q = 0,303 \times 3^m,20 \times 0^m,10 \sqrt{19,62 \times 0^m,10} = 0^{mc},136.$$

TROISIÈME EXEMPLE : *Dispositif f.* Quel est le volume d'eau qui s'écoule en $1''$ par un déversoir de 5^m de largeur, accompagné d'un coursier horizontal, et dont le seuil est à $0^m,20$ au-dessous du niveau général du réservoir ?

Le coëfficient de la dépense est dans le cas actuel $0,336$, et le volume écoulé en $1''$ est

$$Q = 0,336 \times 5^m \times 0^m,20 \sqrt{19,62 \times 0^m,20} = 0^{mc},665.$$

JAUGEAGE DES COURS D'EAU.

26. Les règles et formules précédentes sont le meilleur moyen de jauger les cours d'eau, lorsqu'il est possible de les appliquer, parce qu'elles sont fondées sur des résultats d'expériences précises ; mais on peut avoir à déterminer le volume d'eau fourni par une rivière ou par un canal, sur lequel il n'existe pas de barrage, ni d'orifice régulier.

27. JAUGEAGE DES ANCIENS FONTAINIERS ; POUCE D'EAU. Les anciens fontainiers, lorsqu'ils voulaient jauger le produit d'une source de peu d'importance, en barraient le lit à l'aide de planches, dans lesquelles ils perçaient une rangée horizontale de trous d'un pouce de diamètre, bouchés par des tampons. Cela fait, ils débouchaient autant de trous qu'il en fallait, pour que le niveau s'établît à une hauteur constante d'une ligne au-dessus du sommet des orifices. A cet état il sortait par ces orifices réunis autant d'eau que la source en fournissait,

et l'on estimait son produit par le nombre d'orifices d'un pouce que l'on avait ouverts. De là vient la dénomination du *pouce d'eau* ou *pouce de fontainier*, que l'on prenait pour unité de comparaison.

Le produit correspondant à un pouce de fontainier est

en 24 heures de $19^{mc},1953$,

en 1 heure de $\quad 0^{mc},7998$,

en 1 minute de $\quad 0^{mc},01333$,

en 1 seconde de $\quad 0^{mc},0002222.$

On nomme *ligne d'eau* la 144e partie du pouce d'eau, et *point d'eau* la 144e partie de la ligne d'eau.

Ce mode de jaugeage est délicat et sujet à divers genres d'erreurs. Pour tous les petits cours d'eau où l'on pourrait l'appliquer, il sera plus simple et plus exact de laisser passer les eaux par-dessus le barrage, et d'estimer le volume d'eau écoulé à l'aide de la formule ou de la règle donnée au n° 21 et suivans, pour les déversoirs.

28. JAUGEAGE DES CANAUX DÉCOUVERTS A RÉGIME UNIFORME. Lorsqu'un canal a, sur une certaine longueur, une pente et un profil constans, il y a deux moyens de jauger son produit.

Le premier consiste à faire le nivellement exact de la surface des eaux sur la plus grande longueur possible et à mesurer l'aire, le contour mouillé du profil et la longueur développée de la partie régulière nivelée.

Puis, appelant

L la longueur totale développée de la partie régulière du canal,

H la pente de la surface des eaux correspondante à la longueur L,

A l'aire du profil,

S le périmètre ou le contour mouillé du profil,

U la vitesse moyenne de l'eau dans le profil, on aura, d'après les résultats des expériences de plusieurs ingénieurs, discutés par M. de Prony,

$$U = -0^m,072 + 56,86 \sqrt{\frac{AH}{SL}},$$

et le produit du cours d'eau sera donné par la formule

$$Q = AU.$$

Ces formules reviennent aux règles suivantes :

Pour obtenir la vitesse avec laquelle l'eau coule dans un canal à section régulière, dont on connaît la pente à la surface, le contour mouillé et la longueur développée,

Divisez l'aire du profil par le contour mouillé,

Divisez la pente totale, déduite du nivellement de la surface des eaux, par la longueur développée de la ligne milieu du canal,

Multipliez ces deux quotiens l'un par l'autre, extrayez la racine quarrée du produit et multipliez-la par 56,86,

De ce dernier produit retranchez 0^m,072, le reste sera la vitesse moyenne cherchée.

Fig. 11.

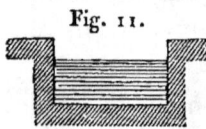

EXEMPLE : Quelle est la vitesse moyenne de l'eau dans un canal en maçonnerie (Fig. 11) à section rectangulaire de 3^m de largeur, $1^m,10$ de profondeur, de 150^m de longueur, dont la surface aurait une pente totale de $0^m,075$?

L'aire du profil $= 3^m \times 1^m,10 = 3^{mq},30$.

Le contour mouillé $= 3^m + 2 \times 1^m,10 = 5^m,20$.

Leur quotient $= \frac{3,30}{5,20} = 0,634$.

Celui de la pente par la longueur $= \frac{0,075}{150} = \frac{1}{2000}$.

$$\sqrt{\frac{A}{S} \times \frac{H}{L}} = \sqrt{0,634 \times \frac{1}{2000}} = 0,0178.$$

La vitesse cherchée égale

$$56,86 \times 0,0178 - 0^m,072 = 0^m,943.$$

On déterminera ensuite facilement le produit du canal en $1''$, par la règle suivante :

Pour avoir le volume d'eau que fournit un canal, quand on connaît l'aire du profil transversal de la section d'eau et la vitesse moyenne,
Multipliez l'aire par la vitesse moyenne.

EXEMPLE : Dans l'exemple précédent
L'aire du profil $= 3^{mq},3o$,
La vitesse moyenne $= 0^m,943$,
Le produit du cours d'eau est

$$Q = 3^{mq},3o \times 0^m,943 = 3^{mc},12.$$

29. RELATION ENTRE LA VITESSE MOYENNE ET LA VITESSE A LA SURFACE. Lorsque l'on ne peut pas faire le nivellement du cours d'eau sur une étendue suffisante, on détermine la vitesse moyenne d'après celle de l'eau à la surface, mesurée dans le plus fort courant, et à l'aide des résultats d'expérience suivans :

Vitesse à la surface	$0,10$	$0,50$	$1,00$	$1,50$	$2,00$	$2,50$	$3,00$	$3,50$	$4,00$
Rapp. de la vitesse moy. à la vitesse à la surface.	$0,760$	$0,786$	$0,812$	$0,832$	$0,848$	$0,862$	$0,873$	$0,883$	$0,891$

Lorsque la vitesse à la surface est comprise entre $0^m,20$ et $1^m,5o$, on peut, avec une exactitude suffisante pour la pratique, prendre, pour le rapport de la vitesse moyenne à la vitesse à la surface $0,80$.

30. MANIÈRE DE DÉTERMINER LA VITESSE A LA SURFACE. Le moyen le plus simple et le plus exact de mesurer la vitesse à la surface, est de jeter à l'eau, dans le *thalweg* ou plus fort courant, un ou plusieurs flotteurs légers, en bois de chêne, qui s'immergent presqu'entièrement, et d'observer, à l'aide d'une montre à secondes, le temps qu'ils emploient à parcourir un espace donné, qu'on prendra aussi grand que possible sur une partie régulière du canal ou du cours d'eau. En divisant l'espace parcouru par le temps, on aura la vitesse à la surface.

Il faudra répéter l'observation plusieurs fois, pour plus d'exactitude.

31. On peut déterminer la vitesse moyenne a l'aide du moulinet de Wolteman. On emploie aussi, pour déterminer la vitesse moyenne de l'eau dans un canal ou une rivière, l'instrument connu sous le nom de moulinet de Wolteman ou *strohmesser,* lorsque le rapport de la vitesse des ailettes à celle de l'eau, a été au préalable bien déterminé, ce qui présente quelque difficulté. On place l'instrument à différens endroits de la largeur du cours d'eau et à différentes profondeurs. On multiplie convenablement ces stations, et l'on prend ensuite pour vitesse moyenne, la moyenne arithmétique entre toutes les vitesses observées. La nécessité de faire plusieurs observations, s'oppose à ce qu'on emploie cet instrument pour des cours d'eau dont la section n'aurait pas au moins un mètre quarré de surface, et $0^m,20$ à $0^m,30$ de profondeur.

On doit d'ailleurs avoir l'attention de n'opérer que dans des endroits où toute la masse d'eau du courant est animée d'une vitesse notable et par conséquent s'éloigner suffisamment des barrages, déversoirs, remous, etc.

Quel que soit le moyen employé pour déterminer la vitesse moyenne, on calculera le produit du cours d'eau par la règle du n° 28.

32. Vitesse de l'eau au fond des canaux. La vitesse de l'eau au fond des canaux, est moindre que la vitesse moyenne : il importe qu'elle n'atteigne pas la limite à laquelle l'eau commence à dégrader le lit. On la déterminera par la formule $W = 2U - V$ dans laquelle W représente la vitesse au fond,

U la vitesse moyenne,

V la vitesse à la surface,

et qui revient à la règle suivante :

*Pour obtenir la vitesse de l'eau au fond d'un canal,
doublez la vitesse moyenne, et du produit retranchez
la vitesse à la surface.*

EXEMPLE : Quelle est la vitesse au fond d'un canal
dont la vitesse moyenne est de $0^m,35$ et la vitesse à
la surface $0^m,45$?

La vitesse au fond $= 2 \times 0^m,35 - 0^m,45 = 0^m,25$.

33. LIMITES QUE LA VITESSE DE L'EAU AU FOND DES CANAUX
PEUT ATTEINDRE SANS LES DÉGRADER. Le tableau suivant
indique les limites supérieures de la vitesse que l'eau
peut prendre dans les canaux, selon la nature du fond,
sans les dégrader.

NATURE DU FONDS.	LIMITES de la vitesse.
	m
Terres détrempées, brunes......................	0,076
Argiles tendres................................	0,152
Sables.......................................	0,305
Graviers.....................................	0,609
Cailloux.....................................	0,614
Pierres cassées, silex.........................	1,220
Cailloux agglomérés, schistes tendres...............	1,520
Roches en couches............................	1,830
Roches dures................................	3,050

VITESSE DE L'EAU DANS LES COURSIERS.

34. VITESSE DE L'EAU VERS L'ORIGINE DES COURSIERS QUI
ACCOMPAGNENT LES ORIFICES. Quoique la présence d'un
coursier en aval de l'orifice (Fig. 12),
n'altère pas la dépense, dans les cas
les plus ordinaires de la pratique, elle
diminue la vitesse du liquide après sa
sortie. La veine fluide s'élargit et la
vitesse moyenne devient plus petite.
On calculera la vitesse de l'eau en aval
de l'orifice, à une distance égale, à deux
fois ou une fois et demie sa plus petite

Fig. 12.

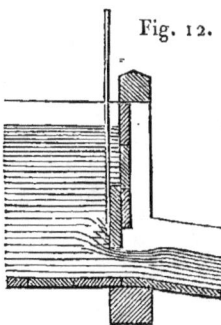

dimension par la formule suivante :

$$U = \frac{\sqrt{2gH}}{\sqrt{1 + \left(\dfrac{1}{m} - 1\right)^2}}$$

dans laquelle

U représente la vitesse cherchée,

H la charge sur le centre de l'orifice,

$2g = 19^m,62,$

m le coëfficient de la dépense, particulier à l'orifice.

Cette formule revient à la règle suivante :

Du rapport $\frac{1}{m}$ *de l'unité au coëfficient de la dépense retranchez l'unité, élevez le reste au quarré, ajoutez-y l'unité et extrayez la racine quarrée de la somme,*

Divisez la vitesse due à la charge sur le centre de l'orifice (n° 2 ou table du n° 4) par cette racine quarrée, le quotient sera la vitesse moyenne de l'eau dans le coursier à une fois et demie ou deux fois la largeur de l'orifice.

EXEMPLE : Quelle est la vitesse moyenne de l'eau vers l'origine d'un coursier qui accompagne un orifice, pour lequel le coëfficient de la dépense est 0,64, et la charge sur le milieu égale à $1^m,10$? On a

$$\frac{1}{0,64} = 1,562, \quad (1,562 - 1)^2 = 0,316, \quad \sqrt{1 + 0,316} = 1,144$$

La vitesse due à la charge sur le centre $= 4^m,65.$

La vitesse cherchée $= \dfrac{4^m,65}{1^m,144} = 4^m,07.$

NOTA. Dans la plupart des applications où la contraction a lieu sur trois côtés et où la charge est forte, on pourra suivre la règle suivante, plus simple et suffisamment exacte.

Pour avoir la vitesse de l'eau vers l'origine d'un coursier qui accompagne un orifice,

Multipliez la vitesse due à la charge sur le centre par 0,85.

EXEMPLE : Quelle est la vitesse de l'eau vers l'origine d'un coursier qui accompagne un orifice, pour lequel le coëfficient de la dépense est 0,62, et la charge sur le centre 0^m,90 ?

La vitesse due à la charge sur le centre = 4^m,20.

La vitesse cherchée = 0,85 × 4^m,20   = 3^m,58.

35. VITESSE DE L'EAU A L'EXTRÉMITÉ DU COURSIER. Dans

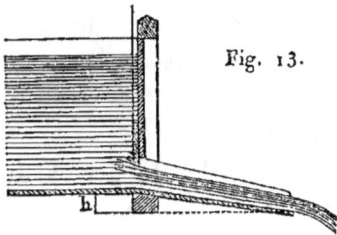

Fig. 13.

la plupart des cas, le coursier qui conduit l'eau, de l'orifice à la roue hydraulique, est assez court et sa pente assez raide, pour que l'on puisse faire abstraction de la résistance de ses parois au mouvement du liquide.

Alors le fond du coursier étant le prolongement du seuil, en nommant,

h la pente totale du coursier, depuis le seuil de l'orifice, jusqu'à son extrémité,

u la vitesse à l'extrémité du coursier,

U la vitesse moyenne dans le coursier, à une fois et demie ou deux fois la plus petite dimension de l'orifice, calculée comme il est dit au n° 34 précédent,

On aura

$$u = \sqrt{U^2 + 2gh},$$

formule qui revient à la règle suivante :

Pour obtenir la vitesse de l'eau à l'extrémité d'un coursier d'une petite longueur qui accompagne un orifice d'écoulement,

Ajoutez la hauteur due à la vitesse moyenne de l'eau vers l'origine du coursier, calculée comme il est dit au

6

n° 34, à la pente totale du coursier, la vitesse due
à la somme de ces hauteurs (n° 2 ou table du n° 4)
sera la vitesse cherchée.

EXEMPLE : Dans les circonstances du premier exemple
du n° 34, quelle sera la vitesse de l'eau à l'extrémité du
coursier s'il a $1^m,3o$ de longueur et $o^m,25$ de pente ?

La vitesse vers l'origine du coursier (n° 34)	$= 4^m,07$
La hauteur due à cette vitesse	$= 0^m,844$
La somme des hauteurs $= 0^m,844 + 0^m,25$	$= 1^m,094$

La vitesse à l'extrémité du coursier $= \sqrt{49,62 \times 1^m,094} = 4^m,63$

36. COURSIER D'UNE GRANDE LONGUEUR. Lorsque le coursier est long, la résistance que ses parois opposent au
mouvement de l'eau diminue sensiblement la vitesse,
et il faut tenir compte de ses effets.

Le moyen le plus simple est d'aborder le dessus du
coursier, et de mesurer un profil de la lame d'eau à
son extrémité : alors,

*En divisant le volume d'eau fourni par l'orifice, par
l'aire de ce profil, on aura la vitesse moyenne cherchée.*

Dans le cas où l'on ne pourrait pas aborder le dessus
et l'extrémité du coursier, on déterminera approximativement la vitesse moyenne en cet endroit, par la
règle suivante :

*Recherchez d'abord la valeur de la vitesse de l'eau
à l'extrémité du coursier, en faisant abstraction de la
résistance des parois, comme il a été dit au n° 35
précédent, alors en appelant,*

u *cette vitesse, prenez la moyenne arithmétique entre
elle et la vitesse* U, *vers l'origine du coursier, calculée
par la règle du n° 34 ; recherchez (n° 2 ou table du n° 4)
la hauteur due à cette vitesse,*

Divisez la dépense Q par cette vitesse moyenne $\frac{u+U}{2}$,

vous aurez l'aire moyenne A *de la section dans le coursier, et vous en déduirez le contour mouillé* S,

Cela fait, multipliez le rapport du contour mouillé S *à
l'aire de la section moyenne* A *, par 0,007 de la longueur*
L *du coursier, et par le quarré de la vitesse moyenne
arithmétique* $\frac{u+U}{2}$,

Ajoutez le quarré de la vitesse U *à l'origine du
canal à celui de la vitesse due à sa pente totale* h*, et
de la somme, retranchez le produit précédent,*

*La racine quarrée du reste, sera la valeur, suffisamment
approchée, de la vitesse moyenne à l'extrémité du canal.*

Cette règle revient à la formule

$$U' = \sqrt{U^2 + 2gh - 0,007\,\frac{SL}{A}\left(\frac{U+u}{2}\right)^2}$$

dans laquelle, outre les notations précédentes,

On appelle

h la pente totale du coursier,

U' la vitesse cherchée à son extrémité.

EXEMPLE : Dans les circonstances de l'exemple du
n° 34, quelle sera la vitesse à l'extrémité d'un coursier
de 7^m de longueur et de $0^m,35$ de pente totale ?

La largeur de l'orifice étant de 1^m, et sa hauteur
de $0^m,25$, on a d'abord (n° 34), U = $4^m,07$.

$$u = \sqrt{(4,07)^2 + 19,62 \times 0^m,35} = \sqrt{23,46} = 4^m,842, \quad \frac{U+u}{2} = 4^m,456;$$

puis, si le coëfficient de la dépense est $m = 0,64$,

$$Q = 0,64 \times 1^m \times 0^m,25\sqrt{19,62 \times 1^m,10} = 0^{mc},743, \quad \frac{Q}{\frac{U+u}{2}} = A = 0^{mq},167,$$

$$S = 1^m + 2 \times 0^m,167 = 1^m,334, \quad 0,007 \times \frac{S}{A}L\left(\frac{U+u}{2}\right)^2 = 7,75,$$

et
$$U' = 3^m,96.$$

37. Perte de chute occasionnée par les cabinets d'eau.
On emploie souvent dans les usines, pour amener l'eau
sur les roues hydrauliques, des tuyaux de conduite

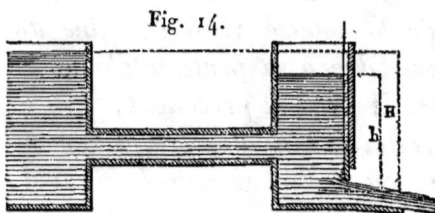

Fig. 14.

(Fig. 14) qui, passant
au-dessous ou au-dessus
du sol, établissent une
communication entre
le réservoir principal
et un petit réservoir
particulier appelé *cabinet d'eau*. Ce dernier est placé
immédiatement auprès de la roue, et y verse l'eau par
une vanne ordinaire. Cette disposition occasionne toujours, entre le niveau du réservoir et celui du cabinet
d'eau, une différence ou une perte de chute que l'on
calculera par la formule

$$H - h = \frac{m'^2 a^2}{A^2}\left[\left(\frac{1}{m} - 1\right)^2 + 1 + 0,007\frac{S}{A}L\right]h$$

dans laquelle on désigne par

H la hauteur du niveau du réservoir au-dessus du centre
de l'orifice du cabinet,

h la hauteur du niveau du cabinet au-dessus du même
point,

m le coëfficient de la dépense relatif à l'origine de la
conduite,

m' le coëfficient de la dépense relatif à l'orifice de la
vanne du cabinet,

a l'aire de l'orifice du cabinet,

A l'aire de la section d'eau dans la conduite,

S le contour ou périmètre mouillé de la conduite,

L la longueur développée de cette conduite.

Cette formule revient à la règle suivante :

Pour calculer la perte de chute occasionnée par un cabinet d'eau,

Du rapport de l'unité au coëfficient de la dépense relatif à l'origine de la conduite, retranchez l'unité,

Prenez le quarré du reste et ajoutez-y l'unité,

Multipliez par 0,007 la quatrième proportionnelle à l'aire de la section d'eau dans la conduite, au contour mouillé et à la longueur de la conduite, ajoutez le produit de la somme précédente,

Multipliez la nouvelle somme d'abord par la hauteur h *du niveau dans le cabinet, au-dessus du centre de son orifice, puis par le quarré de la quatrième proportionnelle à l'aire* A *de la section d'eau dans la conduite, au coëfficient* m' *de la dépense à l'orifice du cabinet, et à l'aire de cet orifice,*

Le résultat sera la perte de chute cherchée.

EXEMPLE : La roue de la scierie d'aval de l'arsenal d'artillerie de Metz, reçoit l'eau par un cabinet, pour lequel on a les données suivantes :

$$m' = 0,67, \quad m = 0,62, \quad a = 0^{mq},0682, \quad A = 0^{mq},25,$$
$$L = 7^m,60, \quad S = 2^m, \quad h = 1^m,625.$$

La formule précédente donne

$$H - h = 0^m,098.$$

La formule précédente montre qu'il faut éviter l'usage des cabinets d'eau, et que, quand on est obligé de les employer, il faut augmenter, autant que possible, l'aire de la section de la conduite d'eau, et diminuer sa longueur.

VITESSE D'ARRIVÉE DE L'EAU SUR LES ROUES.

38. Tracé de la courbe, décrite par le filet moyen de la veine fluide, a partir de l'extrémité du coursier. Après avoir déterminé, dans l'un ou l'autre des cas

Fig. 15.

examinés aux n°s 35 et 36 précédens, la vitesse de l'eau à l'extrémité du coursier, il devient facile de tracer la courbe, décrite par le filet moyen de la veine fluide, à partir de cette extrémité.

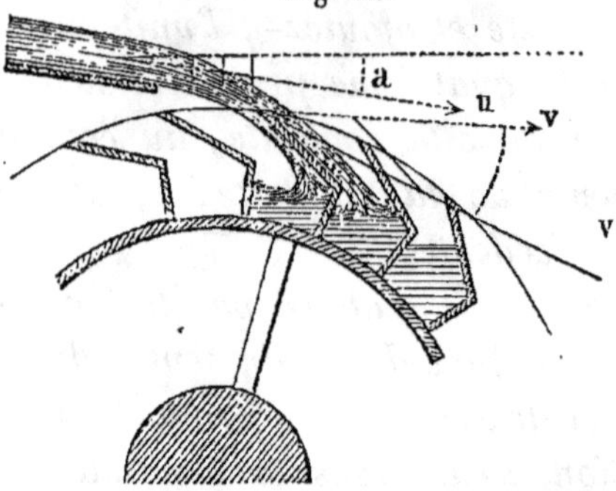

En effet,

u désignant la vitesse à l'extrémité du coursier, n° 35,
a l'angle de ce coursier et de cette vitesse avec l'horizontale, la courbe décrite par le filet moyen de la veine fluide, aura pour équation, en appelant,

x ses abscisses mesurées sur une horizontale, menée par le milieu du profil où la vitesse moyenne est u,

y ses ordonnées verticales, à partir de la même origine,

$$ y = \frac{g x^2}{2 u^2 \cos^2 a} + x \tan g\, a. $$

Cette équation revient à la règle suivante :

Pour calculer les ordonnées de la courbe, décrite par le filet moyen, correspondantes à des abscisses horizontales données,

Multipliez le quarré de la vitesse u *de l'eau à l'extrémité du coursier (n°s 35 ou 36), par le double du quarré du cosinus de l'angle formé par sa direction avec l'horizontale ; par ce produit divisez le nombre*

9,81 *et multipliez le quotient par le quarré de l'abscisse*
x *donnée,*

Au produit ajoutez celui de cette abscisse, par la
tangente de l'angle a, *de la vitesse* u *avec l'horizontale,*

La somme sera la valeur cherchée de l'ordonnée y.

En se donnant des valeurs de x égales à $0^m,1$, $0^m,2$,
$0^m,3$, etc., on obtiendra les valeurs correspondantes de
y et l'on tracera par points la courbe décrite par le filet
moyen.

Dans le cas où le coursier est horizontal, on a

$$a = 0, \quad \cos a = 1, \quad \tang a = 0,$$

et
$$y = \frac{g x^2}{2 u^2}.$$

Cette équation revient à la règle suivante :

Divisez 9,81 *par le double du quarré de la vitesse*
à l'extrémité du coursier, multipliez le quotient par le
quarré de l'abscisse x *donnée,*

Le produit sera l'ordonnée y *correspondante à la*
valeur de l'abscisse.

Si l'orifice est un déversoir, on aura la vitesse du
filet moyen, en se rappelant que l'épaisseur de la lame
d'eau au-dessus de la vanne, n'est que 0,80 environ
de la hauteur H du niveau au-dessus du même point.
Le filet moyen étant alors à 0,60 de cette même hauteur,
la vitesse de ce filet moyen sera

$$u = \sqrt{19,62 \times 0,6\, H},$$

et dirigée à peu près dans le sens horizontal. On
pourra donc, dans tous les cas, déterminer facilement
la parabole décrite par ce filet moyen, à partir de
l'origine.

59. Vitesse d'arrivée de l'eau sur les roues hydrauliques, placées au-dessous d'un coursier. Au point où la
courbe du filet moyen rencontre la circonférence exté-

rieure de la roue, menez une tangente à cette parabole, sa direction sera celle de la vitesse d'arrivée V de l'eau sur la roue. Puis à la hauteur due à la vitesse u (n° 2 ou table du n° 4), ajoutez la hauteur de ce point de rencontre au-dessous de l'origine de la courbe. La vitesse due à la somme de ces hauteurs, sera la vitesse d'arrivée V de l'eau sur la roue.

EXEMPLE : Quelle est la vitesse d'arrivée de l'eau sur une roue hydraulique de $3^m,50$ de diamètre, dont l'axe est à $0^m,25$ en avant de la verticale, qui passe par l'extrémité de ce coursier incliné au douzième? On suppose que cette extrémité soit à $0^m,02$ au-dessus de la roue, et que la vitesse moyenne de la lame d'eau, qui a $0^m,10$ d'épaisseur au bout du coursier, soit de 3^m en $1''$.

Si le coursier est incliné à $\frac{1}{12}$, on a

$$\tang a = \frac{1}{12} = 0,083, \quad \cos a = 0,995, \quad u = 3^m,$$

$$y = \frac{9,81x^2,}{2\,(3\times0,995)^2} + 0,083x = 0,55x^2 + 0,083x,$$

on en déduit pour les coordonnées de la courbe

$$x = 0,100, \quad 0,200, \quad 0,300, \quad 0,400, \quad 0,500, \quad 0,600,$$
$$y = 0,014, \quad 0,038, \quad 0,074, \quad 0,120, \quad 0,178, \quad 0,246.$$

L'intersection de la courbe ainsi déterminée avec la circonférence de la roue, est à $0^m,07$ environ au-dessous du point milieu de la veine au bout du coursier, ou de l'origine de la courbe et la hauteur due à la vitesse de 3^m, étant de $0^m,46$, la hauteur totale à laquelle est due la vitesse cherchée est à $0^m,53$, et par conséquent, cette vitesse est de $3^m,23$ en $1''$.

ÉTABLISSEMENT DES CANAUX A RÉGIME CONSTANT.

40. Les canaux qui précèdent, ou suivent les usines, doivent, autant que possible, être à régime constant,

c'est-à-dire que la pente, l'aire de la section d'eau et la vitesse doivent y être constantes. S'ils sont en bois ou en maçonnerie, leurs parois sont verticales. Dans ce cas, pour diminuer la résistance des parois, il convient, quand les localités le permettent, que la *profondeur soit la moitié de la largeur.*

On suivra cette règle toutes les fois qu'il n'en résultera pas une profondeur trop grande, gênante pour l'usine, ou conduisant à trop de dépense.

Pour les canaux en terre ou en maçonnerie, la largeur au fond est ordinairement égale à 4 ou 6 fois la profondeur.

Si, par des considérations de localité ou d'économie, on a fixé les dimensions du canal, on connaîtra d'avance l'aire A de son profil et le périmètre mouillé S, et Q étant le volume d'eau à débiter, on aura, pour déterminer la vitesse moyenne U à établir dans le canal,

$$U = \frac{Q}{A}.$$

Cette vitesse doit d'ailleurs être telle que celle que prend le liquide au fond du canal, calculée par la règle du n° 32, ne dépasse pas la limite indiquée au n° 33, suivant la nature du sol.

La pente par mètre courant ou la *déclivité* I que le canal devra avoir, pour que cette vitesse de régime s'établisse, sera donnée par la formule

$$I = \frac{S}{A} U (0,0000444 + 0,000309U),$$

qui revient à la règle suivante :

Pour calculer la pente que l'on doit donner par mètre courant à un canal à régime constant, d'une section et d'une profondeur données, pour que la vitesse moyenne de l'eau y prenne une valeur aussi donnée,

7

Multipliez la vitesse donnée par 0,000309 , *au produit ajoutez* 0,0000444 ,

Multipliez la somme par la quatrième proportionnelle à l'aire du profil constant de la section d'eau, au contour mouillé, à la vitesse moyenne donnée.

La pente totale sera évidemment IL ou le produit de la déclivité par la longueur totale.

EXEMPLE : Quelle sera la vitesse moyenne de l'eau dans un canal à régime constant en charpente, dont la profondeur d'eau serait de $0^m,80$, la largeur $1^m,60$ et qui devrait débiter $0^{mc},800$ en $1''$?

L'aire de la section d'eau est $A = 0^m,08 . 1^m,60 = 1^{mq},28$.

La vitesse moyenne $U = \dfrac{0,800}{1,28} = 0^m,625$,

Le périmètre mouillé $S = 2 \times 0^m,8 + 1^m,60 = 3^m,20$.
Quelle sera la déclivité ou la pente, par mètre courant ?
On aura

$$I = \frac{3^m,20}{1^{mq},28} \times 0^m,625 \, (0,0000444 + 0,000309 \times 0,625) = 0^m,000373 ,$$

Si la longueur du canal est de 100 mètres, sa pente totale sera

$$H = IL = 0^m,0373.$$

41. CANAUX CREUSÉS DANS LE SOL, OU REVÊTUS EN PERRÉS INCLINÉS. Lorsque les canaux sont creusés dans le sol, la largeur au fond est ordinairement de 4 à 6 fois la profondeur.

La nature du sol ou du revêtement déterminent l'inclinaison du talus, et l'économie des déblais, ainsi que des considérations de localité, limitent les dimensions et servent à les fixer.

On a alors, comme dans le cas précédent, le périmètre mouillé et l'aire du profil, et l'on déterminera la vitesse moyenne et la déclivité de la même manière.

EXEMPLE : Quelle sera la vitesse moyenne dans un canal de 4^m de largeur au fond, de $0^m,70$ de profondeur, dont les talus seraient à $45°$ et qui devrait débiter $1^{mc},645$, par seconde ?

On a

$$A = 0^m,70 \times \frac{4^m + 5^m,4}{2} = 3^{mq},29,$$

$$U = \frac{1^{mc},645}{3^{mq},29} = 0^m,50, \quad S = 5^m,98.$$

Quelle sera la déclivité ou la pente, par mètre courant à la surface du canal ?

$$I = \frac{5,98}{3,29} \times 0,50\,(0,0000444 + 0,000309 \times 0,50) = 0^m,0001813,$$

Pour une longueur de 100 mètres, la pente serait de $H = IL = 0^m,01813$.

42. DÉTERMINATION DE LA PLUS GRANDE VITESSE MOYENNE QUE L'ON DOIVE ADOPTER POUR LE RÉGIME D'UN CANAL. Le tableau du n° 33 donne la plus grande vitesse au fond que le sol comporte. On sait de plus, d'après le n° 29, que, dans les cas ordinaires de la pratique, le rapport de la vitesse moyenne à la vitesse à la surface, est moyennement égal à 0,80.

On calculera alors la vitesse moyenne dans le canal à établir par la formule

$$U = 1,33W,$$

dans laquelle W est la vitesse limite, que comporte la nature du fond et qui revient à la règle suivante :

Pour déterminer la plus grande vitesse moyenne que l'eau puisse prendre dans un canal sans le dégrader,

Multipliez la plus grande vitesse au fond, que le sol comporte (n° 33), par 1,33,

Le produit sera la plus grande vitesse moyenne qu'on puise laisser prendre aux eaux dans le canal.

43. Application des règles des n°s 40, 41 et 42, a un canal creusé dans un terrain de gravier. Quelle devra être la vitesse moyenne dans un canal creusé dans un sol, dont le fond est de gravier ?

La vitesse limite au fond est (tableau du n° 33) de 0^m,609, le rapport de la vitesse moyenne à la vitesse de la surface est, pour ce cas, de 0,80 (n° 29), on a donc

$$U = 1,33 \times 0^m,609 = 0^m,81.$$

Cette vitesse étant ainsi déterminée à priori, par la nature du sol, l'aire de la section transversale du canal pour une dépense donnée Q sera

$$A = \frac{Q}{U}$$

En supposant que, dans le cas précédent, le canal doive débiter 2^{mc} d'eau en 1″, quelle sera l'aire de sa section transversale ?

$$A = \frac{2^{mc}}{0^m,810} = 2^{mq},475.$$

Les talus devant être à 45° par hypothèse, et la largeur au fond, égale à 5 fois la profondeur, on aura, pour l'aire, en appelant,
h la profondeur du canal,

$$A = 6h^2 = 2^{mq},475,$$

d'où $$h = \sqrt{\frac{2,475}{6}} = 0^m,642.$$

et par suite, la largeur au fond sera 3^m,21, et la largeur à la surface 4^m,494 et le périmètre mouillé sera $3^m,21 + 2\sqrt{2\ (0,643)^2} = 5^m,03$.

La pente donnée par la formule du n° 40 sera

$$I = \frac{5^m,03}{2^{mq},475} \times 0^m,81\ (0,0000444 + 0,000309 \times 0,81) = 0^m,000485.$$

44. DÉTERMINATION DES DIMENSIONS DU CANAL, QUAND LA PENTE EST DONNÉE. Si la pente du canal est donnée, on calculera la vitesse moyenne que l'eau peut prendre sans dégrader les rives, d'après la règle du n° 42, et en appelant

h la profondeur du canal,

b la largeur au fond,

n le rapport de la base des talus à leur hauteur, on aura entre la hauteur et la largeur au fond, la relation

$$b + 2h\sqrt{1+n^2} = \frac{QI}{U^2(0,0000444 + 0,000309\,U)}.$$

La formule précédente revient à la règle suivante :

Pour déterminer la largeur qu'il convient de donner au fond d'un canal dont la pente totale est connue, ainsi que le volume d'eau qu'il doit débiter, sa profondeur et la pente des talus,

Calculez la vitesse moyenne que l'eau peut y prendre par la règle du n° 42,

Multipliez la vitesse moyenne par 0,000309, au produit ajoutez 0,0000444, multipliez la somme par le quarré de la vitesse moyenne,

Par ce produit divisez celui du volume d'eau à débiter par la déclivité du canal,

Au quarré du rapport de la base des talus à leur hauteur, ajoutez l'unité, extrayez la racine quarrée de la somme et multipliez cette racine par le double de la profondeur du canal,

Retranchez ce dernier produit du quotient précédent, le reste sera la largeur à donner au fond du canal.

Les circonstances locales limitent quelquefois la profondeur maximum que l'on peut donner au canal, ce qui conduira à fixer cette profondeur, d'après ces considérations, et à déterminer la largeur au fond, par la relation ci-dessus.

Lorsqu'on ne sera pas obligé de déterminer la profondeur du canal à priori, on supposera que la largeur au fond doive être égale à 4 ou 6 fois la profondeur, et la relation ci-dessus donnera la profondeur.

Pour les canaux en bois ou en maçonnerie on a ordinairement $n = 0$, et la formule se réduit à

$$b + 2h = \frac{QI}{U^2 (0,0000444 + 0,000309 \, U)}.$$

Pour les canaux revêtus en pierres sèches $n = 0,50$ ordinairement, et l'on a

$$b + 2,23h = \frac{QI}{U^2 (0,0000444 + 0,000309 \, U)}.$$

Enfin pour les canaux en terre $n = 1$ et la formule devient

$$b + 2,83h = \frac{QI}{U^2 (0,0000444 + 0,000309 \, U)}.$$

Ces formules reviennent évidemment à la règle précédente.

45. OBSERVATION RELATIVE AUX HERBES QUI CROISSENT DANS LES CANAUX. Pour maintenir le régime des canaux à un état régulier, il est indispensable de couper fréquemment les herbes et les roseaux, qui, par leur surface, augmentent beaucoup les résistances éprouvées par le liquide.

TUYAUX DE CONDUITE DES EAUX.

46. JAUGEAGE DU PRODUIT D'UNE CONDUITE D'EAU A SECTION CIRCULAIRE. Ces tuyaux doivent être à section constante, sans aucun étranglement dans l'intérieur. On doit, autant que possible, éviter les coudes, ou au moins leur donner de grands rayons de courbure. Quand on

aura satisfait à cette dernière condition on pourra négliger l'influence assez faible de ces coudes.

Lorsqu'une pareille conduite d'eau, d'un diamètre donné **D**, débouche à l'air libre, la vitesse moyenne de régime qui s'y établit, se déduit avec une exactitude suffisante pour la pratique, de la formule suivante, due à M. de Prony,

$$U = 26,44 \sqrt{\frac{DH}{L + 54D}}$$

dans laquelle on représente par
U la vitesse moyenne cherchée,
D le diamètre de la conduite,
H la hauteur du niveau du réservoir au-dessus du
 centre de l'extrémité de la conduite,
L la longueur développée de la conduite.

Si la conduite débouche dans un réservoir inférieur où son orifice soit noyé, la vitesse sera donnée par la même formule, dans laquelle H représentera alors la différence de niveau des deux réservoirs.

Cette formule revient à la règle suivante :

Pour calculer la vitesse moyenne que prend l'eau dans une conduite à section circulaire constante, multipliez le diamètre de la conduite par la hauteur du réservoir, au-dessus du centre de son extrémité inférieure, si elle débouche à l'air libre ou par la différence de niveau des deux bassins, si elle débouche dans un réservoir inférieur,

Divisez le produit par la longueur développée de la conduite, augmentée de 54 fois son diamètre,
Multipliez la racine quarrée du quotient, par 26,44,
Le produit sera la vitesse cherchée.

La vitesse moyenne qui s'établit dans la conduite

étant donnée, on a, pour calculer le produit en $1''$, la formule

$$Q = \frac{D^2 U}{1,273}$$

qui revient à la règle suivante :

Multipliez le quarré du diamètre par la vitesse moyenne, et divisez le produit par 1,273, le quotient sera le produit de la conduite en $1''$, exprimé en mètres cubes.

EXEMPLE : Quel est le produit d'une conduite d'eau de $0^m,10$ de diamètre intérieur, de 50^m de longueur, débouchant dans un réservoir, dont le niveau est à 4^m au-dessous de celui du bassin de prise d'eau ?

On a

$$U = 26,44 \sqrt{\frac{0^m,10 \times 4^m}{50 + 54 \times 0,10}} = 2^m,25 ,$$

le produit de la conduite est

$$Q = \frac{(0^m,10)^2 \times 2^m,25}{1,273} = 0^{mc},0177.$$

47. ÉTABLISSEMENT D'UNE CONDUITE, SUSCEPTIBLE D'AMENER UN VOLUME D'EAU DONNÉ. Dans le cas où il s'agit d'établir une conduite, susceptible de fournir un volume d'eau donné, on a les relations

$$Q = \frac{D^2 U}{1,273} \quad \text{et} \quad U = 26,44 \sqrt{\frac{DH}{L + 54D}} ,$$

dans lesquelles Q est connu.

L est la longueur développée de la conduite ordinairement déterminée par les localités, et qu'on doit faire aussi courte que possible. Il n'y a d'indéterminé que U D et H, et l'on peut se proposer l'une des deux questions suivantes :

48. DÉTERMINATION DU DIAMÈTRE DE LA CONDUITE. $1°$ Déterminer le diamètre de la conduite, susceptible d'amener

un volume d'eau donné dans un réservoir, dont le niveau soit à la hauteur H, donnée au-dessous de celui du réservoir de prise d'eau.

On a, pour déterminer le diamètre cherché D, la relation

$$Q^2L + 54DQ^2 = 431,39D^5H,$$

que l'on résoudra en substituant pour D dans les deux membres des valeurs successives jusqu'à ce que l'on ait ainsi trouvé celle qui satisfait à l'équation.

Lorsque la conduite est très-longue et que son diamètre D doit être très-petit, par rapport à L, on peut négliger le terme 54D devant L, et l'on déterminera le diamètre par la formule

$$D = 0,297 \sqrt[5]{\frac{Q^2L}{H}},$$

qui revient à la règle suivante :

Pour déterminer le diamètre d'une conduite, de longueur donnée, qui doit amener un volume donné d'eau en 1″, dans un réservoir situé à une hauteur H au-dessous de celui de prise d'eau,

Multipliez le quarré du volume donné à débiter par la longueur de la conduite, divisez le produit par la différence de niveau des deux réservoirs, extrayez la racine cinquième du quotient, et multipliez-la par 0,297,

Le résultat sera le diamètre cherché.

EXEMPLE : Quel doit être le diamètre d'une conduite d'eau, capable de débiter 0mc,050 en 1″, sa longueur étant de 150m, et la hauteur du réservoir supérieur au-dessus du niveau de celui dans lequel elle débouche de 6m ? On a

$$D = 0,297 \sqrt[5]{\frac{(0,050)^2 \times 150}{6}} = 0^m,171.$$

NOTA. La même règle s'applique évidemment aux conduites qui débouchent à l'air libre, en remplaçant la

8

différence de niveau des deux réservoirs par la hauteur du réservoir supérieur au-dessus du centre de l'orifice.

On remarquera que la valeur du diamètre D donnée par la règle ci-dessus, sera une racine approchée mais un peu faible de l'équation plus exacte qui la précède, ce qui facilitera la solution de celle-ci.

49. CALCUL DE LA HAUTEUR A LAQUELLE L'EAU PEUT ÊTRE ÉLEVÉE PAR UNE CONDUITE. 2° Déterminer la hauteur à laquelle pourra s'élever l'eau dans un réservoir, où débouche une conduite d'un diamètre et d'une longueur donnés, qui doit débiter un volume d'eau donné, cette hauteur étant mesurée en contre-bas du niveau du bassin supérieur ? Dans ce cas on a

$$H = \frac{Q^2 (L + 54D)}{431,39 D^5},$$

formule qui revient à la règle suivante :

Pour déterminer la hauteur à laquelle sera le niveau d'un réservoir inférieur au-dessous de celui d'un réservoir supérieur, lorsque le diamètre et la longueur de la conduite de communication sont donnés, ainsi que le volume d'eau débité en 1″,

Ajoutez 54 fois le diamètre à la longueur développée de la conduite, multipliez la somme par le quarré du volume d'eau débité en 1″, et divisez le produit par 431,39 fois la cinquième puissance du diamètre,

Le quotient sera la différence cherchée, des niveaux des deux bassins.

EXEMPLE : Quelle sera la hauteur du niveau du bassin de réception au-dessous du réservoir supérieur, la conduite d'eau, qui établit la communication, ayant 0^m,40 de diamètre et 100^m de longueur, et devant débiter 0^m,200, en 1″ ? On a

$$H = \frac{0,04 (100 + 54 \times 0^m,40)}{431,39 \times (0^m,40)^5} = 1^m,099.$$

50. OBSERVATION GÉNÉRALE SUR L'ÉTABLISSEMENT DES CONDUITES D'EAU. Lorsque dans l'établissement d'une grande conduite d'eau, on n'aura pas pu éviter les coudes ou leur donner de grands rayons de courbure, et surtout que les assemblages des tuyaux présenteront quelques inégalités à l'intérieur, il sera prudent d'augmenter le produit à obtenir d'un quart ou d'un tiers de sa valeur dans les formules précédentes.

51. DÉTERMINATION DE LA PRESSION EXERCÉE EN UN POINT QUELCONQUE D'UNE CONDUITE. Il importe souvent de connaître la pression supportée par les parois d'une conduite d'eau, pour en proportionner convenablement l'épaisseur (Fig. 16). On a pour cela la relation

Fig. 16.

$$P' = P + 1000 \left[H - (h' - h) \right],$$

dans laquelle

P' exprime la pression cherchée,

P la pression à l'origine ou en un point donné de la conduite,

H la hauteur du point où la pression est P', au-dessus de celui où elle est P,

h' et h les hauteurs respectives, dues à la vitesse de l'eau, aux points où la pression est P' et P.

On se rappellera que ces vitesses sont faciles à déterminer, en divisant le volume d'eau débité par la conduite, par l'aire de sa section, en chacun des points considérés.

Si la conduite a une section constante, la vitesse est la même partout et $h' = h$. On a simplement alors

$$P' = P + 1000 H.$$

EXEMPLE : Quelle est la pression supportée par une conduite d'eau, en un point situé à 25^m au-dessous du

réservoir supérieur ouvert à l'air libre, et dont le niveau
est à hauteur du centre de l'origine de la conduite?

On a

$$P' = 10333 + 1000 \times 25 = 35333 \text{ kil.}$$

par mètre quarré de sa superficie ou 3,42 atmosphères.

Si l'orifice dépense plus d'eau que la source n'en
fournit, le niveau s'abaisse et la charge sur le centre
diminue.

On observera alors, pour calculer le volume d'eau
écoulé dans un temps donné, la marche suivante :

52. ORIFICE AVEC CHARGE SUR LE SOMMET. On placera
dans le réservoir une règle verticale, sur laquelle on
marquera, ou l'on mesurera directement, si elle est gra-
duée, les hauteurs du niveau correspondantes à des
intervalles de temps égaux et en nombre pair. Cela fait,
nommant

L la largeur de l'orifice,

E la hauteur de l'orifice,

m le coëfficient de la dépense, pour lequel on prendra
la moyenne arithmétique entre les valeurs qui correspondent à la plus grande et à la plus petite charge
observée,

h_1, h_2, h_3, h_4, h_5, les hauteurs de niveau correspondantes à quatre intervalles de temps égaux à t,

Q le volume d'eau dépensé dans le temps total égal
à $4t$, on aura

$$Q = 1,476 m L E t \left[\sqrt{h_1} + \sqrt{h_5} + 4\left(\sqrt{h_2} + \sqrt{h_4}\right) + 2\sqrt{h_3} \right],$$

formule qui revient à la règle suivante :

*Pour obtenir le volume d'eau qui s'écoule dans un
temps donné, par un orifice avec charge sur le sommet,
quand le niveau du réservoir est variable, après avoir*

observé comme il vient d'être dit, les variations du niveau,

Prenez la racine quarrée de chacune des charges sur le centre de l'orifice ;

A la somme de la plus grande et de la plus petite, ajoutez quatre fois la somme des racines quarrées des charges de rang pair, dans l'ordre des observations, et deux fois la somme des racines quarrées des charges de rang impair, dans le même ordre ,

Multipliez la somme totale par le temps écoulé entre deux observations, par l'aire de l'orifice, par le coëfficient de la dépense, et par 1,476.

NOTA. Cet énoncé de la règle à suivre, s'applique à un nombre quelconque d'observations de hauteur correspondantes, à des intervalles de temps égaux en nombre pair, ce qui permet de multiplier les observations autant que le comporte chaque application. Dans les cas ordinaires, il suffira d'avoir cinq hauteurs comme le suppose la formule.

EXEMPLE : Quel est le volume d'eau dépensé par un orifice de 1^m de largeur, $0^m,30$ de hauteur pendant $3'$, lorsque le niveau atteint successivement les hauteurs suivantes au-dessus du centre de l'orifice?

Temps.................... $0''$, $45''$, $90''$, $135''$, $180''$.

Charges sur le centre de l'orifice $1^m,30$, $1^m,10$, $0^m,81$, $0^m,63$, $0^m,46$.

Racines quarrées des charges... $1,138$, $1,047$, $0,900$, $0,794$, $0,678$.

Le coëfficient de la dépense est $m = 0,603$, et la règle précédente donne

$$Q = 1,476 \times 0,603 \times 1^m \times 0^m,30 \times 45'' \left\{ \begin{array}{l} 1^m,138 + 0^m,678 + 4 \\ \times (1^m,047 + 0^m,794) \\ + 2 \times 0^m,900 \end{array} \right\} = 132^{mc}.$$

53. ORIFICE EN DÉVERSOIR. Pour calculer le volume d'eau qui s'écoule dans un temps donné par un déversoir, sur le sommet duquel la charge varie pendant l'écoulement,

on observera, comme il a été dit au numéro précédent, des hauteurs successives du niveau, au-dessus du seuil du déversoir, correspondantes à des intervalles de temps égaux et en appelant

L la largeur du déversoir,

$m = 0,405$ la valeur moyenne du coëfficient de la dépense,

H_1, H_2, H_3, H_4, H_5, les hauteurs successives du niveau au-dessus du seuil du déversoir, correspondantes à des intervalles de temps égaux à t,

Q le volume d'eau écoulé pendant la durée totale de l'observation égale à $4t$, on aura

$$Q = 0,598 Lt \left[H_1 \sqrt{H_1} + H_5 \sqrt{H_5} + 4 \left(H_2 \sqrt{H_2} + H_4 \sqrt{H_4} \right) + 2 H_3 \sqrt{H_3} \right]$$

formule qui revient à la règle suivante :

Multipliez chacune des hauteurs observées du niveau du réservoir, au-dessus du seuil du déversoir par sa racine quarrée, et en donnant à ces produits le même ordre qu'aux observations, ajoutez le premier et le dernier, plus quatre fois la somme de ceux de rang pair, plus deux fois la somme de ceux de rang impair,

Multipliez le total par 0,598 de la largeur du déversoir, et par la durée des intervalles égaux, écoulés entre les observations,

· Le produit sera la dépense cherchée.

EXEMPLE : Quel est le volume d'eau qui s'écoule en $20'$ par un déversoir de 15^m de large, lorsque les hauteurs du niveau du réservoir au-dessus du seuil, atteignent les valeurs suivantes ?

Temps écoulé.....	$0''$,	$300''$,	$600''$,	$900''$,	$1200''$,
Hauteurs du niveau	1^m,	$0^m,80$,	$0^m,62$,	$0^m,47$,	$0^m,33$,

On a d'abord

Valeurs de $H\sqrt{H}$.	1,	$0,715$,	$0,487$,	$0,322$,	$0,189$,

La formule donne

$$Q = 0,598 \times 15^m \times 300'' (1 + 0,189 + 4 \times 1,037 + 2 \times 0,487) = 16982^{mc}.$$

54. OBSERVATION SUR LA MESURE DES HAUTEURS DU NIVEAU. Si quelque difficulté s'opposait à ce que l'on mesurât les hauteurs du niveau correspondantes à des intervalles de temps égaux, on construira la courbe, dont les abscisses seraient les temps écoulés depuis le commencement de l'observation, et les ordonnées les charges respectives correspondantes à ces temps. Puis on partagerait la durée totale en un nombre pair de parties égales, et l'on éleverait à chaque point de division les ordonnées de la courbe, dont la longueur serait la charge correspondante successivement à chacun de ces intervalles de temps égaux, et l'on opérerait avec les valeurs de h, comme il a été dit au n° 52 et suivans.

55. ORIFICES NOYÉS. Si l'orifice d'écoulement est noyé, on procédera de la même manière, en observant simultanément les hauteurs des niveaux d'amont et d'aval à des intervalles de temps égaux. En conservant les notations précédentes et en appelant H_1 et h_1, H_2 et h_2, H_3 et h_3, H_4 et h_4, H_5 et h_5, les hauteurs respectives et simultanées des niveaux d'amont et d'aval au-dessus du centre de l'orifice, correspondantes à des intervalles de temps égaux à t, on calculera la dépense dans le temps total des observations par la formule

$$Q = 1,476 m \text{LE} t \left[\sqrt{H_1 - h_1} + \sqrt{H_5 - h_5} + 4(\sqrt{H_2 - h_2} + \sqrt{H_4 - h_4}) + 2\sqrt{H_3 - h_3} \right]$$

qui revient évidemment à la règle pratique du n° 52, dans laquelle on remplacerait la charge sur le centre par la différence des charges d'amont et d'aval.

EXEMPLE : Quel est le volume d'eau dépensé par les orifices noyés des deux vannes d'une écluse, qui ont chacune une largeur de $0^m,70$ sur une hauteur de $0^m,60$, pendant $5'$, lorsque les hauteurs respectives des niveaux d'amont et d'aval atteignent simultanément les valeurs suivantes ?

Temps.......	0",	75",	150",	225",	300",
Valeurs de.... $\begin{cases} H \\ h \end{cases}$	2,00, / 0,65,	1,75, / 0,75,	1,33, / 0,83,	1,13, / 0,89,	0,94, / 0,94,

on a, en conséquence,

Valeurs de H—h..	1,35,	1,00,	0,500,	0,24,	0,
Valeurs de $\sqrt{H-h}$	1,16,	1,00,	0,706,	0,49,	0,

On se rappellera de plus, que, pour les orifices accolés des écluses, on a (n° 17) $m = 0,55$.

La formule donne

$$Q = 1,476 \times 2 \times 0,55 \times 0^m,70 \times 0^m,60 \times 75'' \left\{ \frac{1,16 + 4 \times 1,49}{+ 2 \times 0,706} \right\} = 432^{mc}.$$

56. ORIFICE QUI VERSE D'ABORD A L'AIR LIBRE ET QUI EST ENSUITE NOYÉ. Lorsque l'orifice commence à verser à l'air libre et se trouve ensuite noyé après un certain temps, on calculera d'abord la dépense correspondante à la période du versement à l'air libre et à l'aide de la règle du n° 13, si le niveau du réservoir reste sensiblement constant, ou à l'aide de celle du n° 52, si le niveau est variable. Puis on y ajoutera celle qui a lieu depuis le moment où l'orifice commence à être noyé jusqu'à la fin de l'observation et la somme sera la dépense totale.

Dans ce cas, le tracé des courbes qui donnent les hauteurs de niveau, indiqué au n° 54, sera fort utile.

EXEMPLE : Quel est le volume d'eau dépensé en 7', par un orifice de $0^m,75$ de largeur, sur $0^m,60$ de hauteur, sous la charge constante de $1^m,50$ sur le centre de l'orifice, qui commence à être noyé au bout de 3', et pour lequel les charges d'eau, sur le centre de l'orifice du côté d'aval, acquièrent successivement les valeurs suivantes ?

Temps écoulé........ 180″,   240″,   300″,   360″,   420″,
Charges sur le centre.. 0^m,30,   0^m,61,   0^m,85,   1^m,15,   1^m,50,

Dans la première période, pour laquelle l'orifice n'est pas noyé, la dépense est, n° 13 ou suivans,

$$Q = 0,601 \times 0^m,75 \times 0^m,60 \sqrt{19,62 \times 1,50} \times 180'' = 265^{m\text{e}}.$$

Pour calculer la dépense dans la deuxième période, on a

Valeurs de H — h...   1,200,   0,890,   0,650,   0,350,   0,
Valeurs de $\sqrt{H - h}$.. 1,095,   0,944,   0,806,   0,592,   0,

et par suite

$$Q = 1,476 \times 0,601 \times 0^m,75 \times 0^m,60 \times 60'' (1,095 + 6,144 + 1,612) = 212^{m\text{e}}.$$

La dépense totale en 7′ est donc

$$Q = 265 + 212 = 477^{m\text{e}}.$$

57. JAUGEAGE D'UN COURS D'EAU PAR L'OBSERVATION D'UN ORIFICE DEVANT LEQUEL LE NIVEAU VARIE. Il est souvent fort long de régler l'ouverture d'un orifice, de façon que toute l'eau fournie par le cours d'eau s'écoulant, le niveau reste constant, ce qui permet de jauger le produit de la source, par les règles des n°s 13 et suivans. Lorsqu'on ne pourra attendre que le régime soit ainsi établi, on procédera ainsi qu'il suit:

On levera la vanne d'une quantité, telle que le volume d'eau écoulé dans chaque seconde, étant plus grand que le produit de la source, le niveau s'abaisse. On observera des hauteurs successives de ce niveau, correspondantes à des intervalles de temps égaux, et l'on calculera le volume d'eau écoulé pendant le temps total de l'abaissement, par celle des formules des n°s 52 et suivans, qui convient au cas examiné.

Puis on fermera brusquement l'orifice, et on observera le temps nécessaire pour que le niveau revienne à la même hauteur qu'au commencement de l'opération.

9

Cela fait, appelant

Q le volume d'eau écoulé pendant tout le temps de l'ouverture de l'orifice,

t la durée en secondes de cette période de l'écoulement,

t' le temps en secondes que le niveau a employé à revenir à sa hauteur primitive,

X le produit de la source en $1''$, on aura

$$X = \frac{Q}{t + t'},$$

formule qui revient à la règle suivante :

Calculez le volume d'eau écoulé pendant un certain temps durant lequel le niveau s'abaisse, par la règle des n°s 52 ou suivans, et divisez ce volume par la durée totale de l'écoulement, augmenté du temps employé par le niveau à revenir à sa hauteur primitive, depuis l'instant de la fermeture de l'orifice,

Le quotient sera le produit du cours d'eau en $1''$.

EXEMPLE : Dans le cas des données de l'exemple du n° 52, quel serait le produit de la source, si le niveau remontait à sa hauteur primitive en $2'$ ou $120''$?

On a $Q = 132^{mc}$, $t = 180''$, $t' = 120''$, la règle précédente donne pour le produit du cours d'eau :

$$X = \frac{132^{mc}}{300''} = 0^{mc},440 \text{ en } 1''.$$

58. TEMPS NÉCESSAIRE POUR VIDER UNE ÉCLUSE DE NAVIGATION OU UN ÉTANG. Les portes d'amont étant fermées et l'alimentation nulle, on calculera le temps nécessaire pour vider l'écluse jusqu'à un niveau donné par la formule suivante, qui suppose que l'écoulement a lieu à l'air libre

$$t = \frac{0,451 A}{ma} \left(\sqrt{H} - \sqrt{h} \right.$$

et dans laquelle on désigne par

t la durée cherchée de l'abaissement du niveau,

A l'aire constante de la surface du niveau dans l'écluse,

a l'aire de l'orifice,

m le coëfficient de la dépense relatif à cet orifice, ordinairement égal pour les écluses à 0,625, s'il n'y a qu'une vanne ouverte, et à 0,550, s'il y en a deux voisines,

H et h les hauteurs respectives du niveau au commencement et à la fin de l'observation.

Cette formule revient à la règle suivante :

Pour calculer le temps nécessaire pour vider une écluse jusqu'à un niveau donné par un orifice qui verse à l'air libre,

Multipliez l'aire constante de la surface du niveau, par 0,451, et divisez le produit par l'aire de l'orifice, multipliée par le coëfficient de la dépense qui lui convient,

Multipliez le quotient par la différence des racines quarrées des hauteurs du niveau, au-dessus du centre de l'orifice, au commencement et à la fin de l'observation,

Le résultat sera le temps cherché exprimé en secondes.

EXEMPLE : Quel est le temps nécessaire pour vider une écluse, pour laquelle on a les données suivantes ?

$A = 220^{mq}$, $H = 1^m,20$, $h = 0^m,3o$, $a = 1^{mq},20$ pour deux orifices accolés, $m = 0,55$.

La règle précédente donne

$$t = \frac{0,451 \times 220^{mq}}{0,55 \times 1^{mq},2} (\sqrt{1,20} - \sqrt{0,3o}) = 82'' = 1' 22''.$$

59. CAS OU UN ÉTANG EST ALIMENTÉ PAR UN COURS D'EAU PENDANT L'ÉCOULEMENT. Si le bassin est alimenté pendant l'écoulement, en appelant

Q le volume d'eau fourni par seconde par la source,

et conservant les notations précédentes, on calculera le temps de la vidange de l'étang par la formule

$$t = \frac{0,451A}{ma}(\sqrt{\overline{H}} - \sqrt{\overline{h}}) + \frac{0,235AQ}{m^2a^2} \log. \frac{ma\sqrt{\overline{2gH}} - Q}{ma\sqrt{\overline{2gh}} - Q},$$

qui revient à la règle suivante :

Pour calculer la durée de la vidange d'un étang, alimenté par un cours d'eau d'un produit donné, lorsqu'on connaît l'aire de l'orifice, et la hauteur du niveau au commencement et à la fin de l'opération,

Déterminez d'abord par la règle du n° précédent, la durée de la vidange, comme s'il n'y avait pas d'alimentation,

Calculez le volume d'eau qui s'écoulerait en 1″ par l'orifice sous la plus grande et sous la plus petite charge ; des résultats retranchez le produit du cours d'eau en 1″, et prenez le logarithme du rapport des deux restes, multipliez ce logarithme par les 0,235 de l'aire de la surface moyenne du niveau de l'étang, et par le produit du cours d'eau en 1″, et divisez le résultat par le quarré du produit de l'aire de l'orifice, et du coëfficient de la dépense qui lui convient,

Le résultat exprimé en secondes, ajouté à la durée relative à l'hypothèse où il n'y aurait pas d'alimentation, donnera le temps total de la vidange.

Exemple : Quelle sera la durée de la vidange d'un étang de dix hectares ou 100000^{mq} de superficie, au moyen d'un orifice de 1^m,30 de largeur sur 0^m,60 de hauteur, la charge sur le centre de cet orifice étant de 2^m à l'origine de l'écoulement et de 0,40 à la fin, et l'étang étant alimenté par un cours d'eau qui fournit 0^{mc},100 par seconde ?

On aura d'abord pour la durée de la vidange dans l'hypothèse où il n'y aurait pas d'alimentation,

$$t = \frac{0,451 \times 100000^{mq}}{0,60 \times 1,30 \times 0,60} \left(\sqrt{2} - \sqrt{0,4} \right) = 75263'' = 1251'3'' = 20^h 51'3''.$$

Le second terme ou l'augmentation de la durée de la vidange produite par l'affluence du cours d'eau sera égal à

$$\frac{0,235 \cdot 100000^{mq} \cdot 0^{me},100}{(0,60 \cdot 1,30 \cdot 0,60)^2} \log \frac{0,60 \cdot 1,30 \cdot 0,60 \sqrt{19,62 \cdot 2} - 0,100}{0,60 \cdot 1,30 \cdot 0,60 \sqrt{19,62 \cdot 0,40} - 0,100} = 3960''.$$

La durée totale serait donc de $21^h 57'3''$.

60. Observation sur l'influence de l'alimentation. On observera que les étangs sont ordinairement alimentés par des cours d'eau assez faibles, et que dans la plupart des applications on pourra négliger l'augmentation de temps produite par l'alimentation.

61. Durée de la vidange lorsque l'orifice est un déversoir. Les réservoirs des écluses de chasse se vident souvent par des orifices en déversoir.

Dans ce cas, et s'il n'y a pas d'alimentation notable pendant l'écoulement, on calculera la durée de la vidange par la formule

$$t = \frac{1,114 A}{L} \frac{\sqrt{H} - \sqrt{h}}{\sqrt{Hh}},$$

dans laquelle on désigne par

A la superficie constante ou moyenne du réservoir,

L la largeur du déversoir,

H et h les hauteurs du niveau du réservoir au-dessus du seuil du déversoir au commencement et à la fin de l'écoulement.

Cette formule revient à la règle suivante :

Divisez la différence des racines quarrées des charges, sur le seuil du déversoir, à l'origine et à la fin de la vidange, par la racine quarrée de leur produit, mul-

*tipliez le quotient par 1,114 fois l'aire du réservoir,
et divisez le produit par la largeur du déversoir,*

*Le résultat exprimé en secondes sera la durée de la
vidange.*

Nota. Dans les applications, on aura soin de ne
jamais supposer $h = o$ à la fin de la vidange, parce
que la formule précédente donnerait un temps infini,
ce qui tient à des considérations qu'il ne convient pas
d'exposer ici ; mais comme on pourra cependant faire
$h = o^m, 5$ au moins, on aura le temps correspondant
à un abaissement du niveau très-voisin de la hauteur
du déversoir.

Exemple : Quelle est la durée de la vidange du bassin
d'une écluse de chasse avec déversoir, dans le cas des
données suivantes :

$A = 28000^{mq}$, $H = 1^m,5o$, $h = o^m,10$, $L = 12^m$.

La formule donne

$$t = \frac{1,114 \times 28000}{12} \frac{\sqrt{1,5o} - \sqrt{o,10}}{\sqrt{1,5 \times o,1}} = 6084'' = 101' 24''.$$

62. Cas où l'orifice d'écoulement, d'abord avec charge
sur le sommet, se transforme en déversoir. Il arrive
souvent que l'orifice, qui d'abord avait une charge d'eau
sur son sommet, se transforme en un déversoir par
l'effet de l'abaissement du niveau. Dans ce cas, on
calculera d'abord la durée de l'écoulement, depuis le
moment où il commence, jusqu'à l'instant où l'orifice
devient un déversoir, et ensuite celle de l'abaissement
du niveau, depuis cet instant jusqu'à celui où il atteint
sa limite inférieure, pour la fixation de laquelle on
aura égard à la note du n° précédent.

63. Observation relative aux bassins dont la surface
du niveau n'a pas une étendue constante. Lorsque l'aire
de la surface du niveau varie pendant la vidange, le

calcul se compliquerait beaucoup par cette variation, si l'on voulait opérer rigoureusement. On échappera à cette difficulté, tout en conservant aux résultats une exactitude suffisante pour la pratique, en partageant la hauteur totale de l'abaissement du niveau en plusieurs parties, pour chacune desquelles on puisse, sans erreur notable, adopter pour cette aire, une valeur constante, et l'on calculera successivement la durée de l'abaissement du niveau d'une tranche à l'autre. La somme de ces durées partielles donnera la durée totale de la vidange.

Cette observation s'applique aux écluses, aux étangs, et quel que soit le genre de l'orifice d'écoulement.

64. MANIÈRE DE RÉGLER LA VIDANGE DES ÉTANGS. Lorsqu'il s'agit de vider des étangs, il faut régler l'ouverture des orifices, de manière que les vallées et terrains inférieurs ne soient pas inondés, et que cependant l'écoulement ait lieu dans un temps aussi court que possible.

On y parviendra en procédant ainsi qu'il suit :

D'après le nivellement de la vallée inférieure, le développement et le profil moyen du canal ou ruisseau de décharge, s'il est établi, on calculera, à l'aide des règles et formules des nᵒˢ 28 et suivans, la quantité d'eau qui peut couler dans le canal à pleins bords, sans que la vallée soit inondée.

Cela fait, on se donnera la largeur de l'orifice à peu près égale à celle du canal, s'il n'en résulte pas des dimensions trop grandes ; mais quelquefois cette dimension est donnée à priori. Dans l'un ou l'autre cas, cette largeur étant connue, on placera le seuil de l'orifice à peu près à hauteur du fond du canal et de celui de la cunette de l'étang, on partagera la hauteur totale de l'abaissement de niveau à obtenir en parties égales de 0ᵐ,10 à 0ᵐ,20 pour les très-grands étangs, de 0ᵐ,30 à 0ᵐ,50 environ pour les petits. On déterminera, pour chacun de ces abaissemens partiels, l'aire moyenne de la surface du niveau.

A l'aide de la formule,

$$Q = m\text{LE} \sqrt{2g\text{H}},$$

ou de la règle du n° 13, on aura

$$\text{E} = \frac{Q}{m\text{L}\sqrt{2g\text{H}}}.$$

On déterminera approximativement, pour la hauteur maximum du niveau, correspondante à chaque tranche, quelle est la levée de vanne, pour laquelle la dépense, que l'orifice ferait en 1″, sous cette charge supposée constante, serait égale au volume que le canal de fuite peut débiter.

Cette formule, dont les notations sont connues, revient à la règle suivante :

Pour déterminer la levée de la vanne qu'il convient de donner pour chacune des hauteurs successives du niveau, multipliez la vitesse due à la hauteur du niveau au-dessus du seuil de l'orifice par la largeur de cet orifice et par le coëfficient de la dépense ;

Par le produit, divisez le volume d'eau que le canal peut débiter en 1″, le quotient sera la hauteur cherchée.

Avec cette hauteur d'orifice, le volume d'eau qui s'écoulera réellement sera toujours un peu moindre que celui que le canal pourra débiter.

Il sera ensuite facile, en appliquant les règles des n°ˢ 58 ou 60, de calculer la durée de l'écoulement de chaque tranche horizontale, et la somme donnera la durée totale de la vidange.

Si cette durée, ainsi obtenue, dépassait celle que l'on peut adopter, il faudrait augmenter les dimensions du canal de fuite.

La règle précédente s'applique d'ailleurs à tous les cas, soit qu'il y ait alimentation ou non.

Exemple : Le canal de fuite d'un étang de 200 hectares de superficie, avait une largeur de $2^m,20$ sur une profondeur moyenne d'un mètre. La pente du lit était de 2^m sur 1800^m de développement ou de $0^m,0011$ par mètre.

La formule du n° 28, relative à l'établissement du régime uniforme dans ce canal, donne, pour la vitesse moyenne de l'eau,

$$U = -0^m,072 + 56,86 \sqrt{\tfrac{2^{mq},20}{4^m,20} \times 0,0011} = 1^m,288,$$

et pour la dépense qu'il peut faire par seconde sans déborder,

$$Q = 2^{mq},20 \times 1^m,288 = 2^{mc},83.$$

D'après la disposition de l'orifice, le coëfficient de la dépense $m = 0,62$. En partageant le volume d'eau contenu dans cet étang, en tranches de $0^m,15$ d'épaisseur, et calculant les levées de vanne par la règle du numéro précédent, jusqu'au moment où l'orifice d'écoulement sera transformé en un déversoir, on a formé le tableau suivant, qui contient les données et les résultats du calcul.

HAUTEURS du niveau au-dessus du seuil correspondantes aux limites de chaque tranche.	AIRE des surfaces moyennes du niveau.	LEVÉES de vanne ou hauteurs de l'orifice.	CHARGES sur le centre de l'orifice correspondantes au niveau		DURÉE DE LA VIDANGE d'une tranche à une autre.	
			supérieur. H	inférieur. h	En secondes.	En jours.
m m	mq	m	m	m	"	j
3,10 à 2,95	2000000	0,531	2,835	2,685	64000	0,741
2,95 à 2,80	2000000	0,544	2,678	2,528	65500	0,755
2,80 à 2,65	2000000	0,558	2,521	2,371	67800	0,785
2,65 à 2,50	2000000	0,573	2,364	2,214	72700	0,842
2,50 à 2,35	2000000	0,590	2,205	2,055	75700	0,876
2,35 à 2,20	2000000	0,609	2,046	1,896	78700	0,911
2,20 à 2,05	2000000	0,630	1,885	1,735	81500	0,941
2,05 à 1,90	1995000	0,652	1,724	1,574	85700	0,992
1,90 à 1,75	1990000	0,672	1,564	1,414	88200	1,021
1,75 à 1,60	1985000	0,707	1,397	1,247	93900	1,087
1,60 à 1,45	1980000	0,739	1,231	1,081	99400	1,150
1,45 à 1,30	1972000	0,775	1,063	0,913	107700	1,248
1,30 à 1,15	1964000	0,822	0,889	0,739	117000	1,355
1,15 à 1,10	1960000	0,872	0,714	0,560	41300	0,479

Durée totale de l'abaissement du niveau de 3^m,10 à 1^m,10 au-dessus du seuil.............................. 13,173

Lorsque le niveau atteindra la hauteur de 1^m,10 au-dessus du seuil, l'orifice deviendra un déversoir, et en calculant par la formule du n° 61, les durées du temps de l'écoulement correspondantes à des tranches de 0^m,15 d'épaisseur, jusqu'à la hauteur de 0^m,35 au-dessus du seuil, ce qui correspond à peu près au fond de la cunette, et au moment où l'on pourra regarder l'étang comme vidé, on aura les données et les résultats suivans :

CHARGES sur le seuil du déversoir correspondantes au niveau		AIRE des surfaces moyennes de niveau.	DURÉE DE LA VIDANGE d'une tranche à la suivante.	
supérieur. H	inférieur. h		En secondes.	En jours.
m	m	mq	"	j
1,10 à 0,95	1900000		136000	1,572
0,95 à 0,80	1400000		129500	1,520
0,80 à 0,65	900000		112800	1,309
0,65 à 0,50	400000		70500	0,817
0,50 à 0,35	15000		41700	0,525

Durée totale de l'abaissement du niveau de 1^m,10 à 0^m,35 au-dessus du seuil..... 5,743

La durée totale de la vidange de cet étang sera donc égale à

$$13^j,173 + 5^j,743 = 18^j,916.$$

Cette application est relative à la vidange d'un étang, dont la durée avait été fixée à trois semaines, par arrêt de la cour royale de Colmar, à la suite d'un long et dispendieux procès que l'on eût évité, si un réglement analogue avait été adopté dès l'origine.

65. Hauteur, dont le niveau d'un réservoir s'abaisse dans un temps donné. Si l'on veut calculer la hauteur, dont le niveau d'un bassin prismatique s'abaisse dans un temps donné, lorsqu'il n'y a pas d'alimentation, on la déterminera pour les orifices avec charge sur le sommet, par la formule

$$\mathrm{H} - h = \frac{tma}{\mathrm{A}}\sqrt{2g\mathrm{H}} - 4{,}904\frac{t^2m^2a^2}{\mathrm{A}^2},$$

dont toutes les notations sont connues (n° 58) et qui revient à la règle suivante :

Multipliez l'aire de l'orifice par le coëfficient de la dépense et par le temps de l'écoulement, et divisez le produit par l'aire du réservoir,

Multipliez ce quotient par la vitesse due à la charge sur le centre de l'orifice à l'origine du temps observé,

Elevez ensuite ce même quotient au quarré et multipliez-le par 4,904,

Retranchez ce produit du précédent, le reste sera la hauteur dont le niveau se sera abaissé pendant le temps donné.

Exemple : Quelle est la hauteur dont le niveau variera en $2'$ ou $120''$, dans une écluse prismatique de 250^{mq} de superficie, qui a deux orifices de $0^{mq},30$ de surface avec une charge de $1^m,80$ sur le centre, à l'origine de l'écoulement ?

Le coëfficient de la dépense sera pour ces deux orifices voisins $m = 0,55$. On a

$$\frac{'ma}{A} = \frac{120 \times 0,55 \times 2 \times 0^{mq},30}{250^{mq}} = 0,1584.$$

La formule donne

$$H - h = 0,1584 \times 5,95 - (0,1584)^2 \times 4,904 = 0^m,819.$$

66. ORIFICES EN DÉVERSOIR. SAIGNÉE DES INONDATIONS. Pour les orifices en déversoir, on calculera l'abaissement au bout d'un temps donné par la formule

$$H - h = H \left\{ 1 - \frac{1}{\left(1 + \frac{t.0,202 L \sqrt{2gH}}{A} \right)^2} \right\},$$

dans laquelle les notations sont aussi connues (n° 61), et qui revient à la règle suivante :

Multipliez les 0,202 de la vitesse due à la hauteur du niveau au-dessus du déversoir à l'origine du temps observé, par la largeur du déversoir et par le temps écoulé, divisez le produit par l'aire du réservoir,

Ajoutez le quotient à l'unité, faites le quarré de cette somme et divisez l'unité par ce quarré,

Retranchez ce quotient de l'unité et multipliez le reste par la hauteur du niveau au-dessus du déversoir à l'origine de l'observation,

Le produit sera l'abaissement du niveau dans le temps donné.

EXEMPLE : De quelle quantité s'abaissera en 1^h ou $3600''$ le niveau du réservoir d'une écluse de chasse, dont la surface a une étendue de 250000^{mq}, l'écoulement ayant lieu par un orifice en déversoir de 12^m de largeur avec une charge de $1^m,80$ à l'origine ?
la formule donne

$$H-h = 1^m,80 \left\{ 1 - \frac{1}{\left(1 + \frac{3600.0,202.12\sqrt{19,62.1,80}}{250000} \right)^2} \right\} = 0^m,563.$$

67. OBSERVATION RELATIVE AUX BASSINS, DONT LES SECTIONS HORIZONTALES N'ONT PAS UNE ÉTENDUE CONSTANTE. Si l'aire de la surface de niveau varie notablement pendant l'écoulement, il faudra fractionner la durée en intervalles assez petits, pour qu'on puisse, dans les formules des deux numéros précédens, considérer, pour chacun de ces intervalles, l'aire comme sensiblement constante.

68. TEMPS NÉCESSAIRE POUR REMPLIR UNE ÉCLUSE; ÉCLUSES DOUBLES DE NAVIGATION. Dans les écluses doubles de navigation, le bassin supérieur se vide dans l'inférieur sans qu'il y ait d'alimentation, et l'on calculera le temps nécessaire pour que les deux bassins soient remplis au même niveau par les règles suivantes :

Fig. 17.

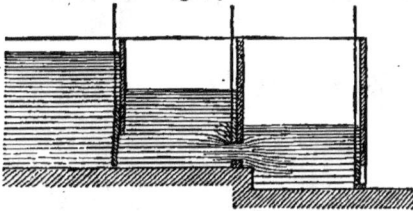

69. ORIFCES NOYÉS DÈS L'ORIGINE DE L'ÉCOULEMENT. Si l'orifice est noyé dès l'origine de l'écoulement, en appelant (Fig. 17)

A et A' les aires constantes des bassins supérieurs et inférieurs,

H' et h' les hauteurs du niveau au-dessus du centre de l'orifice en amont et en aval à l'origine,

a l'aire de l'orifice ou la somme des aires des orifices, s'il y en a deux,

m le coëfficient de la dépense (n° 12 et suivans).

On calculera le temps nécessaire pour que les deux bassins parviennent au même niveau, par la formule

$$t = \frac{0,451 AA'}{ma\sqrt{A+A'}} \sqrt{H'-h'},$$

qui revient à la règle suivante :

Multipliez l'aire du bassin supérieur par celle du bassin inférieur, prenez les 0,451 du produit,

Multipliez l'aire de l'orifice par le coëfficent de la dépense et par la racine quarrée de la somme des aires des surfaces des bassins,

Divisez le premier produit par le second et multipliez le quotient par la racine quarrée de la différence des niveaux d'amont et d'aval à l'origine de l'observation,

Le résultat sera le temps nécessaire pour que le niveau de l'eau s'établisse à la même hauteur dans les deux bassins.

Exemple : Pour la double écluse de Bayard à Toulouse, on a les données suivantes :

$A = 205^{mq}$, $A' = 215^{mq}$, $a = 1^{mq},249$, $m = 0,55$, $H' = 4^m,14$, $h' = 0^m,24$,

la formule donne

$$t = \frac{0,451 \times 205^{mq} \times 215^{mq}}{0,55 \times 1^{mq},249 \sqrt{205^{mq} + 215^{mq}}} \times \sqrt{4,14 - 0,24} = 137'' = 2'17''$$

L'observation directe a donné 2' 29", et la différence provient du temps employé à lever la vanne (d'Aubuisson, traité d'hydraulique, page 99).

70. Cas où l'orifice d'écoulement n'est pas noyé dès l'origine. Si l'orifice d'écoulement, qui verse les eaux

Fig. 18.

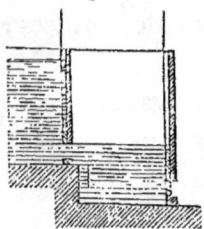

du bassin supérieur dans le bassin inférieur, n'est pas noyé dès l'origine, et si même (Fig. 18) le niveau de ce dernier bassin est au-dessous du seuil au moment où l'écoulement commence, on calculera le temps écoulé depuis cet instant jusqu'à celui où l'orifice est noyé, par la formule

$$t = \frac{0,451 \sqrt{A}}{ma} \left[\sqrt{AH'} - \sqrt{AH' - A'(h' + h)} \right],$$

dans laquelle A, A', H', m et a, ont les significations indiquées plus haut et où l'on désigne par

h' la hauteur du niveau du bassin inférieur, au-dessous du seuil à l'origine de l'écoulement,

h la demi-hauteur de l'orifice.

Cette formule revient à la règle suivante :

Multipliez la racine quarrée de l'aire de la surface du niveau du bassin supérieur par 0,451, et divisez le résultat par le produit de l'aire de l'orifice et du coéfficient de la dépense,

Cubez le volume d'eau contenu dans le bassin supérieur au-dessus du centre de l'orifice et celui qui doit passer dans le bassin inférieur, pour en élever le niveau jusqu'à la hauteur du centre de cet orifice; retranchez le second volume du premier, extrayez la racine quarrée du reste,

Retranchez cette racine quarrée de celle du volume contenu dans le bassin supérieur à l'origine, et multipliez le reste par le quotient de la première opération,

Le résultat exprimera en secondes le temps nécessaire pour que le niveau du bassin inférieur s'élève à la hauteur du centre de l'orifice que l'on regardera comme noyé à ce moment.

A partir de cet instant on calculera le temps nécessaire pour remplir l'écluse inférieure, par la règle du n° 68.

EXEMPLE : Dans l'écluse de Bayard, quel serait le temps nécessaire pour élever le niveau de l'écluse inférieure de $0^m,3o$ en contre-bas du centre de l'orifice jusqu'à son côté supérieur, la hauteur de cet orifice étant de $0^m,7o$? On a $h + h' = 0^m,65$.

La formule précédente donne

$$t = \frac{0,451 \times \sqrt{2o5}}{0,55 \times 1^m,249} \left(\sqrt{2o5 \times 4,14} - \sqrt{2o5 \cdot 4,14 - 215 \cdot 0,65}\right) = 23'',6.$$

71. Temps nécessaire pour remplir une écluse a l'aide d'un réservoir a niveau constant. A l'origine de l'écoulement, l'orifice n'étant pas noyé, on calculera d'abord le temps nécessaire pour que le niveau de l'écluse arrive jusqu'au centre de l'orifice, par la formule

$$t = \frac{Ah'}{ma\sqrt{2gH}},$$

dans laquelle

A désigne l'aire de la surface de niveau du liquide dans l'écluse,

h' la hauteur du niveau dans l'écluse, à l'origine du mouvement en contre-bas du centre de l'orifice,

a l'aire de l'orifice,

m le coëfficient de la dépense, relatif à cet orifice,

H la hauteur constante du niveau du réservoir au-dessus du centre de l'orifice,

$2g = 19^m,62.$

Cette formule revient à la règle suivante :

Multipliez l'aire de la surface du niveau de l'écluse par la hauteur de ce niveau au-dessous du centre de l'orifice, et divisez ce volume par celui qui s'écoule en 1″ sous la charge constante du réservoir au-dessus du centre de l'orifice,

Le quotient sera, en secondes, le temps nécessaire pour élever le niveau de l'écluse à la hauteur du centre de l'orifice.

Cela fait, en conservant les notations précédentes, on aura le temps nécessaire pour que le niveau s'élève du centre de cet orifice, jusqu'à la hauteur générale du réservoir, par la formule

$$t = \frac{0,451A}{ma} \sqrt{\overline{H}},$$

qui revient à la règle suivante :

Divisez les 0,451 de l'aire de la surface du niveau de l'écluse par le produit de l'aire de l'orifice ou des orifices et du coëfficient de la dépense, et multipliez le quotient par la racine quarrée de la hauteur du niveau du réservoir au-dessus du centre de l'orifice,

Le produit exprimera en secondes la durée du temps nécessaire pour remplir l'écluse au niveau du réservoir, depuis l'instant où l'eau avait atteint le centre de l'orifice.

EXEMPLE : Quel est le temps nécessaire pour remplir une écluse, dont le niveau est d'abord à hauteur du seuil de l'orifice, qui a $0^m,65$ de hauteur, et doit s'élever jusqu'à $2^m,25$, hauteur constante du niveau du réservoir au-dessus du centre de cet orifice, et pour laquelle on a les données suivantes ?

$$A = 325^{mq}, \quad 2a = 1^{mq},258, \quad m = 0,55.$$

On a d'abord, depuis le commencement de l'écoulement jusqu'au moment où l'orifice est noyé jusqu'à son centre,

$$t = \frac{325^{mq} \times 0^m,325}{0,55 . 1^{mq},258 \sqrt{19,62 \times 2^m,25}} = 23'',$$

et depuis ce moment, jusqu'à celui où les niveaux sont à même hauteur,

$$t = \frac{0,451 \times 325^{mq}}{0,55 \times 1^{mq},258} \sqrt{2^m,25} = 317''.$$

La durée totale du remplissage de l'écluse sera donc de

$$23'' + 317'' = 340'' = 5' \ 40''.$$

11

MOUVEMENT ET ÉCOULEMENT DES GAZ.

72. Mesure de la pression des gaz et vapeurs. Pour

Fig. 19.

calculer le volume de gaz qui s'écoule par un orifice donné, il est nécessaire de connaître la pression de ce gaz. On emploie, à cet effet, un tube recourbé (Fig. 19) en forme de siphon renversé, dans lequel on verse de l'eau, si la pression à mesurer est très-faible, ou de mercure si elle est forte.

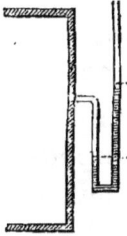

Si l'on nomme

P la pression intérieure dans le réservoir, ou le tuyau dans lequel débouche le tube du manomètre, sur un centimètre quarré,

p la pression extérieure ou celle de l'aire atmosphérique, sur un centimètre quarré,

h la hauteur de la colonne de liquide, qui mesure la différence de ces pressions en mètres,

on aura, pour exprimer la différence des pressions, P et p les relations suivantes :

$$P - p = 0^{kil},1h \text{ si le liquide est de l'eau,}$$

$$P - p = 1^{kil},3598h \text{ si le liquide est du mercure.}$$

La pression atmosphérique étant moyennement mesurée par une colonne de mercure de $0^m,76$, est égale à $1^{kil},3598 \times 0,76 = 1^{kil},0333$ par centimètre quarré.

On aura la pression P du gaz à l'intérieur, par la formule

$$P = 1^{kil},0333 + 0^{kil},1h \qquad \text{si le liquide est de l'eau.}$$
$$P = 1^{kil},0333 + 1^{kil},3598h \qquad \textit{id.} \qquad \text{du mercure.}$$

Ces formules reviennent à la règle suivante :

Pour déterminer l'excès de la pression d'un gaz, dans une capacité quelconque, sur la pression atmosphérique, multipliez la hauteur, exprimée en mètres, du liquide qui dans le manomètre mesure cette différence de pression, par

$$0,10 \text{ si le liquide est de l'eau,}$$
$$1,3598 \text{ si le liquide est du mercure ;}$$

Le produit sera la différence de pression cherchée, exprimée en kilogrammes sur un centimètre quarré.

Exemple : Quelle est la pression intérieure de l'air dans un cylindre de machine soufflante, lorsque le manomètre à mercure présente une différence de niveau de $0^m,06$?

La formule donne, pour l'excès de la pression intérieure sur celle de l'air atmosphérique,

$$P - p = 1^{kil},3598 \times 0,06 = 0^{kil},0816,$$

et la pression intérieure est, par conséquent,

$$P = 1^{kil},0333 + 1^{kil},3598 \times 0,06 = 1^{kil},1149$$

par centimètre quarré.

73. Valeurs des pressions exprimées en atmosphères. Il est d'usage de comparer les pressions des gaz, et surtout celles des vapeurs, à la pression atmosphérique que l'on prend alors pour unité.

En divisant la valeur de la pression de la vapeur exprimée en kilogrammes, et déduite de la formule ci-dessus, par 1,0333 ou la hauteur de la colonne de mercure qui la mesure, par 0,76, le quotient indiquera le nombre de pressions atmosphériques qui équivaudraient à la pression mesurée.

EXEMPLE : La pression de la vapeur dans une chaudière, étant mesurée par une colonne de mercure de $1^m,90$, en sus de celle de l'air, l'excès de pression de cette vapeur sur celle de l'air est égal à

$$\frac{1,90}{0,76} = 2,5 \text{ atmosphères,}$$

et la pression réelle de la vapeur dans la chaudière est

$$\frac{1,90 + 0,76}{0,76} = 3,5 \text{ atmosphères.}$$

74. MESURE DE LA PRESSION EXERCÉE SUR UNE SURFACE DONNÉE. Connaissant la pression sur un centimètre quarré, en la multipliant par le nombre de centimètres quarrés contenus dans une surface donnée, on aura la pression sur cette surface.

Ainsi la pression sur le mètre quarré s'obtiendra, en multipliant par 10000 celle qui est supportée par chaque centimètre quarré.

Dans l'exemple précédent, l'excès de la pression intérieure sur la pression extérieure, était, pour un mètre quarré, égal à $10000 \times 0^{kil},0816 = 816$ kilogrammes.

Fig. 20.

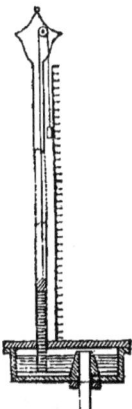

75. MANOMÈTRE A LONG TUBE. Dans quelques usines à vapeur, on emploie, pour mesurer la tension du fluide, des manomètres analogues à ceux de la fig. 19, mais composés d'un long tube de fer (Fig. 20), dans lequel le mercure peut s'élever à plusieurs mètres de hauteur, ce qui permet d'estimer ainsi des pressions de plusieurs atmosphères. Un flotteur suspendu à un fil, qui passe sur une poulie, surnage la colonne de mercure, et un indicateur attaché à l'autre extrémité du fil, parcourt une échelle, sur laquelle on lit la hauteur du mercure, ou mieux la pression de la vapeur.

76. **Manomètre ordinaire des machines a haute pres-**

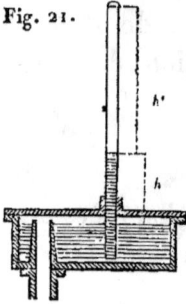

Fig. 21.

sion. Le manomètre le plus généralement employé pour les machines à vapeur, consiste, comme on sait, en un tube fermé par sa partie supérieure et plongé par l'autre dans une cuvette qui contient du mercure (Fig. 21).

L'instrument est ordinairement gradué, de manière que l'air contenu dans le tube, étant à la température moyenne de l'air ou à $10°$ et à la pression atmosphérique moyenne, le mercure contenu dans le tube, soit au niveau de celui de la cuvette,

Appelant donc

p' la pression de l'air, quand l'instrument a été gradué, ordinairement égale à $1^{kil},0333$,

t' la température au même instant et que l'on peut supposer, égale à $10°$,

t la température de la chambre du manomètre,

h' la hauteur occupée par l'air dans le tube, au moment de l'observation,

h la hauteur à laquelle le mercure est monté au-dessus du niveau de la cuvette,

x la pression de l'air comprimé dans le tube, on aura d'abord

$$x = \frac{h+h'}{h'} \frac{1+0,003_75t'}{1+0,003_75t} p',$$

et la pression P du gaz ou de la vapeur, se calculera par la formule

$$P = x + 1^{kil},3598 h.$$

Ces formules reviennent à la règle suivante:

Multipliez la température à laquelle l'instrument a été gradué, par 0,00375, augmentez le produit de l'unité, multipliez de même la température de la chambre du manomètre par 0,00375, et augmentez le produit de l'unité. Prenez le rapport de la première somme à la seconde, et multipliez-le par celui de la hauteur totale du tube, au-dessus du niveau de la cuvette, à la hauteur du mercure dans le tube, au-dessus du même niveau,

Multipliez le produit par la pression atmosphérique, le résultat sera la pression de l'air contenu dans le tube du manomètre.

A cette pression ajoutez le produit de la hauteur de la colonne de mercure au-dessus du niveau de la cuvette par 1,3598, la somme sera la pression de la vapeur dans la chaudière, sur un centimètre quarré.

NOTA. S'il y avait dans le tube une petite colonne d'eau qui surnageât le mercure, il faudrait diminuer h' de la hauteur de cette couche, et en ajouter le poids à celui de la colonne de mercure.

Dans ce cas, il faudrait en outre augmenter la pression de l'air contenu dans le tube de celle de la vapeur d'eau à la température t de la chambre (n° 158).

EXEMPLE : Quelle est la pression de la vapeur dans une chaudière, dont le manomètre fournit les indications suivantes ?

$$h = 0^m,16, \quad h' = 0^m,3o, \quad t' = 10°, \quad t = 3o°.$$

La première formule donne

$$x = \frac{0,46}{0,3o} \times \frac{1 + 0,0375}{1 + 0,1125} \; 1^{kil},033 = 1^{kil},475,$$

et la seconde

$$P = 1^{kil},475 + 1^{kil},3598 \times 0,16 = 1^{kil},692.$$

77. DÉTERMINATION DE LA TENSION DE LA VAPEUR, A L'AIDE DES SOUPAPES DE SURETÉ. Enfin, si l'on n'a pas de mano-

mètre, on peut, dans les usines à vapeur, recourir
à l'observation des soupapes de sûreté, à l'instant où

Fig. 22.

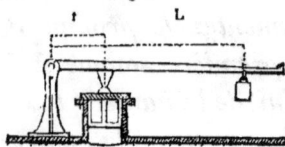

elles sont en équilibre sous l'action de la vapeur et du poids
curseur suspendu au levier, quoique ce moyen soit assez imparfait.

Nommant alors (Fig. 22)

q le poids curseur suspendu au levier,
o la surface intérieure de la soupape, exposée à l'action
    de la vapeur en centimètres quarrés,
r le rayon des tourillons du levier de pression,
f le rapport du frottement à la pression, pour les tou-
    rillons du levier et leurs coussinets (n° 225),
l la distance horizontale du point de pression du levier
    sur la soupape, au plan vertical qui passe par l'axe
    des tourillons,
L la distance analogue pour le poids curseur q,
$p = 1^{kil},0333$ la pression atmosphérique.

On aura la pression P de la vapeur dans la chaudière,
par la formule

$$P = p + \frac{q(L - fr)}{o(l + fr)},$$

qui revient à la règle suivante :

*Multipliez le rayon du tourillon du levier par le rapport
du frottement à la pression pour les tourillons et leurs
coussinets, retranchez ce produit de la distance L du
poids curseur à l'axe de rotation, ajoutez le même produit à la distance l du point de pression du levier sur
la soupape à l'axe de rotation. Prenez le rapport de la
différence précédente à cette somme, et multipliez-le
par celui du poids curseur exprimé en kilogrammes à
l'aire o de la surface intérieure de la soupape, exprimée
en centimètres quarrés. Ajoutez le produit à la pression*

atmosphérique, la somme sera la pression de la vapeur dans la chaudière.

EXEMPLE: La surface intérieure d'une soupape de sûreté est de 12 centimètres quarrés.

On a

$q = 6^{kil}$, $L = 0^m,45$, $f = 0,08$, $r = 0^m,005$, $l = 0^m,08$.

La formule donne

$$P = 1^{kil},033 + 2^{kil},795 = 3^{kil},828 = 3^{atm},829.$$

78. DENSITÉ DE LA VAPEUR. Lorsqu'on connaît la pression P et la température t d'un gaz ou d'une vapeur, on en déduit facilement sa densité d ou le poids du mètre cube, par les formules suivantes:

Pour l'air atmosphérique $\qquad d = \dfrac{1,2572P}{1 + 0,00375t}$,

Pour la vapeur d'eau $\qquad d = \dfrac{0,7827P}{1 + 0,00375t}$,

qui reviennent à la règle suivante:

Pour calculer la densité de l'air ou de la vapeur d'eau,

Multipliez la pression exprimée en kilogrammes sur un centimètre quarré, pour l'air par 1,2572, pour la vapeur d'eau par 0,7827, et divisez le produit par l'unité augmentée de 0,00375 fois la température en degrés centigrades,

Le résultat sera, en kilogrammes, le poids du mètre cube.

EXEMPLE : Quelle est la densité de l'air à la température $t = 10°$ et à la pression $P = 1^{kil},115$?

La formule donne

$$d = 1^{kil},350.$$

79. VITESSE MOYENNE AVEC LAQUELLE UN GAZ OU UNE VAPEUR SORT PAR UN ORIFICE. Lorsque l'on connaîtra par l'observation du manomètre, l'excès $P - p$ de la

pression intérieure d'un gaz contenu dans un réservoir sur la pression d'un autre réservoir dans lequel il s'écoule, ou sur la pression atmosphérique si l'écoulement a lieu à l'air libre, on déterminera la vitesse d'écoulement par la formule

$$V = \sqrt{2g\frac{P-p}{d}},$$

dans laquelle
$g = 9^m,8088,$
P est la pression intérieure $\left.\right\}$ sur un mètre quarré,
p la pression extérieure
d la densité du gaz, ou le poids du mètre cube, déterminée comme il est dit au n° 78.

Si l'on se sert du manomètre à mercure, on pourra remplacer la formule ci-dessus par la suivante :

$$V = \sqrt{2g\frac{13598}{d}}\,h = \sqrt{\frac{266760h}{d}},$$

qui revient à la règle suivante :

Pour déterminer la vitesse avec laquelle un gaz s'écoule par l'orifice d'un réservoir,

Multipliez la hauteur de la colonne de mercure qui mesure en mètres la différence de pression de l'intérieur à l'extérieur par 266760, divisez le produit par la densité du gaz, déterminée par la formule du n° 78,

La racine quarrée du quotient sera la vitesse cherchée.

Nota. Cette règle ne s'applique qu'aux cas ordinaires où la pression extérieure ne dépasse la pression intérieure que de $\frac{1}{4}$ à $\frac{1}{5}$ au plus.

Exemple : Quelle est la vitesse de sortie de l'air qui s'écoule d'une conduite où l'excès de la pression intérieure sur la pression atmosphérique extérieure est mesuré par une colonne de mercure $h = 0^m,06$ et dont la température $t = 10°$?

On trouvera d'abord par la règle du n° 78 $d = 1^{kil},350$, et la formule ci-dessus donne

$$V = 108^m,8.$$

80. VOLUME D'AIR DÉPENSÉ PAR UN ORIFICE D'UNE SURFACE DONNÉE. La dépense théorique ou le volume de gaz ou de vapeur qui s'écoulerait par un orifice d'une ouverture donnée, abstraction faite des effets de la contraction, se calculera par la formule suivante :

$$Q = AV,$$

dans laquelle
A est l'aire de l'orifice en mètres quarrés,
V la vitesse par seconde, en mètres,
et qui revient à la règle suivante :

Multipliez l'aire de l'orifice par la vitesse d'écoulement déterminée par la règle du n° 79 précédent,
Le produit sera la dépense théorique cherchée.

Pour avoir la dépense effective il faut multiplier la dépense théorique par

0,61 si la contraction est complète,

0,84 si l'orifice est terminé par un ajutage cylindrique,

0,96 si l'orifice est à l'extrémité d'une buse conique, allongée et raccordée avec la conduite, ainsi que cela a lieu généralement.

EXEMPLE : Quel est le volume d'air qui s'écoule par un orifice de $0^m,034$ de diamètre situé à l'extrémité d'une buse de haut fourneau de forge ; l'excès de la pression intérieure dans la conduite sur la pression de l'air, étant mesuré par une colonne de mercure de $0^m,06$, et la température étant de 10° ?

La formule du n° 79 donne pour la vitesse d'écoulement,

$$V = 108^m,8 \text{ en } 1''.$$

Le volume d'air écoulé en $1''$ sera donc

$$Q = 0,96 \times 0^{mq},00091 \times 108^{m},8 = 0^{mc},095.$$

81. CAS OU L'ON A OBSERVÉ LA PRESSION A UNE DISTANCE CONSIDÉRABLE DE L'ORIFICE DE LA CONDUITE. Lorsque l'on a observé la pression à l'aide du manomètre, en un point de la conduite assez éloigné de l'extrémité pour que la résistance des parois exerce une influence notable, on calculera la vitesse à l'orifice placé à l'extrémité de cette conduite supposée circulaire et sans étranglement, ainsi que cela arrive ordinairement, par la formule

$$V = \sqrt{\left(\frac{2g\,(P-p)}{d\left(1+\dfrac{0,0252Lm^2D'^4}{D^5}\right)}\right)} = \sqrt{\left(\frac{26676oh}{d\left(1+\dfrac{0,0252Lm^2D'^4}{D^5}\right)}\right)},$$

dans laquelle

$P - p$ représente encore l'excès de la pression intérieure sur la pression extérieure rapporté au mètre quarré, et égal à $13598h$, h étant la colonne de mercure qui mesure cette différence de pression,

d la densité ou le poids du mètre cube du gaz, à la pression P,

L la longueur de la conduite en mètres,

D le diamètre de la conduite en mètres,

D' le diamètre de l'orifice en mètres,

m le coëfficient de la dépense relatif à cet orifice,

Cette formule revient à la règle suivante :

Pour calculer la vitesse avec laquelle l'air s'écoule par l'extrémité d'une conduite où l'on a mesuré la pression à une grande distance de l'orifice,

Multipliez la longueur en mètres de la conduite par 0,0252, par le quarré du coëfficient de la dépense convenable à l'orifice (n° 80), et par la quatrième puissance du diamètre de l'orifice, divisez ce produit par la cinquième puissance du diamètre de la conduite,

Au quotient ajoutez l'unité et multipliez la somme par le poids du mètre cube du gaz, calculé par la règle du n° 78,

Multipliez la hauteur de la colonne de mercure qui mesure l'excès de la pression intérieure sur la pression extérieure par 266760, et divisez ce produit par le précédent,

La racine quarrée du quotient sera la vitesse cherchée.

EXEMPLE : Quel est le volume d'air, à la température de 10°, qui s'écoule par un orifice de 0^m,06 de diamètre, placé à l'extrémité d'une conduite de 0^m,25 de diamètre et de 100^m de longueur, à l'origine de laquelle la différence de pression est mesurée par une colonne de mercure de 0^m,06 ?

La formule précédente donne

$$V = \sqrt{\left(\frac{266760 \times 0{,}06}{1{,}350\left(1 + \frac{0{,}0252 \cdot 100 \cdot (0{,}96)^2 \cdot (0{,}06)^4}{(0{,}25)^5}\right)} \right)} = 107^m{,}1.$$

La vitesse d'écoulement à l'orifice de la conduite étant connue, on calculera la dépense par la formule et la règle du n° 81.

Si l'orifice est une buse ordinaire,

$$Q = 0{,}96 \times 0{,}7854 \,(0{,}06)^2 \times 107^m{,}1 = 0^{mc}{,}290.$$

82. CAS OU L'OBSERVATION DE LA PRESSION A ÉTÉ FAITE DANS UN RÉSERVOIR OU LA CONDUITE PREND SON ORIGINE. Si l'on a placé le manomètre dans un réservoir d'où part la conduite du gaz, on calculera la vitesse à l'extrémité de cette conduite par la formule

$$V = \sqrt{\left(\frac{266760h}{d\left\{1 + \frac{m^2 D'^4}{D^4}\left[\left(\frac{1}{m'} - 1\right)^2 + \frac{0{,}0252 L}{D}\right]\right\}} \right)},$$

dans laquelle, outre les notations précédentes, on désigne par

m' le coëfficient de la dépense à l'origine de la conduite,
  ordinairement égal à 0,61,
et qui revient à la règle suivante :

Divisez l'unité par le coëfficient de la dépense à l'origine de la conduite, du quotient, retranchez l'unité et élevez le reste au quarré ; multipliez la longueur de la conduite par 0,0252, et divisez le produit par le diamètre de la conduite, ajoutez ce quotient au quarré précédent, multipliez la somme par le carré du coëfficient de la dépense relatif à l'orifice de la conduite, par la quatrième puissance du diamètre de l'orifice, et divisez-le par la quatrième puissance du diamètre de la conduite,

Au résultat ajoutez l'unité et multipliez la somme par la densité du gaz ou le poids du mètre cube (n° 78),

Multipliez ensuite la colonne de mercure qui mesure l'excès de la pression dans le réservoir sur la pression extérieure, par 266760,

Divisez le produit par le résultat des opérations précédentes, la racine quarrée du quotient sera la vitesse de sortie du gaz à l'orifice de la conduite, exprimée en mètres.

EXEMPLE : Quelle serait, dans le cas des données de l'exemple précédent, la vitesse de sortie, si la pression indiquée avait été mesurée dans le réservoir ?

Le coëfficient de la dépense à l'origine de la conduite étant

$$m' = 0,61,$$

on trouve

$$V = 107^m,03,$$

ce qui montre qu'il n'y a pas de différence bien notable quand on mesure la pression dans le réservoir, ou à l'origine de la conduite.

83. Observations relatives aux règles a suivre pour l'établissement des conduites de gaz. Les formules précédentes montrent que, dans l'établissement des conduites de gaz, on doit :

1° Donner aux conduites des diamètres aussi grands que le permettent l'économie et les localités. Il conviendra de faire

$$D = 0^m,30 \text{ à } 0^m,40,$$

pour les conduites principales ;

$$D = 0^m,20 \text{ à } 0^m,25,$$

pour les conduites de distribution ;

2° Diminuer autant que possible la longueur totale des conduites ;

3° Eviter tous les étranglemens et rétrécissemens dans les conduites ;

4° Disposer tous les passages, soit à l'origine des conduites, soit aux robinets de distribution, de manière à y diminuer ou annuler les effets de la contraction ;

5° Eviter les changemens inutiles de direction des conduites, arrondir les coudes formés par les changemens inévitables.

DE LA FORCE DES COURS D'EAU.

—

84. *La chute totale* d'un cours d'eau dans une usine, est la hauteur du niveau supérieur de l'eau dans le réservoir d'amont, au-dessus du niveau du canal de fuite en aval.

La force d'un cours d'eau ou la *quantité de travail absolu* qu'il fournit, est le produit du poids de l'eau qu'il dépense par la chute totale.

Ainsi, en appelant toujours

Q ce volume d'eau exprimé en mètres cubes,

H la chute totale en mètres,

Le travail absolu ou la force du cours d'eau sera donné par

$$1000QH^{km},$$

et si l'on veut l'exprimer en force de chevaux-vapeur de 75^{km}, on aura le nombre N de chevaux correspondant par la formule

$$N = \frac{1000QH}{75}.$$

13

Exemple: Quelle est la force absolue d'un cours d'eau qui fournit $0^{mc},450$ par seconde, et dont la chute totale est de $5^m,25$?

La force absolue cherchée est

$$1000 \times 0^{mc},450 \times 5^m,25 = 2362^{km},5,$$

et son expression en chevaux $= \dfrac{2362,5}{75} = 31,5.$

Cette force absolue des cours d'eau, qui constitue leur valeur vénale, doit évidemment être estimée d'après leur produit régulier, quand les orifices sont tellement proportionnés, que le courant est à l'état de régime; ce que l'on reconnaît à la hauteur constante du niveau dans le réservoir.

On doit aussi avoir l'attention de faire le jaugeage dans la saison où les eaux ont leur hauteur moyenne.

ROUES HYDRAULIQUES.

—

DES RÈGLES A EMPLOYER POUR ESTIMER L'EFFET UTILE D'UNE ROUE
HYDRAULIQUE ÉTABLIE.

85. CLASSIFICATION DES DIVERS GENRES DE ROUES EN USAGE.
Les systèmes des roues hydrauliques le plus généralement en usage sont :

1° Les anciennes roues à palettes planes qui reçoivent
l'eau à leur partie inférieure, et se meuvent dans des
coursiers où elles ont un jeu plus ou moins considérable,

2° Les roues à palettes emboîtées dans des coursiers
circulaires sur une partie de la chute totale, et qui
reçoivent l'eau par des orifices avec charge d'eau sur
le côté supérieur,

3° Les roues à palettes planes emboîtées dans des
coursiers circulaires sur toute la hauteur de la chute,
et qui reçoivent l'eau par des vannes en déversoir, et
que l'on nomme improprement *roues de côté*,

4° Les roues à aubes courbes, imaginées par M. Poncelet, qui reçoivent l'eau à la partie inférieure, et par des vannages inclinés,

5° Les roues à augets qui reçoivent l'eau, soit à leur sommet, soit au-dessous de ce point,

6° Les roues pendantes montées sur bateaux, qui se meuvent dans un courant en quelque sorte indéfini, par rapport à leurs dimensions,

7° Les turbines.

86. NOTATIONS ADOPTÉES. Dans tout ce qui va suivre, nous appellerons toujours

Q le volume d'eau dépensé en 1″, exprimé en mètres cubes,

V la vitesse d'arrivée du filet moyen de l'eau sur la roue, déterminée comme il a été dit aux n°ˢ 35 à 39,

v la vitesse de la circonférence extérieure de la roue,

a l'angle formé par la direction de ces deux vitesses; cet angle est facile à déterminer, en menant à la règle une tangente à la courbe décrite par le filet moyen (n° 39), et une autre à la circonférence extérieure de la roue, au point où ces courbes se rencontrent,

P l'effort moyen transmis par l'eau à la circonférence extérieure de la roue exprimée en kilogrammes; ce serait le poids que la roue pourrait élever à l'aide d'un cordage qui s'enroulerait sur cette circonférence,

h la hauteur dont l'eau descend depuis son point d'introduction jusqu'au bas de la roue; ce sera la hauteur du point de rencontre du filet moyen avec la circonférence extérieure au-dessus du point inférieur de la roue.

D'après cela, le produit Pv du poids qui serait soulevé à la circonférence de la roue et du chemin v parcouru par son point d'application en 1″, représentera l'effet utile ou la quantité de travail transmise à la circonférence de la roue.

87. Des anciennes roues a palettes planes. Ces roues, que l'on rencontre encore souvent dans les anciens moulins, sont ordinairement placées dans des coursiers en bois ou en pierres de taille assez mal exécutés, où leurs aubes ont un jeu de $0^m,03$ à $0^m,04$ au moins. Le vannage est vertical, placé à une distance quelquefois très-grande de la roue.

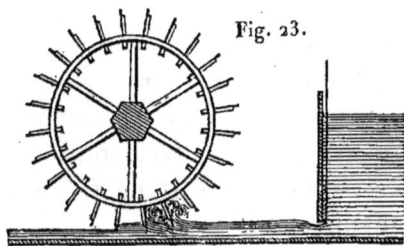

Fig. 23.

Dans ces circonstances, l'effet utile ou la quantité de travail transmise à la circonférence de la roue est donnée par la formule pratique suivante, déduite des expériences de Bossut et de Sméaton

$$P\varphi = 61\,Q\,(V - v)\,v^{km},$$

dans laquelle la vitesse V se détermine selon les cas par l'une des règles des n°s 35 et suivans.

Cette formule revient à la règle suivante :

Pour avoir l'effet utile ou la quantité de travail utilisé par une roue à aubes planes recevant l'eau à sa partie inférieure,

Multipliez le volume d'eau dépensé exprimé en mètres cubes, par 61, par l'excès de la vitesse d'arrivée de l'eau sur celle de la circonférence extérieure de la roue, et par la vitesse de cette circonférence,

Le produit sera l'effet utile cherché exprimé en kilogrammes élevés à un mètre en 1″.

Exemple : Quel est l'effet utile d'une roue à aubes planes du genre précédent, qui dépense $0^{mc},500$ par seconde. La vitesse d'arrivée de l'eau sur la roue étant de $4^m,50$, et celle de la circonférence extérieure de la roue de $2^m,50$?

La règle précédente donne, pour l'effet utile cherché,

$$P\varphi = 61 \times 0^{mc},500 \times (4^m,50 - 2^m,50)\, 2^m,50 = 152^{km},5,$$

ou deux chevaux-vapeur environ.

88. RAPPORT DE L'EFFET UTILE AU TRAVAIL ABSOLU DU MOTEUR. Si l'orifice était placé près de la roue, et que la vitesse de sortie de l'eau fût peu altérée par la résistance des parois, là hauteur totale de chute, correspondante à la vitesse $V = 4^m,50$, serait d'environ $1^m,03$ (n° 3), et le travail absolu du moteur serait

$$1000 \times 0^{mc},500 \times 1^m,03 = 515^{km}$$

ou 6,87 chevaux-vapeur.

Le rapport de l'effet utile réel au travail absolu du moteur, n'étant que $\frac{152,5}{515} = 0,297$. On voit que ces roues n'utilisent guère que 0,30 du travail absolu du moteur.

Lorsque le jeu de la roue dans son coursier dépasse $0^m,04$, l'effet utile diminue encore, et ne s'élève au plus qu'à $0^m,25$ du travail absolu du moteur.

89. CAS OU LES PALETTES ONT UN JEU CONSIDÉRABLE DANS LE COURSIER. Enfin, si ce jeu excède de beaucoup les proportions ci-dessus, il ne serait plus possible d'appliquer la formule expérimentale précédente, et il faudrait recourir à la règle suivante :

Fig. 24.

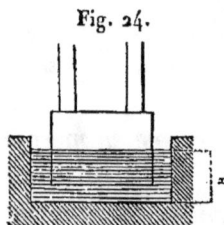

Connaissant le volume d'eau Q dépensé par l'orifice, déterminez, par les règles des n°s 34 et suivants, d'après la forme du coursier, la vitesse moyenne V d'arrivée de l'eau sur la roue. Puis en appelant

L la largeur connue du coursier,

x l'épaisseur de la lame d'eau dans ce coursier, à l'endroit où elle atteint la roue,

on aura évidemment

$$Q = VLx \text{ d'où } x = \frac{Q}{VL},$$

ce qui revient à dire que

L'épaisseur de la lame d'eau sous la roue est égale au quotient du volume d'eau dépensée en 1″, divisé par le produit de la vitesse d'arrivée de l'eau sur la roue et de là largeur du coursier.

Ayant ainsi déterminé la profondeur x de l'eau, on aura l'aire A de la section d'eau, par le produit

xL = A, de sa largeur par sa profondeur.

D'après le dessin et les dimensions des aubes, il sera facile de déterminer à quelle profondeur les aubes sont immergées dans cette section d'eau et, en appelant a l'aire de la surface immergée de chaque palette, on calculera l'effet utile de la roue, par la formule suivante :

$$P\nu = 76,45 \ aV (V - \nu) \ \nu^{km},$$

qui revient à la règle suivante :

Multipliez l'aire de la surface immergée par 76,45, par la vitesse d'arrivée de l'eau sur la roue, par l'excès de cette même vitesse sur celle de la circonférence extérieure de la roue et par la vitesse de cette même circonférence,

Le produit sera l'effet utile de la roue, exprimé en kilogrammes élevés à un mètre en 1″.

EXEMPLE : Quel est l'effet utile d'une roue à aubes planes, qui a dans son coursier un jeu de $0^m,10$ sur chaque côté, et de $0^m,06$ au-dessous des aubes avec les données suivantes :

$Q = 0^{mc},600$, $V = 5^m,50$, $\nu = 3^m$,
$L = 1^m$, largeur du coursier,
$l = 0^m,80$, largeur des aubes,
on a d'abord

$$x = \frac{Q}{VL} = \frac{0^{mc},600}{5,5 \times 1^m} = 0^m,109,$$

$$a = 0^m,80 \, (0^m,109 - 0^m,06) = 0^{mq},0392,$$

$$P\nu = 76,45 \times 0^{mq},0392 \times 5^m,50 \, (5^m,50 - 3^m) \, 3^m = 124^{km} = 1^{chev},65.$$

Si l'orifice était placé près de la roue, qu'il y eût peu de perte de vitesse dans le coursier, la chute totale serait à peu près celle qui est due à la vitesse d'arrivée $V = 5^m,5o$ ou à $1^m,54$, et la force absolue du cours d'eau serait d'environ

$$1000 \times 0^{mc},6oo \times 1^m,54 = 924^{km}.$$

Le rapport de l'effet utile au travail absolu du moteur, n'est donc que

$$\frac{124}{924} = 0,134.$$

On voit que dans le cas de l'exemple ci-dessus, l'effet utile n'est au plus que $0,134$ ou $\frac{1}{7,46}$ du travail absolu du moteur.

90. Roues a palettes planes, exactement emboîtées dans des coursiers circulaires et recevant l'eau par un orifice avec charge sur le sommet. On rencontre fréquemment des roues construites avec soin, dont une

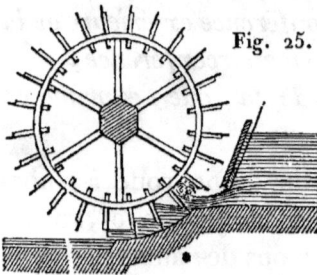

Fig. 25.

partie est emboîtée sur une portion plus ou moins grande de la hauteur totale de chute, par un coursier circulaire avec fort peu de jeu, et qui sont souvent garnies d'un fond (Fig. 25).

L'eau agit sur ces roues, d'abord en choquant les palettes sur lesquelles elle arrive avec la vitesse V, puis, en suivant le mouvement de la roue, elle descend de la hauteur h, du point d'introduction, ou de rencontre du filet moyen et de la circonférence extérieure au-dessus du bas du coursier.

L'orifice est alors formé par une vanne, qui, en s'élevant ou s'abaissant, laisse une certaine charge d'eau sur le sommet de cette ouverture.

Quelle que soit la proportion de la partie circulaire du coursier par rapport à la hauteur de chute, toutes les fois que le volume d'eau introduit dans la roue, ne dépassera pas les $\frac{2}{3}$ de la capacité de l'intervalle compris entre les aubes, et que la vitesse de la roue n'excédera pas notablement celle de l'eau affluente, la formule pratique suivante, déduite de nombreuses séries d'expériences sur quatre roues de grandeur et de force différentes, depuis deux jusqu'à quinze chevaux [*], représentera l'effet utile de la roue, à moins de $\frac{1}{20}$ près,

$$ \mathrm{P}v = 750\mathrm{Q} \left[h + \frac{(\mathrm{V}\cos a - v)v}{9,81} \right]^{\mathrm{km}}; $$

dont la notation est connue, d'après les conventions du n° 85, et qui revient à la règle suivante :

Déterminez, par la règle du n° 38, le point de rencontre du filet moyen de la veine fluide avec la circonférence extérieure de la roue, prenez la hauteur h de ce point au-dessus du bas du coursier, sous l'axe de la roue,

Multipliez la vitesse V d'arrivée de l'eau, déterminée par la règle du n° 39, par le cosinus de l'angle qu'elle forme avec la tangente à la circonférence de la roue au point de rencontre du filet moyen ; du produit retranchez la vitesse v de la circonférence de la roue, multipliez le reste par cette même vitesse v et divisez le produit par 9,81,

Ajoutez le quotient à la hauteur h et multipliez la somme par 750 fois le volume d'eau dépensé par seconde exprimé en mètres cubes,

Le résultat sera l'effet utile de la roue en 1″.

---

[*] Expériences sur les roues hydrauliques, par M. A. Morin, chapitres 1, 2, 3, 4 et 5. Metz, 1836. A Paris, chez L. Mathias, libraire.

Premier exemple : *Roue de la fonderie de Toulouse.* Quel est l'effet utile de cette roue, dans les circonstances suivantes ?

$$Q = 0^{mc},604, \quad h = 0^{m},422, \quad a = 0, \quad V = 5^{m},47, \quad v = 3^{m},04.$$

La formule donne

$$P v = 750 \times 0^{mc},604 \left(0^{m},422 + \frac{5^{m},47 - 3^{m},04}{9,81} \times 3^{m},04 \right) = 532^{km}.$$

L'expérience directe, faite avec le frein dynamométrique, a donné 504^{km}.

Deuxième exemple : *Roue de la sécherie artificielle de la poudrerie de Metz.* Quel est l'effet utile de cette roue dans les circonstances suivantes ?

$$Q = 0^{mc},215, \quad h = 0^{m},414, \quad a = 0, V = 2^{m},696, \quad v = 1^{m},616.$$

La formule donne

$$P v = 750 \times 0^{mc},215 \left[0^{m},414 + \frac{(2^{m},696 - 1^{m},616)}{9,81} \times 1^{m},616 \right] = 955^{km}.$$

L'expérience faite avec le frein a donné 963^{km}.

Troisième exemple : *Roue d'un martinet à la manufacture d'armes de Chatellerault.* Quel est l'effet utile de cette roue dans les circonstances suivantes ?

$$Q = 0^{mc},441, \quad h = 1^{m},28, \quad \cos a = 0,90, \quad V = 2^{m},77, \quad v = 1^{m},025.$$

La formule donne

$$P v = 750 \times 0^{mr},441 \left[1^{m},28 + \frac{(2^{m},493 - 1^{m},025)}{9,81} \times 1^{m},025 \right] = 475^{km}.$$

L'expérience faite avec le frein a donné 460^{km}.

Quatrième exemple : *Roue de l'atelier des meules à broyer les matières à Baccarat* (Meurthe). Quel est l'effet utile de cette roue dans les circonstances suivantes ?

$$Q = 0^{mc},392, \quad h = 1^{m},40, \quad a = 50^{\circ}, \quad V \cdot \cos a = 1^{m},985.$$
$$v = 1^{m},375.$$

La formule donne

$$P\nu = 750 \times 0^{mc},392 \left[1^{m},40 + \frac{(1^{m},985 - 1^{m},375)}{9,81} \times 1^{m},375 \right] = 438^{km}.$$

L'expérience directe, faite avec le frein, a donné le même résultat.

Les quatre exemples que nous venons de donner sont relatifs aux roues, sur lesquelles ont été faites les expériences relatées dans le mémoire déjà cité, et qui ont servi à établir la formule pratique ci-dessus.

91. COMPARAISON DE L'EFFET UTILE AU TRAVAIL ABSOLU DU MOTEUR. La comparaison de l'effet utile de la roue au travail absolu du moteur, montre que le rapport de ces quantités est pour

la roue de la fonderie de Toulouse où la
hauteur h n'était qu'environ $\frac{1}{4}$ de la
chute totale..................... 0,40 à 0,45

la roue de la sécherie artificielle de la
poudrerie de Metz où h était $\frac{2}{5}$ de la
chute totale..................... 0,42 à 0,49

la roue de la manufacture d'armes de
Chatellerault où h était $\frac{2}{3}$ environ de
la chute totale.................... 0,47

la roue de l'atelier des meules de Baccarat
où h était $\frac{3}{4}$ de la chute totale....... 0,55

Ce qui montre que ces roues utilisent une portion d'autant plus grande du travail moteur, que l'eau est prise plus près du niveau.

92. ROUES A PALETTES PLANES, EMBOITÉES DANS UN COURSIER CIRCULAIRE SUR TOUTE LA HAUTEUR DE LA CHUTE, ET RECEVANT L'EAU PAR UNE VANNE EN DÉVERSOIR. Les meilleures roues à palettes planes, sont celles qui, exactement emboîtées sur toute la hauteur de la chute, dans un coursier circulaire, où elles n'ont qu'un jeu de quelques millimètres, reçoivent l'eau par une vanne en déversoir placée le plus près possible.

Toutes les fois que le volume d'eau admis dans chaque auget, n'excédera pas la moitié ou les deux tiers de sa capacité, et que la vitesse de la circonférence de la roue ne surpassera pas de beaucoup celle de l'eau affluente, l'effet utile

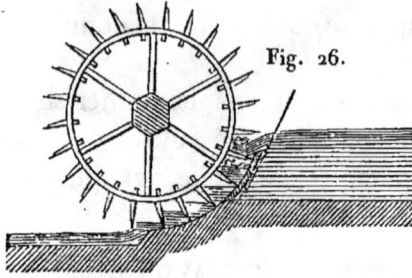

Fig. 26.

sera représenté à moins de $\frac{1}{20}$ près, par la formule pratique suivante, déduite de plusieurs séries d'expériences faites sur deux grandes roues de côté, l'une de la force de douze chevaux et l'autre de celle de vingt-cinq chevaux, établies à la cristallerie de Baccarat (Meurthe);

$$P v = 799 Q \left[h + \frac{(V \cos a - v) v}{9,81} \right]^{kin}.$$

Cette formule revient évidemment à la règle pratique, donnée pour les roues précédentes, sauf le seul changement du multiplicateur 750, qui, pour le cas actuel, devient 799.

Elle montre l'avantage que l'on trouve à disposer la vanne en déversoir, mais c'est ce qui est rendu encore plus évident par la comparaison de l'effet utile au travail absolu du moteur; car le rapport de ces quantités s'élève, dans ce dernier cas, à 0,75 tandis qu'il n'était, pour les roues précédentes, que de 0,55 au plus *.

PREMIER EXEMPLE : Quel est l'effet utile de la roue à aubes planes, de l'atelier des tours de la cristallerie de Baccarat, dans les circonstances suivantes ?

* Voyez le Mémoire cité, chapitres 4 et 5, pages 42 à 65.

La largeur de l'orifice en déversoir....... $3^m,90$

La hauteur du niveau général du réservoir
au-dessus de la vanne.............. $0^m,175$

Le volume d'eau dépensé est Q........ $0^{mc},493$

La chute totale..................... $2^m,056$

On a de plus

$$h = 1^m,935, \quad V\cos a = 1^m,033, \quad v = 0^m,728.$$

On trouve, pour l'effet utile cherché,

$$P\nu = 799 \times 0^{mc},493 \left[1^m,935 + \frac{1^m,033 - 0^m,728}{9,81} \times 0^m,728 \right] = 772^{km}.$$

L'expérience directe faite avec le frein a donné 748^{km}.

La chute totale étant de $2^m,056$, le rapport de l'effet utile au travail absolu du moteur est $0,679$.

DEUXIÈME EXEMPLE : Quel est l'effet utile de la roue à aubes planes, de l'atelier des meules de la cristallerie de Baccarat, dans les circonstances suivantes ?

La dépense d'eau étant de........... $Q = 0^{mc},419$

$$h = 1^m,48, \quad V\cos a = 0^m,985, \quad v = 1^m,621,$$

on trouve, pour l'effet utile cherché

$$P\nu = 799 \times 0^{mc},419 \left(1^m,48 - \frac{1^m,621 - 0^m,985}{9,81} \times 1^m,621 \right) = 461^{km}.$$

L'expérience faite avec le frein a donné 458^{km}.

La chute totale étant de $1^m,623$, le travail absolu du moteur était

$$1000 \times 0^{mc},419 \times 1^m,623 = 681^{km},$$

et le rapport de l'effet utile au travail absolu du moteur est

$$0,673,$$

tandis que quand la même roue recevait l'eau d'un orifice avec charge sur le sommet, elle n'utilisait que $0,55$ du travail absolu du moteur.

Nota. Dans l'application des formules de ce numéro et du précédent, on ne devra pas s'étonner que la vitesse d'affluence de l'eau soit parfois plus faible que celle de la circonférence extérieure de la roue, et alors le terme $\frac{(V \cos a - v)}{9,81} v$ deviendra soustractif; ainsi que cela a eu lieu pour le dernier exemple cité.

93. Règle pour calculer le volume d'eau reçu dans chaque auget. Les règles précédentes, données aux n°s 90 à 92, s'appliquent à des roues, dont les augets ou l'intervalle compris entre deux aubes ne reçoivent qu'un volume d'eau qui ne dépasse pas les $\frac{2}{3}$ de cette capacité.

Pour calculer le volume d'eau que doit recevoir chaque auget, en l'appelant q et e l'écartement des aubes à la circonférence extérieure,
on aura, en conservant les notations précédentes,

$$q = \frac{Q e^{mc}}{V},$$

ce qui revient à la règle suivante :

Pour calculer le volume d'eau que reçoit chaque auget,

Divisez la vitesse à la circonférence par l'écartement des augets, vous aurez le nombre d'augets qui passent par seconde devant l'orifice,

Divisez le volume d'eau dépensé en 1″ par le nombre d'augets qui passent en 1″ devant l'orifice,

Le quotient sera le volume d'eau que chaque auget doit recevoir.

Exemple : Quel est le volume d'eau que devait recevoir chaque auget de la roue à aubes planes, de la taillerie de Baccarat, dans le cas des données du second exemple du n° 92?

L'écartement des augets............ 0^m,398

La dépense d'eau était............. Q = 0^m,419

La vitesse de la circonférence de la
roue .... $v = 1^m,621$

Le nombre d'augets qui passent dans $1''$

devant l'orifice................. $\dfrac{v}{e} = 4,07$

Le volume d'eau introduit dans cha-

que auget $= \dfrac{0^{mc},419}{4,07} = 0^{mc},103$

La capacité des augets .... $0^{mc},493$

Le rapport du volume que chaque auget

devant recevoir à sa capacité $= \dfrac{0,103}{0,493} = \dfrac{1}{4,8}$.

On opérera de la même manière dans tous les cas
analogues, quel que soit le genre de la roue que l'on
examinera.

94. ROUES A AUBES COURBES. Ces roues, dont la disposition et la théorie sont dues à M. Poncelet, sont
accompagnées d'un vannage incliné à un de base sur
un ou deux de hauteur, et
emboîtées dans leur partie inférieure par une portion très-
courte de coursier circulaire
et par les bajoyers du canal
de fuite. Elles peuvent être
construites en bois ou en fer,
et reçoivent l'eau à leur partie
inférieure.

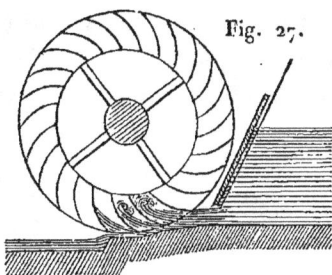

Fig. 27.

Lorsque les aubes sont bien continues dans leur courbure, que l'eau ne rejaillit pas dans l'intérieur de la
roue, que le jeu dans le coursier est réduit à un
centimètre au plus, l'expérience montre [*] que pour des
chutes de $1^m,50$ ou au-dessus, et des ouvertures de

* Deuxième Mémoire sur les roues à aubes courbes, par M. Poncelet,
Metz, 1827. Un vol. in-4°, chez madame Thiel, libraire à Metz.

vanne de $0^m,08$ à $0^m,12$, l'effet utile est représenté par la formule pratique[*],

$$P\wp = 132,5Q(V - \wp)\wp^{km},$$

et que pour des chutes de $1^m,30$ et au-dessous, avec des orifices de $0^m,20$ à $0^m,30$ de hauteur, par la formule pratique,

$$P\wp = 153Q(V - \wp)\wp^{km}.$$

Dans ces formules, les quantités P, $\wp$, Q et V, conservent les significations indiquées au n° 86.

Lorsque le vannage, au lieu d'être incliné, est vertical, que les aubes ne sont pas en très-bon état, l'effet utile diminue notablement, et alors, pour des charges d'eau de $1^m,50$ environ sur le seuil de l'orifice, l'effet utile ne serait que

$$P\wp = 102\dot{Q}(V - \wp)\wp^{km}.$$

Ces formules pratiques reviennent à la règle suivante :

Pour calculer l'effet utile d'une roue à aubes courbes recevant l'eau à sa partie inférieure, multipliez le volume d'eau dépensé exprimé en mètres cubes par l'excès V—v de la vitesse de l'eau affluente sur la vitesse de la circonférence extérieure de la roue et par la vitesse v de cette circonférence ;

Puis multipliez le produit,

Pour les chutes de $1^m,50$ et au-dessus, et des levées de vanne de $0^m,08$ à $0^m,12$ avec vannage incliné, par 152,5

Pour les chutes de $1^m,30$ et au-dessous, avec levées de vanne de $0^m,20$ à $0^m,30$ et vannage incliné, par 153

---

[*] Dans l'application des formules suivantes, il faudra s'assurer que la disposition de la roue est effectivement celle qui a été proposée par M. Poncelet, et ne pas, surtout quant au coursier, se laisser induire en erreur par l'apparence extérieure des aubes.

Pour les chutes de 2ᵐ et au-dessous avec vannage
  vertical et les aubes médiocrement entretenues,
  par 102
Le produit sera l'effet utile cherché.

PREMIER EXEMPLE : Quel est l'effet utile d'une roue à
aubes courbes, dans les circonstances suivantes ?

Charge sur le centre de l'orifice. . . . . $1^m,50$
Largeur de l'orifice. . . . . $1^m,10$
Inclinaison du vannage. . . . . $45°$
Hauteur verticale de l'orifice. . . . . $0^m,12$
Vitesse d'arrivée de l'eau sur la roue. . . $V = 5^m,43$
Vitesse de la circonférence de la roue. . $v = 2^m,75$

D'après la règle du n° 18, le volume d'eau dépensé
est

$$Q = 0,80 \times 1^m,10 \times 0^m,12 \sqrt{19,62 \times 1^m,50} = 0^{mc},573.$$

L'effet utile

$$Pv = 132,5 \times 0^{mc},573 \times (5^m,43 - 2^m,75)2^m,75 = 561^{km}.$$

La chute totale, depuis le niveau jusqu'au bas de la
roue, étant d'environ $1^m,65$, le travail absolu du
moteur est de 945^{km}.

Le rapport de l'effet utile à cette quantité de travail
absolu est de

$$\frac{561}{945} = 0,594.$$

DEUXIÈME EXEMPLE : Quel est l'effet utile d'une roue à
aubes courbes, dans les circonstances suivantes ?

Charge d'eau sur le centre de l'orifice. . . 1^m
Largeur de l'orifice . . . . $0^m,95$
Hauteur verticale de l'orifice . . . . $0^m,25$
Inclinaison du vannage. . . . .   1 sur 1

La dépense d'eau par seconde est, d'après la règle
du n° 18,

$$Q = 0,80 \times 0^m,95 \times 0^m,25 \sqrt{19,62 \times 1^m} = 0^{mc},843.$$

15

Vitesse de l'eau affluente en $1''$........ $= 4^m,43$

Vitesse de la circonférence de la roue en $1''$. $= 2^m,3o$

L'effet utile cherché est

$$P\varphi = 153 \times 0^{mc},843 \, (4^m,43 - 2^m,3o) \times 2^m,3o = 628^{km}.$$

La chute totale étant de $1^m,25$ environ, mesure prise du niveau supérieur au point inférieur du coursier sous la roue, le travail absolu du moteur est........................ $1o55^{km}$

Le rapport de l'effet utile au travail absolu du moteur, est............. $\frac{62}{1o55} = 0,596$

95. ROUES A AUGETS. Les roues à augets reçoivent l'eau, soit au sommet, par un coursier qui la conduit de l'orifice à l'un des augets supérieurs de la roue, soit au-dessous du sommet, par un vannage incliné : elles ne sont pas ordinairement emboîtées dans des coursiers circulaires.

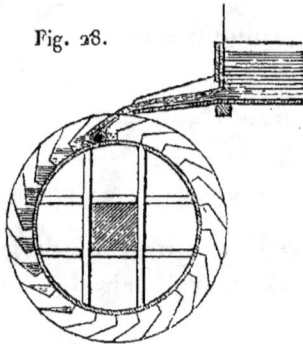

Fig. 28.

Nous distinguerons deux cas particuliers pour le calcul de l'effet utile de ces roues :

$1°$ Le cas où les roues marchent à une vitesse qui n'excède pas 2^m à la circonférence, lorsqu'elles ont seulement 2^m de diamètre, ou $2^m,5o$ si elles sont plus grandes et où les augets ne sont pas remplis au-delà de la moitié de leur capacité, ce qu'il est facile de reconnaître par la règle du n° 93 ;

$2°$ Celui où la roue étant petite, marche à une vitesse de plus de 2^m à la circonférence extérieure par seconde, et où les augets étant remplis au-delà de la moitié de leur capacité, la force centrifuge accélère le versement de l'eau, qui commence à une hauteur notable au-dessus du bas de la roue.

96. ROUES A AUGETS A PETITE VITESSE, DONT LES AUGETS NÈ SONT REMPLIS QU'A MOITIÉ. Le premier cas est le plus général, et alors l'effet utile de la roue sera, d'après des expériences nombreuses[*] faites sur quatre roues, dont les diamètres étaient respectivement de $9^m,10$, $3^m,425$, $2^m,74$ et $2^m,28$, représenté à $\frac{1}{20}$ près.

Par la formule pratique

$$P\varphi = 780 Qh + 102 Q (V \cos a - v)\varphi,$$

dans laquelle toutes les lettres conservent les significations indiquées au n° 86, et qui revient à la règle suivante :

Pour obtenir l'effet utile d'une roue à augets dans le premier des cas spécifiés au n° 95,

Multipliez le volume de l'eau dépensée en 1″ par 780 et par la hauteur du point de rencontre du filet moyen et de la circonférence extérieure de la roue, déterminé comme il a été dit au n° 39, au-dessus du bas de la roue,

Multipliez la vitesse V d'arrivée de l'eau sur la roue (n° 39) par le cosinus de l'angle que forme sa direction avec la tangente à la circonférence de la roue, au point de rencontre du filet moyen ; du produit retranchez la vitesse v de la circonférence extérieure, multipliez le reste par cette même vitesse v et par 102 fois le volume d'eau dépensé en 1″, ajoutez ce dernier produit au premier,

La somme des deux produits sera l'effet utile cherché.

PREMIER EXEMPLE : Quel est l'effet utile de la roue hydraulique, de la filature de Mrs N. Schlumberger et Cie, à Guebwiller, dans les circonstances suivantes ?

Dépense d'eau en 1″............ $Q = 0^{mc},383$
Vitesse de l'eau affluente......... $2^m,13$

---

[*] Expériences sur les roues hydrauliques, chapitres 6, 7, 8 et 9, Mémoire déjà cité.

Vitesse de la circonférence de la roue. $v = 1^m,22$

Cos a.......................... $= 1$

Hauteur du point de rencontre du filet

   moyen, au-dessus du bas de la roue. $= 6^m,452$

On trouve

$$Pv = 780.0^{mc},383.6^m,452 + 102.0^{mc},383(2^m,13-1^m,22)1^m,22 = 1960^{km}.$$

ou 26,1 chevaux-vapeur de 75 kilogrammes, élevés à 1^m en $1''$ *.

La chute totale étant................... $7^m,78$

Le travail absolu du moteur est............ 2626^{km}

Le rapport de l'effet utile au travail absolu est $0,74$

Deuxième exemple : Quel est l'effet utile de la roue à augets du moulin de Senelles, près Longwy, dans les circonstances suivantes ?

Dépense d'eau en $1''$............... $0^{mc},135$

Vitesse d'arrivée de l'eau sur la roue. $2^m,67$

Vitesse de la circonférence de la roue. $1^m,70$

Angle des deux vitesses............ $a = 36°$

Hauteur du point de rencontre du filet

   moyen au-dessus du bas de la roue... $h = 3^m,425$

On trouve

$$Pv = \left\{ \begin{array}{l} 780 \times 0^{mc},135 \times 3^m,425 + 102 \times 0^{mc},135 \\ \times (2^m,67 \times 0,809 - 1^m,70)\, 1^m,70 \end{array} \right\} = 371^{km}.$$

ou cinq chevaux-vapeur environ.

La chute totale étant de $3^m,84$, le travail absolu du moteur était de

$$1000 \times 0^{mc},135 \times 3^m,84 = 519^{km},$$

et le rapport de l'effet utile à cette quantité de travail absolu est de

$$\frac{374}{519} = 0,72.$$

---

* Cette roue peut transmettre une force de 48 chevaux environ, mais alors les augets sont trop pleins, et le rapport de l'effet utile au travail absolu du moteur, n'est que de 0,60 au plus.

TROISIÈME EXEMPLE : Quel est l'effet utile de la roue à augets, de l'aiguiserie de Fleur-Moulin (Moselle), dans les circonstances suivantes?

Dépense d'eau en 1″............. $Q = 0^{mc},1215$

Vitesse d'arrivée de l'eau sur la roue $v = 2^m,36$

Vitesse de la circonférence de la roue en 1″...................... $= 1^m,24$

Angle de ces deux vitesses, à peu près $= 0$

Hauteur du point de rencontre du filet moyen, au-dessus du bas de la roue.................. $h = 2^m,28$

On trouve

$$P\nu = 780.0^{mc},1215.2^m,28 + 102.0^{mc},1215(2^m,36-1^m,24)1^m,24 = 232^{km},$$

ou 3,09 chevaux-vapeur de 75^{km}.

La chute totale étant de $2^m,56$, le travail absolu du moteur était de

$$1000 \times 0^{mc},1215 \times 2^m,56 = 310^{km},$$

et le rapport de l'effet utile au travail absolu est

$$\frac{232}{310} = 0,748.$$

Les exemples que nous venons de donner, sont des résultats directs d'expériences faites avec le frein *.

97. MODIFICATION DE LA FORMULE PRÉCÉDENTE, QUAND LES AUGETS SONT REMPLIS AU-DELA DE LA MOITIÉ DE LEUR CAPACITÉ. La formule précédente pourrait encore s'appliquer avec une approximation suffisante aux grandes roues hydrauliques, dont les augets recevraient un volume d'eau égal aux deux tiers de leur capacité, en substituant au facteur 780 du premier terme, le multiplicateur 650.

EXEMPLE : Quel est l'effet utile de la roue hydraulique, de la filature de Mrs N. Schlumberger et comp^{ie}, à Guebwiller (Haut-Rhin), dans les circonstances suivantes?

* Expériences sur les roues hydrauliques, chap. 6 7 et 8 : Mémoire cité.

Dépense d'eau en $1''$............. $Q = 0^{ma},766$

Vitesse d'arrivée de l'eau sur la roue.. $V = 3^m,01$

Vitesse de la circonférence de la roue. $v = 1^m,50$

Angle des deux vitesses V et v...... $a = 0$

Hauteur du point de rencontre du filet moyen, avec la circonférence extérieure au-dessus du bas de la roue. $h = 7^m,08$

On trouve

$$P_v = 650 . 0^{mo},766 . 7^m,08 + 102 . 0^{mo},766 (3^m,01 - 1^m,50) 1^m,50 = 3687^{km}.$$

La chute totale étant de $7^m,77$, le travail absolu du moteur est de 5951, et le rapport de l'effet utile à cette quantité de travail absolu est

$$\frac{3687}{5951} = 0,621,$$

tandis qu'il était de 0,71, quand les augets n'étaient qu'à moitié remplis.

98. DES ROUES HYDRAULIQUES A GRANDE VITESSE, OU DONT LES AUGETS SONT REMPLIS AU-DELA DES $\frac{2}{3}$ DE LEUR CAPACITÉ. Mais quand les roues sont petites et que la vitesse de leur circonférence extérieure dépasse 2^m par seconde, ou que les augets sont remplis au-delà des $\frac{2}{3}$ de leur capacité, l'action de la force centrifuge, jointe à celle de la gravité, accélère le versement de l'eau d'une manière notable, qui dépend des rapports des vitesses et des dimensions, et dès-lors, la formule ci-dessus ne peut plus représenter l'effet utile de ces roues.

Ce cas se présente fréquemment dans les roues des marteaux de forge, dans les scieries des pays de montagnes, etc., et il est alors nécessaire de recourir aux formules qui ont été données par M. Poncelet, et dont la complète exactitude a été vérifiée par des expériences directes, faites avec le frein dynamométrique [*].

[*] Voyez les expériences sur les roues hydrauliques, déjà citées chapitre 9.

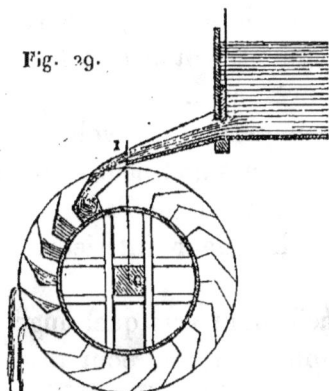

Fig. 29.

Sous l'action de la gravité et de la force centrifuge, la surface de l'eau dans les augets prend une courbure cylindrique (Fig. 29), dont l'axe, parallèle à celui de la roue est dans le plan vertical de ce dernier, et à une distance CI exprimée par la formule.

$$CI = \frac{894,6}{n^2},$$

dans laquelle n exprime le nombre de tours de la roue en 1', et qui revient à la règle suivante :

Pour trouver le centre de courbure des surfaces de niveau de l'eau dans les augets d'une roue hydraulique,

Divisez 894,6 par le quarré du nombre de révolutions de la roue en 1', le quotient sera la distance à porter sur la verticale qui passe par le centre de la roue et au-dessus de ce point, pour déterminer le centre de courbure cherché.

EXEMPLE : Quelle est la hauteur du centre de courbure de la surface de l'eau dans les augets de la roue de la forge de la Renardière à Framont, au-dessus de l'axe de cette roue, quand elle fait 24,25 tours en 1'? On a

$$CI = \frac{894,6}{(24,25)^2} = 1^m,51.$$

Ce centre se trouve donc très-près de la circonférence extérieure de la roue, qui n'a que $1^m,37$ de rayon.

99. DÉTERMINATION DE LA HAUTEUR A LAQUELLE LE VERSEMENT DE L'EAU COMMENCE. Après avoir déterminé ce

centre de courbure des surfaces de niveau, décrivez de
ce point des arcs de cercle qui passent par le bord de
chacun des augets; puis, après avoir calculé, par la
règle du n° 93, le volume d'eau que doit recevoir chaque
auget, comparez-le à celui que cet auget peut contenir,
lorsqu'il arrive à peu près à la hauteur de l'axe, ce qui
est facile, en multipliant la longueur intérieure des
augets par l'aire du profil.

Vous reconnaîtrez ainsi facilement vers quel auget le
versement de l'eau a dû commencer, et, pour trouver

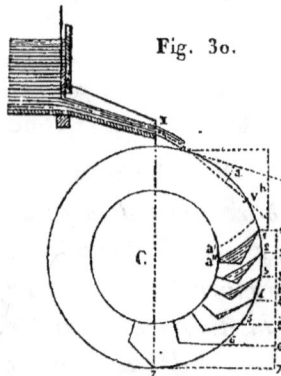

Fig. 3o.

exactement à quelle position de
l'auget cela a lieu, décrivez du
centre I des arcs de cercle, avec
des rayons un peu moindres ou
un peu plus grands que celui qui
correspond au bord de cet auget,
selon que pour cette position le
versement a déjà ou n'a pas encore
commencé. Puis, par les points de
rencontre de ces arcs de cercle
avec la circonférence extérieure,
tracez le profil intérieur d'un auget, qui passerait par
les positions successives a', a'', etc.

Après deux ou trois tâtonnemens, vous trouverez
facilement quelle est la position de l'auget où le volume
d'eau qu'il peut contenir est égal à celui qu'il a dû recevoir; soit a'' cette position.

100. CALCUL DE L'EFFET UTILE DE LA ROUE. Cela fait,
nommant

h la hauteur du point de rencontre du filet moyen avec
   la circonférence extérieure au-dessus du bord de
   l'auget arrivé en a'', où le versement commence,

h' la hauteur du même bord au-dessus du bas de la
   roue,

q le volume d'eau que chaque auget a dû recevoir, calculé d'après la règle du n° 93,

et conservant toujours aux lettres V, v, a, Q, les mêmes significations que par le passé (n° 86),

Partagez la hauteur h en six parties égales aux points 1, 2, 3, 4, 5, 6, 7 ; par ces points menez des horizontales qui rencontreront, en 1, 2, 3, 4, 5, 6, 7 (voyez fig. 30), la circonférence extérieure de la roue, tracez les profils intérieurs de l'auget, dont le bord serait parvenu successivement à ces hauteurs, et décrivez les arcs de cercle des rayons I1, I2, I3.....I7, qui limitent la surface du niveau de l'eau.

Calculez alors les volumes d'eau contenus dans l'auget à ces diverses positions; en les appelant

$$q_1, q_2, q_3, q_4, q_5, q_6, q_7.$$

Vous remarquerez d'abord que $q_1 = q$, ou le volume d'eau introduit, puisqu'il correspond à la position où le versement commence, et que vous aurez toujours $q_7 = 0$, $q_6 = 0$, et très-souvent encore $q_5 = 0$; ce qui sera indiqué par le tracé seul des arcs de courbure du niveau, qui passeront alors en dehors de la face de l'auget.

Cela fait, l'effet utile de la roue sera donné par la formule suivante, que M. Poncelet a déduite de considérations théoriques directes, et qui a été complètement vérifiée par des expériences faites sur la roue du marteau de la forge de la Renardière, à Framont *

$$P_v = 1000 k \left\{ qh + \frac{h'}{18} [q_1 + 4(q_2 + q_4 + q_6) + 2(q_3 + q_5)] \right\} + 102 Q (V \cos a - v) v,$$

dans laquelle k représente le nombre d'augets qui passent par seconde devant l'orifice, et qui est évidemment égal

---

* Expériences déjà citées sur les roues hydrauliques, chap. 9. Metz, 1836.

au quotient $\frac{v}{e}$ de la vitesse v de la roue à la circonférence extérieure, par l'écartement e des augets.

Cette formule revient à la règle suivante :

Déterminez par la règle du n° 93 le volume d'eau que chaque auget doit recevoir, et multipliez-le par la hauteur du point d'arrivée moyen de l'eau à la circonférence extérieure de la roue (n° 39) au-dessus du point où le versement commence (n° 99),

Divisez la hauteur du point où le versement commence au-dessus du bas de la roue en un nombre pair de parties égales, calculez, comme on l'a dit plus haut, le volume d'eau contenu dans un auget parvenu successivement à ces diverses hauteurs, ajoutez le volume d'eau introduit dans chaque auget, à quatre fois la somme des volumes qu'il conserve dans les positions de rang pair, à partir du point où le versement commence, et à deux fois la somme des volumes qu'il contient dans les autres positions de rang impair, multipliez la somme par le tiers des intervalles dans lesquels on a partagé la hauteur du point où le versement commence au-dessus du bas de la roue,

Ajoutez ce produit au premier et multipliez la somme par mille fois le nombre d'augets qui passent devant l'orifice en 1″,

Multipliez la vitesse V *d'arrivée de l'eau sur la roue par le cosinus de l'angle que fait sa direction avec la tangente à la circonférence de la roue ; du produit retranchez la vitesse de la circonférence extérieure de la roue, multipliez le reste par cette dernière vitesse et par 102 fois le volume d'eau dépensée en 1″,*

Ajoutez ce nouveau produit au précédent,

La somme sera l'effet utile de la roue en 1″.

Exemple : Quel est l'effet utile de la roue de la forge

de la Renardière, de Framont, dans les circonstances suivantes ?

$$Q = 0^{mc},380, \quad n = 24,25.$$

$$CI = \frac{894,6}{(24,25)^2} = 1^m,51, \quad h = 1^m,44, \quad h' = 1^m,30.$$

En partageant h' en quatre parties égales seulement, on a

$$q = q_1 = 0^{mc},047, \quad q_2 = 0^{mc},027, \quad q_3 = q_4 = q_5 = 0,$$
$$V = 5^m,04, \quad \cos a = 0,98, \quad \nu = 3^m,478.$$

Le nombre d'augets de la roue est de 20, il en passe 8,083 par seconde devant le coursier.

La formule donne

$$P\nu = \left\{ {}^{1000\times8,083}\left[+\frac{1^m,30}{12}\overset{0^{mc},047\times1^m,44}{(0^{mc},047+4\times0^{mc},027)}\right] \atop +102\times0^{mc},38c(5^m,04\times0,98-3^m,478)3^m,478 \right\} = 876^{km},3,$$

ou 11,7 chevaux de 75^{km}.

101. CAS OU TOUTE L'EAU DÉPENSÉE PAR L'ORIFICE NE PEUT ÊTRE ADMISE SUR LA ROUE. Il existe dans les forges des roues qui marchent si vite et sur lesquelles on verse une telle quantité d'eau qu'une partie du liquide ne peut y être admise, et il devient plus difficile dans ce cas d'estimer l'effet utile. Cependant on y parviendra encore avec une approximation suffisante à l'aide des règles suivantes :

Puisque toute l'eau n'est pas admise, l'auget qui la reçoit est entièrement plein, et le versement commence dès cette position ; par conséquent, dans la formule précédente il faut faire $h = 0$.

Le volume que la roue reçoit réellement, est égal à celui qui peut être contenu dans le premier auget, où elle entre, multiplié par le nombre $k = \frac{\nu}{e}$ d'augets qui passent en $1''$ devant l'orifice. Il faudra donc, dans cette formule, remplacer Q par kq, et alors l'effet utile de la roue sera donné par la formule

$$P\nu = 1000k \left\{ \frac{h'}{18}[q + 4(q_2 + q_4 + q_6) + 2(q_3 + q_5)] \right\} + 102kq\,(V\cos a - \nu)\nu.$$

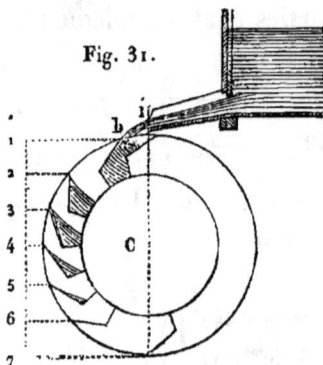

Fig. 31.

On observera que pour déterminer le volume d'eau q admis dans le premier auget, il faudra décrire l'arc de cercle du rayon Ib de la surface de niveau, et calculer l'aire du profil mixtiligne compris entre cet arc et les faces de l'auget, puis la multiplier par la largeur intérieure de la roue.

Cette formule revient à la règle suivante :

Partagez la hauteur du point moyen d'arrivée de l'eau sur la roue (n° 39) en un nombre pair de parties égales, calculez le volume d'eau que contient un auget parvenu successivement à ces diverses hauteurs (100); au volume correspondant au premier auget, ajoutez quatre fois la somme des volumes correspondant aux positions de rang pair et deux fois la somme des volumes correspondant aux autres positions de rang impair; multipliez la somme par le tiers de la hauteur entre les positions successives de l'auget, et par 1000 fois le nombre d'augets qui passent en $1''$ devant l'orifice;

Multipliez la vitesse d'arrivée de l'eau sur la roue par le cosinus de l'angle que sa direction fait avec la tangente à la circonférence de la roue, du produit retranchez la vitesse de la circonférence extérieure de la roue, multipliez le reste par la vitesse de la circonférence extérieure de la roue, par 102 fois le volume d'eau introduit dans un auget et par le nombre d'augets qui passent en 1″ devant l'orifice,

Ajoutez ce dernier produit au premier,

La somme sera la quantité de travail utilisée par la roue en 1″.

102. DES ROUES PENDANTES DES BATEAUX. L'effet utile des roues pendantes, plongées dans un courant indéfini, se calcule ordinairement par la formule suivante :

$$P\varphi = 147,5 \, A \, (V - \varphi)^2 \varphi,$$

dans laquelle on représente par

A l'aire de la partie immergée de l'aube verticale,

V la vitesse du courant mesurée à la surface,

φ la vitesse du milieu de la partie immergée de l'aube verticale,

et qui revient à la règle pratique suivante :

Pour calculer la quantité de travail utilisée par une roue pendante,

Elevez au quarré l'excès de la vitesse de l'eau à la surface sur la vitesse du milieu de la partie immergée de l'aube verticale, multipliez ce quarré par cette dernière vitesse, par l'aire de la partie immergée de la même palette, et par 147,5,

Le produit sera la quantité de travail cherchée.

EXEMPLE : Quel est l'effet utile d'une roue pendante de moulin sur bateaux du Rhône, dans les cas des données suivantes ?

Surface immergée de l'aube verticale.. $A = 2^{mq},08$
Vitesse de l'eau à la surface......... $V = 2^{m},00$
Vitesse du milieu de la partie immergée
   de l'aube verticale............... $\varphi = 1^{m},00$

La formule donne pour l'effet utile

$$P\varphi = 147,5 \times 2^{mq},08 \times 1 = 307^{km}.$$

103. Autre formule pour les mêmes roues. M. Poncelet a proposé, pour calculer l'effet utile de ces roues, une formule qui est basée sur des considérations plus rigoureuses que la précédente, et qui s'accorde avec une grande exactitude avec les résultats de dix-sept expériences faites par Bossut.

Cette formule est

$$P\varphi = 800\ AV(V - v)v,$$

dans laquelle la notation est la même que pour la précédente et qui revient à la règle suivante :

Pour calculer la quantité de travail utilisée par une roue pendante,

Multipliez 800 *fois l'aire de la partie immergée de l'aube verticale, par la vitesse de l'eau à la surface, par l'excès de cette vitesse sur celle du milieu de la partie immergée de l'aube verticale et par la vitesse de ce point milieu,*

Le produit sera la quantité de travail cherchée.

Exemple : Quel est l'effet utile de la roue citée dans l'exemple précédent ?

La formule ci-dessus donne

$$P\varphi = 800 \times 2^{mq},08 \times 2^{m} \times 1 \times 1 = 333^{km}$$

On voit que dans les limites ordinaires de la pratique, les deux règles s'accordent à $\frac{1}{13}$ près environ.

Il est néanmoins à désirer que des expériences directes soient faites sur ce sujet.

104. Des turbines. On nomme ordinairement turbines, des roues à axe vertical, dont les palettes, quelquefois planes mais habituellement courbes, se meuvent par l'action d'une veine fluide qui y entre par l'intérieur et sort par la circonférence extérieure ou vice versâ.

Les plus anciennes turbines connues sont celles qu'on emploie dans les Alpes et les Pyrénées, aux moulins du Basacle et des Minimes à Toulouse et dans les usines de la ville de Metz.

Des expériences faites en 1821, par MM. Tardy et Piobert, officiers d'artillerie, sur l'une des roues des moulins de Toulouse, qui marchaient le mieux, avec un appareil analogue au frein de M. de Prony, ont montré que, dans les circonstances les plus favorables, la quantité de travail disponible transmise par ces roues n'était que 0,35 du travail absolu du moteur, et que le maximum d'effet correspondait au cas où la vitesse v du point où le filet moyen choquait la roue était égale à environ 0,55 de la vitesse V d'arrivée de l'eau.

Mais ces roues sont ordinairement dans de vieilles usines mal établies, mal entretenues, et il est fort difficile de donner une règle fixe pour en apprécier directement l'effet utile; mais comme elles sont presque toujours employées à moudre du blé en mouture rustique, avec des meules à la française de $1^m,70$ à 2^m de diamètre, on pourra calculer leur effet utile en observant la quantité de blé moulu dans un temps donné, et par suite, dans une seconde. Et comme on sait par des observations directes, que ce genre de mouture, le plus rude de tous, exige une quantité de travail de

$$7000 \text{ à } 7600^{km}$$

par kilogramme de blé, en multipliant le nombre de kilogrammes de blé, moulu par seconde, par le nombre 7000 ou 7600, on aura l'effet utile ou la quantité de travail disponible transmise à la meule.

105. TURBINES DE M. FOURNEYRON. M. Fourneyron, ingénieur civil, a construit dans ces dernières années

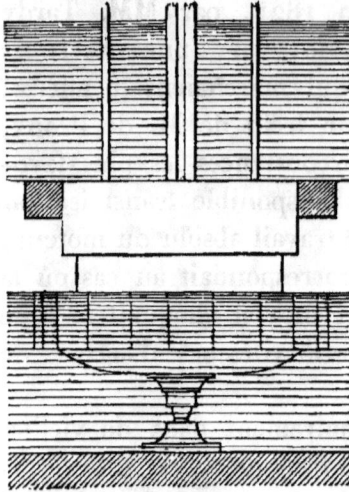

de nouvelles turbines bien supérieures pour leurs effets aux anciennes (Fig. 32), qui occupent fort peu de place, pèsent très-peu par rapport à la force considérable qu'elles peuvent transmettre, tournent noyées dans l'eau à une profondeur quelconque et conviennent également bien aux grandes et aux petites chutes.

Fig. 32.

Des expériences insérées dans les Comptes-Rendus des séances de l'Académie des Sciences * et d'autres qui seront incessamment publiées ** ont montré que si l'on nomme

n le nombre de tours faits par la roue en 1′,

V la vitesse due à la chute totale,

R le rayon extérieur de la roue,

toutes les fois que le nombre n sera compris entre les valeurs

$$n = \frac{3,3V}{R} \quad \text{et} \quad n = \frac{5,6V}{R}$$

et que la levée de la vanne atteindra ou excédera les

* Compte-Rendu des séances de l'Académie des Sciences, n° 13, année 1836, et n° 9, année 1837,

** Expériences sur les roues hydrauliques à aubes courbes et sur les turbines de M. Fourneyron (*sous presse*).

deux tiers de la hauteur de la roue, l'effet utile, ou la quantité de travail disponible transmise par la roue, sera représentée à moins de $\frac{1}{15}$ à $\frac{1}{20}$ près, par la formule

$$P\wp = \text{o,7oQH},$$

Q étant le volume d'eau dépensé en $\text{1}''$,

H la chute totale, mesurée par la différence de hauteur des niveaux d'amont et d'aval.

Cette formule revient à la règle suivante:

Pour calculer l'effet utile d'une turbine de M. Four-neyron,

Prenez les 0,70 du travail absolu du moteur.

Nota. On observera que le volume d'eau dépensé en $\text{1}''$ devra être déterminé directement par l'une des méthodes indiquées précédemment et non par l'observation des dimensions des orifices démasqués par la vanne de la turbine, parce que la vitesse de la roue influe notablement sur la dépense d'eau que font les orifices.

Premier exemple : Quel est l'effet utile de la turbine du tissage mécanique de Moussey, près Senones, département des Vosges, dans les circonstances suivantes?

Dépense d'eau en $\text{1}''$........ $\quad Q = \text{o}^{\text{mc}}\text{,732}$

Chute totale .... $\quad \text{H} = \text{6}^{\text{m}}\text{,911}$

Le travail absolu du moteur est $\text{QH}=\text{5o59}^{\text{km}}=\text{67}^{\text{ch}}\text{,4}$

Le nombre de tours de la roue étant compris entre les limites indiquées.

La règle ci-dessus donne pour l'effet utile

$$\text{o,7o} \times \text{5o59}^{\text{km}} = \text{354}\text{1}^{\text{km}} = \text{47}^{\text{ch}}\text{,3.}$$

L'expérience faite avec le frein a donné

$$\text{34o6}^{\text{km}} = \text{45}^{\text{ch}}\text{,4.}$$

Deuxième exemple : Quel est l'effet de la turbine du

17

tissage mécanique de Müllbach, département du Bas-Rhin, dans les circonstances suivantes?

Dépense d'eau en $1''$....... $\qquad$ $Q = 1^{mc},943$

Chute totale............. $\qquad$ $H = 3^m,230$

Le travail absolu du moteur est $QH = 6289^{km} = 83^{ch},85$

La vitesse de la roue étant de 67^m en $1'$ et comprise entre les limites indiquées.

La règle précédente donne pour l'effet utile

$$0,70 \times 6289^{km} = 4389^{km} = 58^{ch},5.$$

L'expérience faite avec le frein a donné le même résultat.

106. Effort transmis a la circonférence extérieure ou a une distance donnée de l'axe d'une roue hydraulique. Lorsque l'on aura calculé, par l'une des règles des n°s 87 à 105, selon le genre de roue, et examiné la quantité de travail transmise à sa circonférence, on déterminera l'effort moyen exercé à cette circonférence extérieure ou à une distance donnée de l'axe, *en divisant la quantité de travail trouvée par la vitesse de la circonférence extérieure ou du point donné.*

ÉTABLISSEMENT DES ROUES HYDRAULIQUES.

107. Des vannages et prises d'eau. Pour diminuer, autant que possible, la perte de vitesse ou de force vive qu'occasionne toujours la présence des coursiers, qui conduisent l'eau depuis l'orifice jusqu'à la roue, il faut disposer cet orifice et ses bords de façon que la contraction y soit aussi faible que possible. A cet effet, les orifices avec charge sur le sommet, devront avoir leur seuil et leurs côtés dans le prolongement du fond ou des côtés du réservoir, ou raccordés avec ses parois par des contours arrondis.

La vanne sera inclinée s'il se peut, à un de base sur un ou deux de hauteur.

L'orifice sera placé aussi près que possible de la roue, pour diminuer la longueur du coursier.

Les orifices en déversoir devront être placés immédiatement auprès de la roue.

108. CANAL D'ARRIVÉE OU RÉSERVOIR. Le réservoir ou canal d'arrivée devra être aussi grand que les localités et l'économie le permettront, et si l'on est gêné par quelque considération locale, il faudrait au moins que l'aire de sa section transversale fût égale à dix ou douze fois celle de l'orifice dans sa plus grande ouverture.

109. PENTE DU COURSIER. La pente du coursier, placé entre l'orifice et la roue, devra être de $\frac{1}{12}$ à $\frac{1}{15}$, s'il est très-court, et s'il est long on la réglera par les formules des n°s 35 et suivans.

110. JEU DE LA ROUE. Lorsque les roues devront être emboîtées dans un coursier circulaire, il conviendra que ce coursier soit construit en pierre de taille, et que la roue n'ait sur le fond et les côtés que le jeu strictement nécessaire pour la facilité du mouvement; quatre ou cinq millimètres suffiront.

111. RESSAUT DU COURSIER SOUS LA ROUE. Dans ce cas, il conviendra de ménager à 0^m,20 en aval de la verticale passant par l'axe de la roue un ressaut de 0^m,20 à 0^m,25 au moins dans le coursier, pour faciliter le dégorgement de l'eau.

112. RÉLARGISSEMENT DU CANAL DE FUITE. Lorsque les localités le permettront, il conviendra de donner au canal de fuite, une largeur plus grande que celle du coursier sous la roue.

Toutes ces dispositions étant prises, on procédera à l'établissement des roues par les règles suivantes :

**113. ROUES A PALETTES PLANES, EMBOÎTÉES DANS DES COUR-
SIERS CIRCULAIRES.** L'expérience, ainsi que la théorie,
montrant que ces roues fonctionnent plus avantageuse-
sement, quand elles reçoivent l'eau par des orifices en
déversoir, on adoptera une vanne de ce genre, qu'on
placera le plus près possible de la circonférence extérieure de la roue. Le rayon de cette circonférence ne
devra jamais être moindre que la hauteur totale de la
chute. Sauf cette condition, on pourra le déterminer
d'après des considérations particulières à l'usine et le
nombre de tours que l'on voudra faire faire à la roue
en $1'$.

Il convient que cette vanne s'abaisse de $0^m,20$ à $0^m,25$,
au-dessous du niveau général du réservoir. Cet abaissement étant fixé, on déterminera, d'après la règle du
n° 37, la rencontre du filet moyen avec la circonférence extérieure de la roue.

Connaissant ce point de rencontre, on retranchera
la hauteur à laquelle il se trouve au-dessous du niveau
du réservoir de la chute totale; la différence sera la
hauteur h, dont l'eau descendra depuis son introduction
jusqu'à sa sortie de la roue.

La vitesse d'arrivée V de l'eau sur la roue, sera la
vitesse due à la hauteur du point de rencontre, ci-dessus
déterminé, au-dessous du niveau du réservoir. Sa direction et l'angle a, qu'elle forme avec la tangente à la
circonférence extérieure de la roue, en ce même point,
s'obtiendront par le tracé des tangentes à la parabole,
décrite par le filet moyen, et à la circonférence à leur
point de rencontre (38).

La vitesse v de la roue peut varier depuis $v = 0,30$ V,
jusqu'à $v = $V sans inconvénient, mais pour la facilité
de l'introduction de l'eau, il convient que la vitesse
de ce liquide, excède notablement celle de la roue,

et l'on fera

$$v = 0,50V \text{ à } v = 0,70V.$$

D'après cela, dans la formule pratique, n° 92, des roues de côté avec vanne en déversoir

$$Pv = 799Q \left[h + \frac{(V \cos a' - v)}{9,81} v \right],$$

les quantités h, V, v, $\cos a$ seront connues, il ne restera plus que l'effet utile Pv ou le volume d'eau à déterminer.

Il peut se présenter deux cas dans les applications : le premier est celui où la force que la roue doit avoir, ou l'effet utile qu'elle doit transmettre, est donné, il faut alors déterminer le volume d'eau à dépenser en 1″.

Le deuxième est celui où le volume d'eau Q, dont on peut disposer, étant donné, on veut déterminer la force ou l'effet utile de la roue.

114. PREMIER CAS. ÉTABLIR UNE ROUE DE CÔTÉ D'UNE FORCE DONNÉE. Dans ce cas, l'effet utile à obtenir étant donné, on calculera le volume d'eau à dépenser, par la formule

$$Q = \frac{Pv}{799 \left[h + \frac{(V \cos a - v)}{9,81} v \right]} \text{ mètres cubes.}$$

qui revient à la règle suivante :

Après avoir déterminé comme il a été dit au n° 38, le point de rencontre du filet moyen avec la circonférence extérieure de la roue,

Multipliez la vitesse d'arrivée V de l'eau par le cosinus de l'angle qu'elle forme avec la tangente à la circonférence extérieure, du produit retranchez la vitesse v de cette circonférence, dont vous fixerez la valeur entre 0,50 V et 0,70 V, multipliez le reste par le rapport de la vitesse v de la circonférence de la roue à 9,81,

Ajoutez le produit à la hauteur h du point d'arrivée au-dessus du bas de la roue,

Multipliez la somme par 799, et par le produit divisez la quantité de travail ou l'effet utile que la roue doit produire en 1",

Le quotient sera le volume d'eau Q à dépenser par seconde.

L'orifice étant en déversoir, l'expression du volume d'eau Q qu'il dépense en 1" est

$$Q = mLH \sqrt{2gH},$$

dans laquelle

L est la largeur de l'orifice ou du déversoir,

H la hauteur du sommet de la vanne abaissée au-dessous du niveau général du réservoir, et que l'on a prise, d'après le n° 113, égale à 0^m,20 ou 0^m,25,

$g = 9,81,$

m un coëficient numérique égal, dans ce cas, à 0,390, (n° 21).

De cette relation où Q, m, H et g sont connus, on déduira la largeur L à donner à l'orifice.

$$L = \frac{Q}{0,390 H \sqrt{2gH}},$$

formule qui revient à la règle suivante :

Pour déterminer la largeur de l'orifice en déversoir d'une roue, qui doit dépenser un volume d'eau donné Q,

Multipliez la hauteur dont la vanne s'abaisse au-dessous du niveau du réservoir par la vitesse due à cette hauteur (règle du n° 2) et par 0,390,

Par le produit, divisez le volume d'eau donné,

Le quotient sera la largeur cherchée en mètres.

115. Largeur de la roue. La largeur de la roue devra être égale à celle de l'orifice augmentée de 0^m,05 environ de chaque côté.

116. Observation. La règle précédente conduit parfois à une largeur que l'on ne peut atteindre dans l'exécution, soit parce qu'elle est par elle-même beaucoup trop grande, soit parce que les localités ne permettent pas de l'adopter. Il ne convient guère en général que cette largeur dépasse 5 à 6^m, quoique l'on rencontre quelquefois des roues qui ont jusqu'à 8 et 9 mètres de large.

Si l'on éprouve quelque gêne à ce sujet, on pourra augmenter la hauteur **H**, dont la vanne s'abaisse au-dessous du niveau du réservoir, jusqu'à 0^m,30 et même 0^m,35, ce qui conduira à une largeur moindre pour la roue.

117. DIMENSION DES AUBES. Les aubes ou palettes sont ordinairement espacées de 0^m,30 à 0^m,40 à la circonférence extérieure, elles ont même dimension dans le sens du rayon, suivant lequel elles sont dirigées, ce qui est commode pour les assemblages, et il est inutile de les incliner sur ce rayon, dans le but d'éviter le choc de l'eau à l'entrée, car on ne parvient pas pour cela à annuler la perte de force vive, assez faible d'ailleurs, qui se produit à l'introduction de l'eau.

Dans le cas des fortes levées de vanne, on pourra être obligé de donner aux aubes 0^m,45 à 0^m,50 d'écartement et de largeur, mais on doit regarder ces dimensions comme des limites supérieures.

Le rayon de la roue étant déterminé, comme nous l'avons dit n° 113, par des considérations particulières à l'usine qu'on veut établir, et le nombre des palettes devant être entier, et pour la symétrie des assemblages, divisible par le nombre de bras de la roue, on choisira, parmi ceux qui satisfont à cette condition, le nombre qui donnera aux palettes un écartement convenable.

Ainsi par exemple dans les cas ordinaires, on divisera la circonférence par 0^m,35, et l'on prendra le nombre entier divisible par le nombre de bras le plus voisin du quotient.

On sait qu'entre le fond d'un auget et l'aube qui est au-dessus, on doit laisser un jeu de $0^m,03$ à $0^m,05$, pour faciliter la sortie de l'air contenu entre les aubes.

118. OBSERVATION RELATIVE A LA CAPACITÉ DES AUGETS. Le nombre et les dimensions des aubes ou augets étant ainsi déterminés, on connaîtra leur capacité, qui est égale au produit de leur longueur par l'aire du trapèze formé par le profil de deux aubes consécutives et de leur fond. On s'assurera, par la règle du n° 93, qu'à la vitesse v que la roue doit prendre, ou à la plus petite vitesse qu'elle puisse acquérir, les augets ne seront pas remplis au-delà de la moitié ou des deux tiers au plus de leur capacité, ce qui est une condition indispensable pour le bon effet de la roue (n° 92).

119. DEUXIÈME CAS. QUELLE SERA LA FORCE D'UNE ROUE A AUBES PLANES ÉTABLIE D'APRÈS LES RÈGLES DES N°s 107 ET SUIVANS, ET QUI DÉPENSE UN VOLUME DONNÉ D'EAU. Ce deuxième cas de l'établissement des roues à aubes planes revient évidemment à supposer la roue établie d'après les règles précédentes, et à déterminer son effet utile. Il suffira alors de recourir à la règle et à la formule du n° 92.

120. ROUES A AUBES COURBES. Après avoir déterminé la chute totale et fixé la hauteur du ressaut du coursier sous la roue, comme il est dit, au n° 111, on donnera au rayon de la roue une grandeur qui dépendra surtout des circonstances particulières à l'usine, et du nombre de tours que l'on désire faire faire à la roue.

On procédera ensuite à l'établissement de la roue par les règles suivantes, pour le développement desquelles nous renverrons au beau mémoire sur les roues à aubes courbes par M. Poncelet, à qui elles sont dues.

121. PROFIL DU COURSIER. Du centre de la roue, avec un rayon égal à celui de sa circonférence extérieure, augmenté d'un centimètre au plus., décrivez, vers la partie inférieure, un petit arc de cercle, sur cet arc, prenez du côté d'aval une longueur de 0^m,20 environ.

L'extrémité de cet arc de ce côté sera le bord du ressaut du coursier. Du côté d'amont, menez à ce même arc une tangente inclinée au douzième.

Menez une ligne inclinée à un de base sur un ou deux de hauteur, selon que les localités le permettront, et qui passe à 0^m,06 ou 0^m,10 de la circonférence extérieure de la roue, ce sera la direction de la retenue d'eau, qui devra être formée par des madriers de 0^m,05 d'épaisseur, ou par une plaque de fonte.

122. PARTIE CIRCULAIRE DU COURSIER POUR LES COURONNES. Entre le point inférieur de la roue et l'orifice, les couronnes doivent être emboîtées dans une portion de coursier circulaire, où elles n'aient qu'un jeu de 0^m,01 au plus, et qui s'élève de 0^m,10 environ, au-dessus de la plus grande hauteur de l'orifice.

123. INCLINAISON DE LA VANNE. La vanne glissera, parallèlement à la retenue, dans des coulisses ménagées dans les bajoyers du canal d'arrivée, ou dans des montans disposés à cet effet.

Le fond et les côtés verticaux du réservoir devront se raccorder avec l'orifice, par des courbes arrondies et des lignes droites, pour éviter la contraction sur ces trois côtés.

124. LEVÉE DE LA VANNE. La levée de la vanne devra être de 0^m,20 à 0^m,25, toutes les fois qu'il n'en résultera pas pour la roue une largeur trop petite.

Pour les roues puissantes, elle peut, sans inconvénient, être portée à 0^m,30 et au-delà, mesure prise perpendiculairement au coursier.

125. LARGEUR DES COURONNES. La largeur des couronnes doit être au moins égale au tiers de la charge d'eau sur le seuil de l'orifice.

18

126. Tracé des aubes. La vanne étant levée à la hauteur adoptée, par son bord inférieur menez une parallèle au fond du coursier. Au point où cette ligne rencontre la circonférence extérieure de la roue (voyez fig. 27, n° 94), élevez-lui une perpendiculaire sur laquelle vous prendrez le centre de courbure des aubes à $0^m,05$ ou $1^m,10$, en dedans de la circonférence intérieure de la couronne.

De ce centre, et par le point de rencontre de la surface de la veine avec la circonférence, décrivez un arc de cercle qui donnera la forme de l'aube.

127. Nombre des aubes. L'écartement des aubes à la circonférence de la roue, doit être de $0^m,20$ à $0^m,25$, et à peu près égal à la levée de la vanne, leur nombre doit être divisible par celui des bras. On divisera donc la circonférence par $0^m,25$ par exemple, et l'on prendra, pour le nombre des aubes, le nombre entier exactement divisible par le nombre des bras, le plus voisin du quotient.

128. Vitesse d'arrivée de l'eau sur la roue. La vitesse d'arrivée V de l'eau sur la roue est sensiblement égale à celle qui est due à la charge sur le centre de l'orifice, lorsque l'orifice et ses abords sont disposés comme on l'a dit aux n°s 121 et suivans.

129. Vitesse de la circonférence de la roue. La vitesse de la circonférence de la roue doit, d'après les expériences de M. Poncelet, être égale à $0,55$ de la vitesse V d'arrivée de l'eau.

130. Rayon de la roue. Connaissant la vitesse de la circonférence extérieure de la roue, en appelant,

n le nombre de tours de cette roue en $1'$,

R le rayon de la circonférence extérieure, on aura,
pour déterminer ce rayon, la formule

$$R = 9,549 \frac{v}{n},$$

formule qui servira à déterminer le rayon de la roue, quand on connaîtra le nombre de tours qu'elle doit faire en 1', et qui revient à la règle suivante :

Multipliez la vitesse de la circonférence de la roue par 9,549 et divisez le produit par le nombre de tours que la roue doit faire en 1',

Le quotient sera le rayon de la roue.

Dans l'application de cette règle, il conviendra de fixer le nombre de tours de la roue, de façon que le rayon de sa circonférence ne soit pas au-dessous de 1^m à $1^m,20$, et au-dessus de 2^m à $2^m,50$.

131. ÉTABLIR UNE ROUE A AUBES COURBES D'UNE FORCE DONNÉE. L'effet utile que la roue projetée doit produire, étant donné, et les vitesses V d'arrivée de l'eau et v de la circonférence de la roue, étant déterminées par les règles précédentes, on calculera le volume d'eau que la roue doit dépenser par seconde, par la formule

$$Q = 0,00755 \frac{P}{V-v},$$

pour les chutes de $1^m,50$ et au-dessus, et les levées de vanne de $0^m,08$ à $0^m,12$, et par la formule

$$Q = 0,00654 \frac{P}{V-v},$$

pour les chutes au-dessous de $1^m,50$, et les levées de vanne de $0^m,15$ et au-delà.

Dans ces formules, dont les notations sont connues, n° 86, P représente l'effort transmis par l'eau à la circonférence de la roue. On l'obtiendra, comme on sait, n° 106, en divisant l'effet utile ou la quantité de travail que la roue doit transmettre par la vitesse v de sa circonférence extérieure.

Elles reviennent d'ailleurs à la règle suivante :

Divisez l'effort que l'eau doit transmettre à la circonférence extérieure de la roue par l'excès de la vitesse d'arrivée V *de l'eau sur celle* v *de la roue et multipliez le quotient*

par 0,00755 *pour les chutes au-dessus de* 1ᵐ,50 *et les levées de vanne de* 0ᵐ,08 *à* 0ᵐ,12 ,

par 0,00654 *pour les chutes au-dessous de* 1ᵐ,50 *et les levées de vanne de* 0ᵐ,15 *et au-dessus,*

Le produit sera le volume d'eau à dépenser en 1″, *exprimé en mètres cubes.*

132. Largeur de l'orifice. Connaissant le volume d'eau à dépenser et la levée de la vanne E étant déjà connue, on calculera la largeur de l'orifice par la formule

$$L = \frac{Q}{0,75E\sqrt{2gH}},$$

pour les orifices, dont le vannage est incliné à un de base sur deux de hauteur, et par la formule

$$L = \frac{Q}{0,80E\sqrt{2gH}},$$

pour ceux, dont le vannage est incliné à un de base sur un de hauteur.

Il est d'ailleurs inutile de répéter qu'on aura dû disposer l'intérieur du canal près de l'orifice, de manière à éviter la contraction sur le fond et sur les côtés.

Les formules précédentes reviennent à la règle suivante :

Multipliez le produit de la levée de la vanne et de la vitesse due à la charge sur le centre de l'orifice (n° 2),

par 0,75 *pour les orifices inclinés à un de base sur deux de hauteur,*

et par 0,80 *pour les orifices inclinés à un de base sur un de hauteur ;*

Par le produit, divisez le volume d'eau à dépenser, exprimé en mètres cubes,

Le quotient sera la largeur de l'orifice en mètres.

133. LARGEUR INTÉRIEURE DE LA ROUE. La largeur intérieure de la roue entre ses couronnes, doit être égale à celle de l'orifice augmentée de 0ᵐ,05 à 0ᵐ,10.

134. ÉTABLIR UNE ROUE A AUBES COURBES, SUSCEPTIBLE DE DÉPENSER UN VOLUME D'EAU DONNÉ. Dans ce cas, le volume d'eau à dépenser étant donné, après avoir choisi une levée de vanne convenable, on calculera, par la règle du n° 132, la largeur de l'orifice, et on disposera les formes du coursier et les proportions de la roue d'après les règles précédentes.

Il ne restera plus alors à calculer que l'effet utile que la roue pourra produire, et l'on suivra, à cet effet, la règle du n° 94.

135. ROUES A AUGETS. — DISPOSITION DU VANNAGE. Il y a deux manières de disposer le vannage des roues à augets, selon que le niveau des eaux, dans le réservoir, est à peu près constant ou qu'il est variable et d'après d'autres considérations.

Pour les chutes dont le niveau ne varie pas de plus de 0ᵐ,20 à 0ᵐ,30, il convient de faire arriver l'eau au sommet de la roue. On procédera, dans ce cas, ainsi qu'il suit :

Connaissant la plus grande et la plus petite hauteur du niveau du réservoir, on basera la construction sur la hauteur moyenne. On connaîtra alors la chute totale.

L'orifice d'écoulement sera vertical, son seuil sera placé pour les chutes

de 2,60 à 3 à une hauteur de	0,50,
3,00 à 4 —	—	0,60,
4,00 à 6 —	—	0,70,
6,00 à 7 —	—	0,80,
7,00 à 8 —	—	0,90,

en contrebas du niveau des eaux moyennes et raccordé,

ainsi que les côtés, avec les parois du réservoir par des contours arrondis.

A partir de ce seuil, un coursier dont la largeur, égale à celle de l'orifice, sera déterminée plus tard et incliné à $\frac{1}{12}$ au plus, conduira l'eau sur la roue. On ne lui donnera, si l'on peut, qu'un mètre à $1^m,50$ de longueur.

Au-dessous de ce coursier, on laissera entre lui et la roue, un jeu de $0^m,01$.

Cela fait, de la chute totale on retranchera la charge d'eau sur le seuil, la pente totale du coursier et le jeu qu'on vient de fixer, le reste sera le diamètre de la roue.

On disposera les supports de l'extrémité du canal ou du réservoir, de façon que le seuil soit le plus près possible du sommet de la roue et que le coursier soit très-court. A cet effet, il conviendra souvent d'employer des consoles en fonte, pour soutenir ce coursier.

136. Levée de la vanne. Dans les cas ordinaires, il conviendra de limiter la levée de la vanne à $0^m,10$ environ, à moins qu'il n'en résulte, pour l'orifice et la roue, une largeur qu'on ne pourrait pas adopter.

137. Nombre et forme des augets. L'écartement des augets à la circonférence extérieure de la roue, doit être compris entre $0^m,30$ et $0^m,40$, et leur nombre doit être divisible par celui des bras de la roue. On divisera donc la circonférence de la roue par $0^m,35$, et l'on prendra, pour le nombre des augets, le nombre entier divisible par celui des bras qui sera le plus voisin du quotient.

Les couronnes ou les joues auront dans le sens du rayon une largeur égale à l'écartement des augets à la circonférence extérieure.

Pour des roues très-puissantes, on pourra, dans la vue de limiter leur largeur dans le sens de l'axe, donner aux augets un écartement, et aux couronnes une largeur de o^m,5o.

On divisera la circonférence extérieure en autant de parties qu'il y aura d'augets, et par les points de division on menera des rayons.

On tracera la circonférence moyenne entre les deux cercles qui limitent la couronne. La partie du rayon qui sera comprise entre cette circonférence moyenne et la circonférence intérieure de la couronne, formera le fond de l'auget.

Pour tracer la face antérieure de l'auget, on joindra l'extrémité du fond, qui se trouve à la circonférence moyenne, avec le point de division de la circonférence extérieure qui correspond au rayon précédent, et l'on aura ainsi le contour intérieur du profil de l'auget.

Si les augets doivent être en tôle, il conviendra d'arrondir l'angle du fond et de la face.

138. DÉTERMINER LA VITESSE DE LA CIRCONFÉRENCE EXTÉRIEURE DE LA ROUE. Pour que l'eau entre sans choquer par dehors la face de l'auget, ce qui la ferait rejaillir, on procédera de la manière suivante :

Fig. 33.

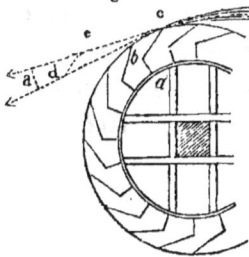

On déterminera, par les règles des n°s 38 et 39, le point de rencontre c (Fig. 33) du filet moyen avec la circonférence extérieure de la roue, la vitesse d'arrivée V de l'eau et sa direction en ce point, et sur cette direction on portera à une échelle quelconque une longueur cd, pour représenter cette vitesse. On tracera le profil abc d'un auget, passant par le point c ; par le point d on menera une parallèle de à la face bc ; elle rencontrera la tangente ce, menée en c à la circonférence extérieure de la roue en un point e, et la longueur ce sera, à l'échelle adoptée pour les vitesses, celle que la roue doit au plus atteindre, pour que l'eau ne rejaillisse pas sur la face extérieure de l'auget.

La vitesse habituelle ou de régime, devra être un peu au-dessous de celle que l'on aura ainsi déterminée.

Toutefois, pour les roues en bois, cette vitesse ne devra pas être au-dessous de 1^m à $1^m,20$ par seconde, pour éviter les inconvéniens du défaut d'équilibre de la roue, autour de son axe de figure.

139. HAUTEUR QUE L'EAU PARCOURT SUR LA ROUE. La hauteur h que l'eau parcourt sur la roue est, dans le cas actuel, égale à son diamètre.

140. VOLUME D'EAU A DÉPENSER, POUR ÉTABLIR UNE ROUE D'UNE FORCE DONNÉE. Pour que la roue produise un effet utile donné, on devra dépenser un volume d'eau qui sera exprimé par la formule

$$Q = \frac{P v}{780h + 102\,(V\cos a - v)v} \text{ mètres cubes.}$$

dans laquelle Pv représente l'effet utile donné, que la roue doit transmettre, et qui revient à la règle suivante :

Multipliez la vitesse V *d'arrivée de l'eau sur la roue par le cosinus de l'angle qu'elle forme avec la vitesse* v *de la circonférence extérieure, du produit retranchez cette dernière vitesse, multipliez le reste par* 102 *fois la vitesse de la circonférence extérieure, ajoutez le produit à* 780 *fois la hauteur* h *que l'eau parcourt sur la roue.*

Par le produit divisez l'effet utile ou la quantité de travail que la roue doit produire,

Le quotient exprimera, en mètres cubes, le volume d'eau que la roue devra dépenser en $1''$.

141. LARGEUR DE L'ORIFICE. La largeur de l'orifice, dis-

posé comme il est dit au n° 135, sera donnée par la formule

$$L = \frac{Q}{0,70\Gamma\sqrt{2gh}},$$

qui revient à la règle suivante :

Multipliez la levée de la vanne par la vitesse due à la charge sur le centre de l'orifice (n° 2) et par 0,70 ; par le produit divisez le volume d'eau à dépenser en 1″,

Le quotient sera en mètres la largeur de l'orifice et du coursier.

142. LARGEUR DE LA ROUE. La largeur intérieure de la roue doit être égale à celle de l'orifice, augmentée de 0ᵐ,10.

143. DISPOSITION A DONNER, DANS CERTAINS CAS, AU VANNAGE, POUR QUE LA ROUE REÇOIVE L'EAU AU-DESSOUS DE SON SOMMET. Lorsque le niveau des eaux dans le réservoir est sujet à des variations de hauteur de plus de 0ᵐ,25 à 0ᵐ,30, ou quand des motifs particuliers obligent à faire marcher la roue dans le même sens que les eaux du canal de fuite, il faut disposer le vannage de la manière suivante, qui peut aussi être adoptée pour les chutes au-dessus de 4ᵐ de hauteur, et qui est analogue à celle dont il est question au n° 19, et qui est représentée fig. 8.

Le filet moyen de la veine fluide doit atteindre la circonférence extérieure de la roue à 30° au-dessus de l'horizontale qui passe par son centre, ou à 60° du sommet.

D'une autre part, il convient que l'eau ait, à l'arrivée, une vitesse de 3ᵐ environ par 1″ ; d'après cela, le point d'arrivée du filet moyen qui passera par l'ajutage supérieur, sur la circonférence extérieure de la roue sera à la hauteur de 0ᵐ,46 au moins, au-dessous du niveau des eaux dans le réservoir supérieur.

144. Rayon de la roue. La hauteur *h* que l'eau parcourra sur la roue, sera égale à la chute totale diminuée de 0^m,46, et le rayon de la roue sera donné par la formule

$$R = \frac{h}{1 + \sin 30°} = \frac{h}{1,50},$$

qui revient à la règle suivante :

Divisez la hauteur que l'eau doit parcourir sur la roue par 1,50,

Le quotient sera en mètres le rayon de la roue.

145. Inclinaison a donner aux cloisons directrices. Pour faire arriver l'eau dans les augets, suivant une direction telle qu'elle ne choque pas leur face extérieure par dehors, il faut disposer convenablement des cloisons directrices qui la conduisent.

La direction que doit suivre le filet moyen, sera déterminée de la manière suivante :

Au point *c* où l'eau doit arriver sur la roue, menez une tangente à sa circonférence extérieure, et tracez le profil *cba* d'un auget.

Fig. 34.

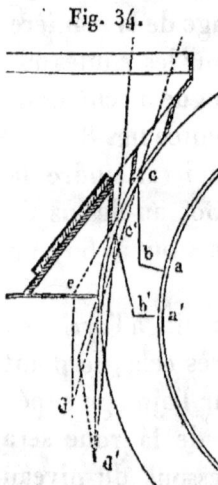

Prenez la vitesse *v* de la roue égale à 0,66 de la vitesse V = 3^m de l'eau affluente, et portez à une échelle quelconque la longueur *ce*, pour représenter cette vitesse *v*, par le point *e* menez une parallèle *ed* à la face *bc* de l'auget. Du point *c* de rencontre du filet moyen et de la circonférence extérieure de la roue, avec un rayon égal à la vitesse V = 3^m, à l'échelle adoptée, décrivez un arc de cercle qui rencontrera en *d* la ligne *ed*. Joignez les points *c* et *d*, la ligne *cd*, prolongée au-dessus de *c*, sera la direction cherchée du filet moyen.

A droite et à gauche de cette ligne, et à o^m,o5 de distance, menez-lui des parallèles ; elles détermineront la direction des cloisons qui guideront l'eau.

La vitesse $v = $ o,66V déterminée par la règle ci-dessus, devra être la plus grande de toutes celles que la roue puisse prendre.

Le niveau de l'eau pouvant s'abaisser beaucoup au-dessous du niveau moyen, il est nécessaire de disposer un autre orifice ou ajutage, qui, dans ce cas, servirait à guider l'eau un peu plus bas dans la roue.

Admettant alors, par exemple, que le niveau soit de o^m,25 plus bas, on recherchera, de même que précédemment, la direction qu'il faut donner au filet moyen, pour qu'arrivant sur la roue à o^m,46 au-dessous du niveau abaissé, il entre sans choquer la face d'un auget $a'b'c'$ supposé parvenu en ce point.

Ayant répété la construction indiquée tout à l'heure, en supposant toujours $V = 3^m$, $v = $ o,66V $= 2^m$, on menera parallèlement à la direction du filet moyen $c'd'$, deux lignes distantes de o^m,o5, qui détermineront les directions des cloisons pour ce second orifice.

La direction donnée par le premier tracé pour la cloison inférieure du premier orifice, et celle déduite du second tracé pour la cloison supérieure du second orifice, se confondront à peu près, et on prendra, pour cette cloison commune aux deux orifices, une direction moyenne.

Si le niveau pouvait s'abaisser davantage, on suppo-serait qu'il est encore descendu de o^m,3o, et l'on déter-minerait, toujours sous les mêmes conditions de $V = 3^m$ et $v = $ o,66V $= 2^m$, l'inclinaison des cloisons directrices d'un troisième orifice.

Après avoir ainsi fixé les directions des cloisons directrices pour trois orifices, on les terminera inférieurement à $0^m,01$ de la circonférence de la roue, et supérieurement à un plan incliné, qui, passant à $0^m,15$ ou $0^m,20$ de la circonférence de la roue, laisserait à la première et à la troisième cloison des longueurs à peu près égales.

Ce plan déterminera la direction des coulisses et des guides destinés à conduire la vanne inclinée, qui, en s'abaissant, laissera passer l'eau dans l'un ou l'autre des orifices.

Il convient que ces ajutages et toutes les parties antérieures de la tête d'eau, soient, dans le cas actuel, exécutés en fonte ; si la vanne est de même matière, il faudra l'équilibrer par un contre-poids, de façon que l'appareil pour la manœuvre de la vanne n'ait à vaincre que les frottemens.

146. Largeur de l'orifice. Pour établir une roue de force donnée, on essaiera d'abord de régler la dépense d'eau, et par suite, la largeur des orifices, de façon qu'il n'y en ait qu'un seul démasqué à la fois.

A cet effet, on calculera d'abord le volume d'eau à dépenser par l'orifice supérieur, par la formule et la règle du n° 140, pour laquelle on connaît V v, a et h, ainsi que Pv ou l'effet utile du moteur ; puis on calculera la largeur L de l'orifice, par la formule

$$L = \frac{Q}{0,75 E L \sqrt{2gH}},$$

dans laquelle

E sera la longueur de la perpendiculaire, abaissée du bord supérieur de la vanne ou de la deuxième cloison, sur la première cloison directrice opposée,

H la hauteur du niveau moyen des eaux, au-dessus du milieu de cette ligne.

Si cette largeur n'est pas démesurée et si les localités permettent de l'adopter, on la conservera pour la dimension définitive à donner à l'orifice, dans le sens parallèle à l'axe.

Si au contraire elle est trop grande, on admettra que l'orifice suivant soit démasqué, en tout ou en partie, et en appelant

E′ la perpendiculaire abaissée du sommet de la vanne, sur la deuxième cloison,

H′ la hauteur du niveau, au-dessus du milieu de cette perpendiculaire,

on calculera la largeur de l'orifice par la formule

$$L = \frac{Q}{0,75 \left(E\sqrt{2gH} + E'\sqrt{2gH'} \right)}.$$

Cette formule revient à la règle suivante, qui s'applique aussi à la précédente :

Pour calculer la largeur du vannage dans le cas où il y a plusieurs orifices démasqués à la fois,

Multipliez la longueur de la perpendiculaire abaissée du bord de chacun de ces orifices sur la cloison directrice opposée par la vitesse due à la hauteur du niveau, au-dessus du milieu de cette perpendiculaire, faites la somme de tous les produits semblables et multipliez-la par 0,75.

Par le produit, divisez le volume d'eau à dépenser, le quotient sera la largeur à donner au vannage.

147. Largeur intérieure de la roue. La largeur intérieure de la roue, sera égale à celle de l'orifice déterminée par la formule ci-dessus, augmentée de $0^m,05$ à $0^m,10$ de chaque côté.

148. Observation relative à la capacité des augets. On devra, dans tous les cas, s'assurer, par l'application de la règle du n° 93, qu'à la vitesse déterminée de la roue et avec le volume d'eau dépensé, les augets

ne reçoivent qu'un volume d'eau au plus égal à la
moitié de leur capacité.

149. Établissement des roues pendantes sur bateaux.
Les aubes doivent avoir une hauteur égale à $\frac{1}{4}$ ou $\frac{1}{5}$ du
rayon de la roue, et comprise entre $0^m,35$ et $0^m,80$,
leur écartement à la circonférence extérieure est égal
à leur hauteur.

Leur bord supérieur doit être immergé au-dessous
du niveau d'une quantité, qui dépend de la profondeur
du courant et qui s'élève, pour les moulins du Rhône,
jusqu'à $0^m,50$.

Il est avantageux d'adapter, aux extrémités des aubes,
des rebords de $0^m,05$ à $0^m,10$ de saillie.

M. Navier conseille d'incliner les aubes de 30° environ
sur le rayon du côté d'amont, quand la roue plonge de $\frac{1}{4}$
ou $\frac{1}{5}$ de son rayon, et de 15° quand elle plonge de $\frac{1}{3}$,
ce qui est la limite supérieure à laquelle la roue doive
être immergée.

La hauteur des aubes étant déterminée par les proportions indiquées ci-dessus, la vitesse V de l'eau à
la surface étant connue, celle v du centre des aubes
devra être $0,4V$.

En nommant E la hauteur des aubes, on déterminera
leur largeur par la formule

$$L = \frac{Pv}{147,5E(V-v)^2v},$$

qui revient à la règle suivante :

*Multipliez la hauteur immergée de l'aube par le quarré
de l'excès de la vitesse de l'eau sur celle de la roue, par
cette dernière vitesse et par 147,5,*

*Par le produit, divisez la quantité de travail que la
roue doit transmettre en 1″,*

Le quotient sera la largeur à donner aux aubes.

Exemple : Quelle doit être la largeur des aubes d'une roue pendante, destinée à transmettre une quantité de travail de 600^{km} en 1″, dans le cas des données suivantes ?

Hauteur des aubes............ $E = 0^m,80$
Vitesse du courant............ $V = 1^m,80$
Vitesse du centre des aubes..... $v = 0,4V = 0^m,72$
La formule donne

$$L = \frac{600}{147,5 \times 0,80 \times (1,08)^2 \times 0,72} = 6^m,058.$$

COMPARAISON DES DIVERSES ESPÈCES DE ROUES HYDRAULIQUES.

150. Avantages et inconvéniens des roues a aubes planes. Les roues à aubes planes, exactement emboîtées dans un coursier circulaire avec vanne en déversoir, rendent en effet utile ou en travail disponible, déduction faite du frottement de leurs tourillons 0,70 à 0,75, du travail absolu du moteur.

Elles peuvent, sans que leur effet utile s'éloigne sensiblement du maximum d'effet, marcher à des vitesses très-différentes, depuis la vitesse égale à celle de l'eau affluente, jusqu'à celle pour laquelle les augets sont remplis au-delà des $\frac{2}{3}$ de leur capacité.

Elles conviennent particulièrement aux chutes de $1^m,30$ à $2^m,50$.

Leur rayon devant être au moins égal à la hauteur de chute, on voit que pour des chutes au-delà de $2^m,50$ elles seraient très-grandes, et par suite, très-lourdes.

Leurs inconvéniens sont d'avoir parfois une très-grande largeur, que les localités ou les difficultés de la construction ne permettent pas de leur donner, et de ne pouvoir marcher quand elles sont noyées sensiblement au-dessus de la hauteur de leurs palettes.

151. AVANTAGES ET INCONVÉNIENS DES ROUES A AUGETS. Les avantages des roues à augets sont les mêmes que ceux des roues à aubes planes, emboîtées dans des coursiers circulaires, elles rendent en effet utile les 0,70 du travail absolu du moteur.

Elles conviennent particulièrement pour les grandes chutes au-dessus de 3^m, et comme elles n'exigent pas l'usage d'un coursier circulaire, où elles soient exactement emboîtées, quand leurs augets ne sont remplis qu'à moitié, elles occasionnent moins de dépense, et de sujétion.

L'eau devant y arriver habituellement avec une vitesse de $2^m,50$ à 3^m au moins, et la chute étant considérable, elles peuvent utiliser des cours d'eau très-puissans, sans avoir une largeur exagérée.

Elles peuvent encore marcher quand elles sont noyées au-dessus de la hauteur des couronnes.

152. AVANTAGES ET INCONVÉNIENS DES ROUES A AUBES COURBES. Les roues à aubes courbes établies, d'après les règles posées par M. Poncelet, utilisent 0,65 du travail moteur, lorsque la chute totale est de $1^m,50$ et au-dessous, et 0,50 à 0,60 pour les chutes plus grandes.

Elles peuvent marcher à une vitesse considérable, ce qui permet de faire faire à la roue un plus grand nombre de tours par minute, que dans les autres systèmes, sans que leur effet utile s'éloigne du maximum.

Leur largeur, celle de l'orifice et celle du coursier, sont, à force égale, bien moindres que les dimensions analogues pour les roues à aubes planes, ce qui rend leur construction plus économique, leur poids moindre, et permet de les établir dans des localités où celles-ci ne pourraient trouver place.

Elles peuvent marcher noyées jusqu'à une hauteur au moins égale à celle de la couronne ou au tiers de la hauteur totale de la chute, ce qui les rend précieuses dans les pays de plaines, exposés à des inondations.

Leur inconvénient est de ne pouvoir marcher à une vitesse sensiblement moindre que celle qui correspond au maximum d'effet, sans que l'eau ne rejaillisse dans la roue, ce qui occasionne une perte notable dans l'effet utile.

Elles sont particulièrement avantageuses pour les petites chutes de $1^m,50$ et au-dessous, avec forte dépense d'eau.

153. AVANTAGES DES TURBINES. Les turbines de M. Fourneyron ont les avantages suivans :

1° Elles conviennent à toutes les chutes depuis les plus faibles jusqu'aux plus grandes que l'art puisse utiliser.

2° Elles transmettent un effet utile net égal à 0,70 et même souvent 0,75 du travail absolu dépensé par le moteur.

3° Elles peuvent marcher à des vitesses très-différentes de celle qui correspond au maximum d'effet, sans que l'effet utile diffère notablement de ce maximum.

4° Elles peuvent fonctionner sous l'eau à des profondeurs très-grandes, sans que le rapport de l'effet utile au travail absolu du moteur diminue notablement.

D'où il suit qu'en les plaçant, lors de la construction, au niveau des plus basses eaux d'aval, on utilise, en tous temps, toute la chute dont on peut disposer.

Si l'on joint à ces propriétés précieuses, sous le rapport mécanique, l'avantage qu'elles offrent d'occuper peu de place, de pouvoir être, sans grands frais, sans embarras et sans inconvéniens, établies dans tel endroit d'une usine qu'on le veut, de marcher généralement à des vitesses bien supérieures à celles des autres roues, ce qui dispense de recourir à des transmissions de mouvement compliquées, on reconnaîtra sans doute que ces roues doivent prendre le premier rang parmi les moteurs hydrauliques.

DES MOULINS A VENT.

—

154. Les moulins à vent, le plus généralement employés, ont quatre ailes rectangulaires, formant une surface gauche, dont l'arête la plus rapprochée de l'axe de rotation, fait avec le plan du mouvement, un angle d'environ 18°, et la plus éloignée, un angle d'environ 7°; on les nomme *moulins à la hollandaise*.

Souvent aussi les ailes ont la figure d'un trapèze.

Les quatre bras et les ailes, forment ce que l'on appelle le *volant*.

Dans les pays de plaine, l'axe de rotation est incliné de 8 à 15° à l'horizon.

155. MOYEN DE DÉTERMINER LA VITESSE DU VENT. La vitesse V du vent peut se mesurer en observant celle d'un corps léger, tel, par exemple, que des plumes, la fumée d'une cheminée ou celle de la poudre, emporté à la hauteur du volant par le courant d'air.

Smeaton indique un autre moyen de l'évaluer, et qui consiste à multiplier par quatre, la vitesse que prennent les extrémités des ailes, quand, le moulin étant désengrené, le volant marche à vide.

156. Quantité de travail transmise a la circonférence des ailes. En appelant O la surface d'une des quatre ailes, l'effet utile ou la quantité de travail transmise à la circonférence des ailes, sera donnée, d'après les expériences de Coulomb et de Smeaton, par la formule pratique

$$P\varphi = 0,13\,OV^3 \text{ kil. mètres},$$

dans laquelle la vitesse φ de l'extrémité des ailes, doit, pour l'effet maximum du moteur, être égale à 2,60 fois celle V du vent.

Cette formule revient à la règle suivante :

Multipliez les 0,13 de la surface d'une aile par le cube de la vitesse du vent,

Le produit sera la quantité de travail transmise à la circonférence extérieure des ailes.

Exemple : Quelle est la quantité de travail transmise à la circonférence extérieure des ailes d'un moulin à vent à la hollandaise, dont les quatre ailettes ont les dimensions suivantes ?

Longueur	$10^m,40$
Largeur.	$1^m,95$
Surface d'une aile.	$20^{mq},28$
Vitesse du vent en $1''$	$6^m,50$
Vitesse de l'extrémité des ailes.	$16^m,85$

on trouve

$$P\varphi = 0,13 \times 20^{mq},28 \times (6^m,50)^3 = 726^{km}, = 9^{chev},70.$$

DES MACHINES A VAPEUR.

DONNÉES D'EXPÉRIENCE SUR LA VAPEUR.

157. Relation entre la tension et la température de la vapeur. Avant de rapporter les règles à suivre pour calculer l'effet utile des machines à vapeur, nous indiquerons la manière de déterminer diverses données importantes de ce calcul.

La pression ou la tension de la vapeur s'exprime, comme celle des gaz, de diverses manières, que nous avons indiquées au n° 72 et suivans.

Lorsque la vapeur est en communication continuelle, avec la chaudière qui la produit, il s'établit, entre sa température et sa tension, une relation qui, d'après les belles expériences de MM. Arago et Dulong [*], est

$$p = 1^k,033(0,2847 + 0,007153t)^5,$$

dans laquelle
p exprime la pression sur un centimètre quarré,
t la température en degrés centigrades,

[*] Annales de physique et de chimie ; 1850.

et qui revient à la règle suivante :

Pour avoir la pression de la vapeur d'eau dans une chaudière où la température est t,

Multipliez la température t *exprimée en degrés centigrades, par* 0,007153, *ajoutez* 0,2847 *au produit, élevez la somme à la cinquième puissance,*

Le résultat sera la pression de la vapeur exprimée en atmosphères.

En le multipliant par 1,033, *vous aurez la pression exercée par cette vapeur sur chaque centimètre quarré.*

EXEMPLE : Quelle est la tension de la vapeur à 128°,8 ? On a

$$p = 1{,}033\,(0{,}2847 + 0{,}007153 \times 128{,}8)^5 = 1{,}033 \times 2{,}551 = 2^{kil}{,}635.$$

L'expérience donne $p = 2^{kil}{,}582$.

158. On évitera le calcul précédent, en recourant à la table due à ces illustres physiciens.

TABLE DES FORCES ÉLASTIQUES DE LA VAPEUR D'EAU, ET DES TEMPÉRATURES CORRES-
PONDANTES DEPUIS UN JUSQU'A VINGT-QUATRE ATMOSPHÈRES D'APRÈS L'OBSERVATION,
ET DE VINGT-QUATRE A CINQUANTE ATMOSPHÈRES PAR LE CALCUL.

ÉLASTICITÉ de la vapeur en prenant la pression de l'atmosphère pour unité.	COLONNE de mercure à 0 degré, qui mesure l'élasticité.	TEMPÉRATURE correspondantes données par le thermomètre centigrade à mercure.	PRESSION sur un centimètre quarré, en kilogrammes.	ÉLASTICITÉ de la vapeur en prenant la pression de l'atmosphère pour unité.	COLONNE de mercure à 0 degré, qui mesure l'élasticité.	TEMPÉRATURE correspondantes données par le thermomètre centigrade à mercure.	PRESSION sur un centimètre quarré, en kilogrammes.
»	0,0013	− 20,0	0,0018	4 1/2	3,42	149,06	4,648
»	0,0019	− 15,0	0,0026	5	3,80	153,08	5,165
»	0,0026	− 10,0	0,0036	5 1/2	4,18	156,80	5,681
»	0,0036	− 5,0	0,0050	6	4,56	160,20	6,198
»	0,0050	0,0	0,0069	6 1/2	4,94	163,48	6,714
»	0,0069	5,0	0,0094	7	5,32	166,50	7,231
»	0,0095	10,0	0,0129	7 1/2	5,70	169,37	7,747
»	0,0128	15,0	0,0170	8	6,08	172,10	8,264
»	0,0173	20,0	0,0235	9	6,84	177,10	9,297
»	0,0231	25,0	0,0314	10	7,60	181,60	10,335
»	0,0306	30,0	0,0418	11	8,36	186,03	11,363
»	0,0404	35,0	0,0549	12	9,12	190,00	12,396
»	0,0530	40,0	0,0720	13	9,88	193,70	13,429
»	0,0687	45,0	0,0934	14	10,64	197,19	14,462
»	0,0887	50,0	0,1205	15	11,40	200,48	15,495
»	0,1137	55,0	0,1544	16	12,16	203,60	16,528
»	0,1447	60,0	0,1965	17	12,92	206,57	17,561
»	0,1827	65,0	0,2482	18	13,68	209,40	18,594
»	0,2290	70,0	0,3112	19	14,44	212,10	19,627
»	0,2831	75,0	0,3963	20	15,20	214,70	20,660
»	0,3521	80,0	0,4783	21	15,96	217,20	21,693
»	0,4317	85,0	0,5865	22	16,72	219,60	22,726
»	0,5253	90,0	0,7136	23	17,48	221,90	23,759
»	0,6343	95,0	0,8617	24	18,24	224,20	24,792
1	0,7600	100,0	1,0335				
1 1/2	1,1400	112,2	1,5490	25	19,00	226,30	25,825
2	1,5200	121,4	2,0660	30	22,80	236,20	30,990
2 1/2	1,9000	128,8	2,5820	35	26,60	244,85	36,155
3	2,2800	135,1	3,0990	40	30,40	252,55	41,320
3 1/2	2,6600	140,6	3,6150	45	34,20	259,52	46,485
4	3,0400	145,4*	4,1320	50	38,00	265,89	51,650

* Les températures qui correspondent aux tensions de *un* à *quatre* atmosphères, inclusivement, ont été calculées par la formule de Tredgold, qui, dans cette partie de l'échelle, s'accorde mieux que l'autre avec les observations.

159. POIDS D'UN MÈTRE CUBE DE VAPEUR D'EAU A UNE TEMPÉRATURE DONNÉE. Le poids d'un mètre cube de vapeur d'eau, ou sa densité d à la température de $t°$, à laquelle correspond la pression p par centimètre quarré, est donné par la formule du n° 78, que nous croyons, devoir répéter ici,

$$d = \frac{0,7827}{1 + 0,00375t} \, p,$$

et qui revient à la règle suivante :

Pour avoir le poids d'un mètre cube de vapeur d'eau à la température t° *et à la pression* p *sur un centimètre quarré,*

Divisez 0,7827 par l'unité augmentée de 0,00375 fois la température exprimée en degrés centigrades, multipliez le quotient par la pression sur un centimètre quarré exprimée en kilogrammes,

Le produit sera le poids cherché du mètre cube.

EXEMPLE : Quelle est la densité ou le poids d'un mètre cube de vapeur, à la pression de $2^{at},5$ ou de $2^{kil},582$, par centimètre quarré ?

D'après le tableau précédent, la température est $t = 128°,8$, on a donc

$$d = \frac{0,7827}{1 + 0,00375 \times 128°,8} \times 2^{kil},582 = 1^{kil},363.$$

160. POIDS D'UN VOLUME DONNÉ DE VAPEUR D'EAU. Le poids d'un volume donné v de vapeur d'eau à la température t et à la pression p, s'obtiendra donc en multipliant le volume donné par le poids du mètre cube, calculé comme il vient d'être dit.

Et, en l'appelant q, on aura

$$q = dv^{kil}.$$

161. Volume d'un poids donné de vapeur a une pression et une température données. Réciproquement on aura le volume d'un poids donné de vapeur d'eau à une température et une pression données par la formule

$$V = \frac{q}{d} = 1{,}2777q\,\frac{1 + 0{,}00375t}{p},$$

qui revient à la règle suivante :

Pour avoir le volume d'un poids donné de vapeur, multipliez la température en degrés centigrades, par 0,00375, au produit ajoutez l'unité, divisez la somme par la pression exprimée en kilogrammes sur un centimètre quarré, et multipliez le quotient par 1,2777 fois le poids donné,

Le résultat sera le volume cherché.

Exemple : Quel est le volume d'un poids de $1^{kil}{,}5$ de vapeur d'eau, à la température de $128°{,}8$ et à la pression de 2,5 atmosphères ou $2^{kil}{,}582$ par centimètre quarré?

On a

$$V = 1{,}2777 \times 1{,}50 \times \frac{1 + 0{,}00375 \times 128°{,}8}{2{,}582} = 1^{me}{,}10.$$

162. Définition de l'unité de chaleur. Pour comparer les quantités de chaleur entre elles, on prend, d'après M. Clément, pour unité, la quantité de chaleur qui est nécessaire, pour élever d'un degré du thermomètre centigrade la température d'un kilogramme d'eau, et on nomme cette unité *calorie.*

Exemple : Combien y a-t-il de calories dans un kilogramme d'eau à 18°?

D'après la définition il y en a 18.

Combien y a-t-il de calories dans 25 litres ou kilogrammes d'eau à 125°?

Il y a $25 \times 125° = 3125$ calories.

21

163. Quantité de chaleur développée par les divers combustibles. Les quantités de chaleur développées par un kilogramme de divers combustibles ont été déterminées à l'aide du calorimètre de Lavoisier et sont rapportées dans le tableau suivant.

QUANTITÉS DE CHALEUR DÉVELOPPÉES PAR UN KILOGRAMME DES DIVERS COMBUSTIBLES.

NATURE DES COMBUSTIBLES.	QUANTITÉ de chaleur développée en calories.	OBSERVATIONS.
	calories.	
Charbon de bois sec ou distillé.	7050	N'importe de quelle espèce.
Charbon de bois ordinaire...	6000	Contenant 0,20 d'eau.
Coke pur................	7050	
Houille de première qualité...	7050	Contenant 0,02 de cendres.
Houille de deuxième qualité..	6345	Idem 0,10 idem.
Houille de troisième qualité..	5932	Idem 0,20 idem.
Bois séché au feu..........	3666	N'importe de quelle espèce; contenant 0,52 de charbon.
Bois séché à l'air..........	2945	Contenant 0,20 d'eau.
Tourbe ordinaire..........	1500	
Tourbe de première qualité...	3000	Expériences de M. Garnier.

Mais l'expérience montre que les meilleurs foyers n'utilisent guère que 0,55 à 0,64 de la quantité de chaleur développée par le combustible, et d'après ce rapport il sera facile de calculer la quantité de chaleur qui peut être utilisée dans un foyer donné, par chaque kilogramme de combustible brûlé.

164. Quantité de chaleur contenue dans un poids donné de vapeur. La quantité de chaleur contenue dans un poids donné q de vapeur à la température t est

$$q(550 + t) \text{ calories,}$$

formule qui revient à la règle suivante :

Pour avoir la quantité de chaleur contenue dans un poids donné de vapeur,

Ajoutez 550 à la température de la vapeur exprimée

en degrés centigrades et multipliez la somme par le poids de la vapeur.

Exemple : Quel est le nombre d'unités de chaleur contenues dans 6 kilogrammes de vapeur à 120° ?

On trouve pour le nombre cherché

$$6 \times (550 + 120) = 4020 \text{ calories.}$$

165. Quantité de combustible a brûler pour obtenir un poids donné de vapeur. La quantité de combustible à brûler pour transformer un poids donné q d'eau, à la température t' en vapeur à la température t, en appelant n le nombre d'unités de chaleur que l'on peut utiliser dans un bon foyer par kilogramme de combustible brûlé (163) est donnée par la formule

$$q \times \frac{(550 + t - t')}{n} \text{ kil. ,}$$

qui revient à la règle suivante :

Pour calculer le poids de combustible qu'il faut brûler pour transformer un poids donné d'eau, à une température aussi donnée en vapeur à une autre température donnée,

Ajoutez 550 à l'excès de la température de la vapeur sur celle de l'eau, multipliez la somme par le poids de l'eau à vaporiser et divisez le produit par le nombre d'unités de chaleur que l'on peut obtenir dans un bon foyer avec le combustible employé.

Exemple : Quel est le poids de houille de première qualité qu'il faut brûler pour produire 10 kilogrammes de vapeur à 135° avec de l'eau à 15° ?

En admettant que le foyer utilise 0,60 de la chaleur développée par le combustible, la règle ci-dessus donne

$$10 \times \frac{(550 + 135 - 15)}{0,60 \times 7050} = 1,58^{\text{kil}}.$$

166. Quantité d'eau nécessaire a l'injection. Le poids q' d'eau à la température t' qu'il faut mêler à un poids donné q de vapeur à la température t, pour que le mélange soit à la température t'', est donné par la formule

$$q' = \frac{q\,(550 + t - t'')}{t'' - t'},$$

qui revient à la règle suivante :

Ajoutez 550 à l'excès de la température de la vapeur sur celle que doit avoir le mélange, multipliez la somme par le poids de vapeur à condenser et divisez le produit par l'excès de la température du mélange sur celle de l'eau froide,

Le quotient sera le poids de l'eau froide à injecter.

Exemple : Quel est le poids d'eau à 12°, qu'il faut injecter dans le condenseur d'une machine à basse pression, pour condenser 7^{kil} de vapeur à 100° et que le mélange soit à 35°.

La règle ci-dessus donne

$$q' = \frac{7\,(550 + 100 - 35)}{35 - 12} = 187^{k}\ \text{ou litres.}$$

167. Quantité de vapeur nécessaire pour élever un volume d'eau donné a une température donnée. Le poids de vapeur q à la température t, qu'il faut condenser dans un poids q' d'eau à la température t', pour que le mélange soit à une température donnée t'', est donné par la formule

$$q = \frac{q'\,(t'' - t')^{kil}}{550 + t - t''},$$

qui revient à la règle suivante :

Multipliez le poids d'eau à échauffer par l'excès de la température que doit avoir le mélange sur la température de l'eau froide, et divisez le produit par 550 augmenté de l'excès de la température de la vapeur sur celle que doit avoir le mélange,

Le produit sera le poids de vapeur à condenser.

EXEMPLE : Quel est le poids de vapeur à 130°, qu'il faut condenser dans une cuve de teinture, contenant deux mètres cubes ou 2000 kilogrammes d'eau à 12°, pour que le mélange soit à 55° ?

La règle précédente donne

$$q = \frac{2000\,(55 - 12)}{550 + 130 - 12} = 129^{kil}\ \text{environ.}$$

EFFET UTILE DES MACHINES A VAPEUR.

168. On est dans l'usage d'estimer la force des machines à vapeur en la comparant à la force de cheval, dont on suppose que le travail est de 75 *kilogrammes élevés à* 1^m *en* $1''$.

Quelquefois aussi on compare la quantité de charbon brûlée à la quantité de travail produite.

Nous donnerons ici les règles à suivre pour ces deux genres de comparaison.

169. MACHINES A BASSE PRESSION DU SYSTÈME DE WATT. La force en chevaux d'une machine à basse pression du système de Watt, est donnée par la formule

$$K n \times 2{,}222\, p v \left(1 - \frac{p'}{p} \right),$$

dans laquelle

p est la pression de la vapeur de la chaudière, sur un centimètre quarré,

v le volume engendré par le piston dans une course simple, en mètres cubes,

p' la tension de la vapeur dans le condenseur (elle se déduit ordinairement de la température de l'eau dans le condenseur, règle du n° 157 ou table du n° 158), *n* le nombre de courses simples de piston en 1′,

K un coëfficient constant, dont la valeur, que l'on trouvera dans le tableau suivant, dépend de la force de la machine, de la perfection de son exécution et de l'état d'entretien où elle est maintenue.

FORCE DES MACHINES en chevaux.	VALEUR DU COEFFICIENT K pour des machines.	
	en très-bon état d'entretien.	en état ordinaire d'entretien.
4 à 8	0,50	0,42
10 à 20	0,56	0,47
30 à 50	0,60	0,54
60 à 100	0,65	0,60

La formule précédente revient à la règle pratique suivante :

Pour avoir la force en chevaux d'une machine à basse pression,

Multipliez 2,222 par la pression de la vapeur sur un centimètre quarré, exprimée en kilogrammes, par le volume engendré par le piston, par le nombre de courses simples de ce piston en 1′ et par l'excès de l'unité sur le rapport de la pression dans le condenseur à la pression dans la chaudière,

Puis multipliez ce produit par la valeur du coëfficient K, prise dans le tableau précédent et correspondante à la force nominative et à l'état d'entretien de la machine.

EXEMPLE : Quelle est la force en chevaux de la machine à basse pression établie par Mrs Peel et Williams, à la filature de Mrs Dolfus et Mieg (Bas-Rhin), en très-bon état d'entretien dans les circonstances suivantes ?

Pression de la vapeur dans la chau-
dière. . . . . $p = 1^{kil},329$

Pression dans le condenseur. . . . . $p' = 0 ,103$

Volume engendré par le piston. . . . . . $v = 0^{mc},458$

Nombre de coups de piston en $1'$. . . . $n = 41,8$

La force en chevaux est

$$0,56 \times 41,8 \times 2,222 \times 1^{kil},329 \times 0^{mc},458\left(1-\tfrac{1}{10}\right)=28^{ch},45.$$

L'expérience faite avec le frein par la société industrielle de Mulhouse, a donné, pour la force en chevaux
de cette machine, 2257^{km} ou 3o chevaux [*].

170. QUANTITÉ DE TRAVAIL DUE A LA COMBUSTION D'UN
KILOGRAMME DE HOUILLE. La quantité de travail due à la
combustion d'un kilogramme de houille, est donnée
par la formule

$$K 45038925 \frac{1+0,00375t}{550+t-t'}\left(1-\frac{p'}{p}\right)^{km},$$

dans laquelle, outre les notations du numéro précédent, on se rappelle que

t est, en degrés centigrades, la température de la vapeur
dans la chaudière, correspondante à la pression p,

t' est, en degrés centigrades, la température de l'eau
d'alimentation, qui est ordinairement celle du condenseur,

ou, avec une approximation suffisante pour la pratique, par la formule

$$100000K\left(1-\frac{p'}{p}\right)^{km} [**],$$

et qui revient à la règle suivante :

---

[*] Bulletin de la société industrielle de Mulhouse, n° 42, page 153.

[**] Cette simplification résulte de ce que le facteur $\frac{1+0,00375t}{550+t-t'}$ varie
fort peu depuis la pression d'une atmosphère jusqu'à celle de 8 à 10, que
l'on ne dépasse pas ordinairement dans les machines en usage, et a pour
valeur moyenne 0,00222.

Retranchez de l'unité le rapport de la pression du condenseur et celle de la chaudière, multipliez le reste par 100000 et par la valeur du coëfficient de correction K, donnée par le tableau du n° 169, correspondante à la force et à l'état d'entretien de la machine,

Le produit sera la quantité de travail utilisé par la machine, par kilogramme de charbon brûlé.

EXEMPLE : Quelle est la quantité de travail correspondante à la combustion d'un kilogramme de houille, pour une machine à basse pression, en très-bon état d'entretien, dans les circonstances suivantes ?

Pression de la vapeur dans la chaudière.... $1^{kil},291$
Température *id*............... $107°$
Pression de la vapeur dans le condenseur... $0^{kil},055$
Température *id*............... $35°$

La quantité de travail cherchée est

$$0,56 \times 450389 25 \times \frac{1 + 0,00375 \times 107}{550 + 107 - 35} \left(1 - \frac{0,055}{1,291}\right) = 54497^{km}.$$

La formule simplifiée donnerait.......... 53614^{km}

171. FORCE EN CHEVAUX, DES MACHINES A DÉTENTE ET CONDENSATION. Pour des machines à détente et à condensation, quelle que soit la manière dont se fait la détente, que la machine ait un, deux ou trois cylindres, la force en chevaux sera donnée par la formule

$$Kn \times 2,222pv \left(1 + 2,303 \log. \frac{p}{p_{\scriptscriptstyle l}} - \frac{p'}{p_{\scriptscriptstyle l}}\right),$$

dans laquelle
n est le nombre de courses simples du piston en $1'$,
p la pression de la vapeur dans la chaudière.
$p_{\scriptscriptstyle l}$ la pression de la vapeur après la détente,
p' la pression dans le condenseur, correspondante à sa température,

v le volume engendré par le piston, sur lequel afflue
la vapeur de la chaudière, pendant son admission,

K un coëfficient constant qui dépend de la force de la
machine, de son état d'entretien, et qui, d'après
les résultats d'expériences que l'on possède sur cette
matière, est donné par le tableau suivant :

FORCE DES MACHINES en chevaux de 75 km.	VALEUR DU COEFFICIENT K pour des machines		OBSERVATIONS.
	en très-bon état d'entretien.	en état ordinaire d'entretien.	
4 à 8	0,33	0,30	Expériences faites à Douay[*], en 1828.
10 à 20	0,42	0,35	
20 à 40	0,50	0,42	Expériences de M. de Prony[**].
60 à 100	0,60	0,55	Rapport des mines de Cornouailles.

La formule précédente revient à la règle suivante :

*Ajoutez à l'unité le produit de 2,305, par le loga-
rithme du rapport de la pression dans la chaudière à
celle de la détente, ou du rapport du volume de la
vapeur après la détente, à celui qu'elle occupait à
la pression de la chaudière ; retranchez de la somme
le rapport de la pression dans le condenseur, à la pression
de la vapeur après la détente ; multipliez le reste par
2,222, par le nombre de courses simples du piston en 1',
par la pression de la vapeur sur un centimètre carré
de surface, exprimée en kilogrammes, et par le volume
de la vapeur admise à cette pression, exprimé en
mètres cubes.*

*Puis multipliez le résultat par le coëfficient K, cor-
respondant à l'état d'entretien et à la force de la machine
tel que l'indique le tableau ci-dessus.*

[*] Mémorial de l'artillerie, troisième numéro.
[**] Journal des mines, douzième volume.

On peut, dans les applications, éviter l'emploi des tables de logarithmes, et se borner à une approximation qui suffira presque toujours dans la pratique, en prenant

$$2,303 \log.\frac{p}{p_1} = \frac{1}{6}\left[\frac{p}{p_1} + \frac{8(p-p_1)}{p+p_1} - \frac{p_1}{p}\right].$$

Exemple : Quelle est la force en chevaux de la machine à détente et condensation construite par Mrs Regler et Dixen dans la filature de Mrs Schlumber-Steiner et compagnie, à l'état ordinaire d'entretien dans les circonstances suivantes ?

Pression de la vapeur dans la
    chaudière................. $p = 3^{at},75 = 3^{kil},874$
Pression de la détente $p_1 = \frac{1}{3,88} p = 0,967 = 0,999$
Pression dans le condenseur.... $p' = 0^{kil},103$
Volume de vapeur à la pression
    p, introduit dans la machine
    à chaque coup de piston.... $v = 0^m,0687$
Nombre de coups de piston en $1'$. $n = 52$
    La règle ci-dessus donne

$0,42 \times 52 \times 2,222 \times 3^{kil},874 \times 0^{mc},0687\ (1+2,3026\log.3,88-0,10)=29^{chev}.$

L'expérience faite avec le frein par la société industrielle de Mulhouse, a donné pour la force de cette machine * 1896^{km} ou $25^{chev},3$.

172. Quantité de travail due a la combustion d'un kilogramme de houille, dans les machines a détente et condensation. La quantité de travail due à la combustion d'un kilogramme de houille, est donnée par la formule

$$K45038925\frac{1+0,00375t}{550+t-t'}\left(1 + 2,303\log.\frac{p}{p_1} - \frac{p'}{p_1}\right)^{km},$$

dans laquelle toutes les notations sont connues, d'après les conventions précédentes.

On peut, comme au n° 170, remplacer cette expression,

* Bulletin de la société industrielle de Mulhouse, n° 42, page 153.

par la formule plus simple et suffisamment exacte pour la pratique,

$$100000K \left(1 + 2,303 \log . \frac{p}{p_\iota} - \frac{p'_\iota}{p_\iota} \right)^{km},$$

qui revient à la règle suivante :

Ajoutez à l'unité le produit de 2,303 par le loga-rithme du rapport de la pression dans la chaudière à la pression de la détente, ou du rapport du volume de la vapeur après la détente, à celui qu'elle occupait à la pression de la chaudière ; retranchez de la somme le rapport de la pression dans le condenseur à celle de la détente,

Multipliez le reste par 100000 et par le coëfficient K choisi dans le tableau précédent, d'après la force et l'état d'entretien de la machine,

Le produit sera la quantité de travail utilisée par la machine par kilogramme de charbon brûlé.

Exemple : Quelle est la quantité de travail utilisé par kilogramme de charbon brûlé dans une machine à détente et à condensation en très-bon état d'entretien dans les circonstances suivantes ?

Pression de la vapeur dans la
    chaudière. . . . . $p = 3^a,25 = 3^k,37$

Pression de la détente. . $p_\iota = \frac{1}{4}p = 0^a,813 = 0^k,843$

Pression de la vapeur dans le
    condenseur. . . . . $p' = 0^k,055$

Température de la vapeur dans
    la chaudière. . . . . $137°$

Température de l'eau d'ali-
    mentation. . . . . $35°$

La règle précédente donne

$$0,42 . 45038925 . \frac{1+0,00375 . 137}{550 + 137 - 35} \left(1 + 2,303 \log . 4 - \frac{0,055}{0,843} \right) = 101788^{km}.$$

La formule simplifiée aurait donné 97700^{km}.

173. OBSERVATION RELATIVE A L'USAGE DES RÈGLES PRÉ-CÉDENTES. On remarquera que les règles précédentes ne peuvent s'appliquer que quand le robinet régulateur, qui permet à la vapeur de passer dans la boîte de distribution, est entièrement ouvert pendant la période de l'admission ou, en d'autres termes, quand la vapeur arrive en plein sur le piston, de sorte que la tension de la vapeur dans le cylindre, diffère alors le moins possible de celle de la chaudière.

On devra de plus s'assurer qu'il n'y a pas des fuites considérables par les pistons, ce qu'il sera aisé de constater par l'observation de la température du conden-seur, en arrêtant d'abord la machine, puis en ouvrant ensuite le robinet d'admission de la vapeur pendant quelques instans, sans permettre le mouvement de la machine, dont le condenseur ne devra pas acquérir, pendant ce temps, une augmentation notable de tem-pérature. Quant aux fuites par les garnitures, on ne pourra les reconnaître que par un examen attentif de la machine.

174. MACHINES A VAPEUR EMPLOYÉES AUX ÉPUISEMENS. Lorsque les machines à vapeur sont employées aux épuisemens, les résistances passives, les intermittences de travail et les pertes éprouvées par les pompes, occa-sionnent, dans l'effet utile, mesuré par le produit du poids de l'eau élevée et de la hauteur d'élévation, un déchet considérable, qu'accroît encore le défaut de soin apporté à l'entretien de ces machines, ordinairement confiées à des ouvriers peu habiles.

D'après des observations suivies sur un grand nombre de machines, on pourra évaluer la quantité de travail habituellement utilisée, dans ce cas, par les diverses sortes de machines, à l'aide du tableau suivant :

SYSTÈME de construction des machines.	NOMS des constructeurs.	FORCE nominative en chevaux.	EFFET UTILE par kilogramme de charbon brûlé.	QUANTITÉ de charbon brûlé par force de cheval et par heure.		TENSION moyenne de la vapeur.	OBSERVATIONS.
			km.		kil	atm	
Newcomen.	»	44	21000	13		1,15	Résultat moyen de 4 machines.
Watt à simple effet..	Const. Perier.	80	38900	6	94	1,25	Pompe de Chaillot.
		24	37715	7	10	1,15	Pompe du Gros-Caillou.
Watt à double effet..	Watt, Boulton	70	36776	7	30	1,25	Résultat moyen de 8 mach., à Anzin.
Woolf....	Edwards.	10 à 12	32970*	8	18	3,50	Effet moyen de 21 mach., a Anzin.

175. Machines a haute pression avec détente sans condensation; force en chevaux. La force en chevaux de ces machines sera donnée par la formule

$$Kn \times 2,222pv \left(1 + 2,303 \log. \frac{p}{p_1} - \frac{1^{kil},033}{p_1} \right),$$

dans laquelle les lettres ont toutes la même signification que précédemment et où l'on fera :

pour des machines en très-bon état d'entretien $K = 0,40$
pour   *idem*   en état ordinaire d'entretien $K = 0,35$

Cette formule revient à la règle suivante :

Multipliez par 2,303 le logarithme du rapport de la pression dans la chaudière à celle de la détente, ou du volume de la vapeur après la détente à celui qu'elle occupait à la pression de la chaudière; au produit ajoutez l'unité, et de la somme retranchez le rapport de 1,033 à la pression de la détente.

Multipliez le reste par le volume, en mètres cubes, de la vapeur admise à la pression de la chaudière, par cette pression en kilogrammes sur un centimètre carré,

* Ce résultat, bien inférieur à ce que l'on obtient de ces machines bien entretenues, montre qu'il importe dans les mines d'employer les machines les plus simples et les plus grandes.

par 2,222, par le nombre de courses simples du piston en 1' et par le coëfficient :

0,40 pour une machine en très-bon état d'entretien,
0,35 pour une machine en état ordinaire d'entretien.

EXEMPLE : Quelle est la force d'une machine à vapeur à haute pression avec détente et sans condensation, en état ordinaire d'entretien, dans les circonstances suivantes ?

Pression de la vapeur dans la
  chaudière . . . . $p = 6^{at} = 6^{kil},199$
Pression de la détente . . $p_1 = \frac{1}{6}p = 1^{at} = 1^{kil},033$
Volume de vapeur admise à
  chaque coup de piston, ou vo-
  lume engendré par le piston. $v = 0^{mc},020$
Nombre de courses simples du
  piston en 1' . . . . $n = 44.$
La formule ci-dessus donne

$$0,35 \times 44 \times 2,222 \times 6,199 \times 0,020 \, (1 + 2,303 \log. 6 - 1) = 7,75^{chev}.$$

176. QUANTITÉ DE TRAVAIL DUE A LA COMBUSTION D'UN KILOGRAMME DE HOUILLE. La quantité de travail due à la combustion d'un kilogramme de houille dans ces machines est donnée par la formule

$$K \, 45038925 \, \frac{1 + 0,00375t}{550 + t - t'} \left(1 + 2,303 \log. \frac{p}{p_1} - \frac{1,033}{p_1} \right)^{km},$$

dans laquelle toutes les lettres ont les mêmes significations que précédemment, et où l'on attribuera au coëfficient K les valeurs indiquées ci-dessus.

On peut remplacer avec une exactitude suffisante pour la pratique, cette formule par la suivante :

$$100000K \left(1 + 2,303 \log. \frac{p}{p_1} - \frac{1,033}{p_1} \right)^{km},$$

qui revient à la règle suivante :

Multipliez par 2,303 le logarithme du rapport de la pression de la chaudière à celle de la détente, ou du rapport du volume de la vapeur après la détente, à celui qu'elle occupait à la pression de la chaudière ; ajoutez l'unité au produit, et de la somme retranchez le rapport de 1,033 à la pression de la détente,

Multipliez le reste par 100000 et par le coëfficient

0,40 *pour les machines en très-bon état d'entretien,*

0,35 *pour les machines en état ordinaire d'entretien,*

Le produit sera la quantité de travail utilisée par kilogramme de houille brûlée.

EXEMPLE : Quelle est la quantité de travail utilisée par kilogramme de houille brûlée dans une machine à vapeur à détente, sans condensation, à l'état ordinaire d'entretien, dans les circonstances suivantes ?

Pression de la vapeur dans la

chaudière. . . . . $p = 5^{at} = 5^{kil},156$

Pression de la détente... $p_1 = \frac{1}{5}p = 1^{at} = 1^{kil},033$

Température de la vapeur dans

la chaudière. . . . . $t = 153°,08$

Température de l'eau d'alimen-

tation. . . . . $t' = 15°$

La première formule donne 58551^{km}.

La formule simplifiée donnerait 57435^{km}.

177. FORCE EN CHEVAUX DES MACHINES A VAPEUR FIXES, A HAUTE PRESSION, SANS DÉTENTE NI CONDENSATION. La force en chevaux de ces machines se calculera par la formule

$$K \cdot n \times 2{,}222\, pv \left(1 - \frac{1{,}033}{p}\right),$$

dans laquelle toutes les lettres ont des significations connues et où l'on donnera au coëfficient K les mêmes valeurs que pour des machines à basse pression (n° 169), selon leur état d'entretien.

Cette formule revient à la règle suivante :

Pour calculer la force en chevaux d'une machine à vapeur fixe, à haute pression,

Multipliez le volume engendré par le piston par 2,222 fois le nombre de courses simples en 1', et par l'excès de la pression de la vapeur dans la chaudière sur la pression atmosphérique,

Multipliez le produit par la valeur du coëfficient K, prise dans le tableau du n° 169, et correspondante à l'état d'entretien et à la force nominative de la machine.

EXEMPLE : Quelle est la force en chevaux d'une machine fixe à haute pression, sans détente ni condensation, en très-bon état d'entretien, dans les circonstances suivantes ?

$$p = 5^{at} = 5^{kil},166, \quad v = 0^{mc},1965, \quad n = 50.$$

La formule donne

$$0,60 \times 50 \times 2,222 \times 0,1965 \times 4,133 = 54^{ch}.$$

178. QUANTITÉ DE TRAVAIL DUE A LA COMBUSTION D'UN KILOGRAMME DE CHARBON. Cette quantité de travail sera donnée par la formule

$$K . 45038925 \frac{1+0,00375t}{550+t-t'} \left(1 - \frac{1,033}{p} \right),$$

où le coëfficient K conservera la valeur indiquée au tableau du n° 169, selon l'état d'entretien de la machine.

Cette formule peut, n° 170, être remplacée par cette autre plus simple :

$$100000 K \left(1 - \frac{1,033}{p} \right),$$

qui revient à la règle suivante :

De l'unité retranchez le rapport de $1^{kil},033$ *à la pression de la vapeur dans la chaudière,*

Multipliez le reste par 100000 et par la valeur du coëfficient K *donnée par le tableau du n° 169,*

Le produit sera la quantité de travail utilisée par kilogramme de charbon brûlé.

NOTA. On doit remarquer que l'on ne possède pas sur ces machines un nombre suffisant de bonnes observations, pour que l'on puisse regarder la valeur du coëfficient K comme déterminée avec toute l'exactitude désirable, et que l'on ne doit considérer les résultats fournis par les règles précédentes que comme des valeurs approximatives.

179. EFFET UTILE DES MACHINES LOCOMOTIVES. Dans les machines locomotives dont le piston transmet directement le mouvement aux roues, sans l'intermédiaire d'un balancier, d'un parallélogramme et d'un volant, et qui sont ordinairement très-bien exécutées et très-bien entretenues, l'emploi de la vapeur à haute pression sans détente ni condensation, est plus avantageux que dans les précédentes lorsqu'elles ne marchent pas très-vite et qu'elles sont très-chargées.

On calculera alors leur effet utile exprimé en kilogrammes, élevés à 1^m par seconde, par la formule

$$\frac{n}{60} 8190v (p - 1,033)$$

qui revient à la règle suivante :

Multipliez 8190 fois le volume correspondant au nombre de courses simples des deux pistons en $1''$*, par l'excès de la pression de la vapeur dans la chaudière sur la pression atmosphérique, rapportée au centimètre carré,*

Le produit sera la quantité de travail utilisée par la machine, pour le tirage de sa charge.

23

M. de Pambour a trouvé, par des expériences nombreuses, que la résistance au tirage sur les chemins de
fer de niveau et en bon état, est, pour des vagons
bien graissés, moyennement égale à $3^k,59$ par tonneau
de charge, y compris le poids des vagons.

La formule précédente tenant implicitement compte
des quantités de travail consommées par les résistances
passives de la machine et par celle de l'air à des vitesses
qui ne dépassent pas généralement huit à neuf mètres
par seconde, on pourra en déduire la charge qu'une
machine locomotive agissant sous des pressions comprises
entre trois et cinq atmosphères, en sus de celle de l'air,
pourrait conduire sur un chemin de niveau à une vitesse
donnée n'excédant pas douze à quinze kilomètres à
l'heure, et réciproquement.

Lorsque les charges sont faibles, de 50 et 60 tonneaux et au-dessous, l'effet utile diminue rapidement à
mesure que la vitesse augmente, on le calculera alors
avec une approximation suffisante en remplaçant dans la
formule précédente le coëfficient 8190 qui correspond
aux cas où la charge réduite au niveau est de 170 tonneaux et au-delà par les multiplicateurs suivans :

Vitesses en kilomèt. par hre. 14,4, 18,0, 21,6, 25,2, 28,8, 36,0, 39,6.
Coëfficiens de la formule.... 7600, 7300, 6100, 5200, 4600, 4000, 3600.

Nota. Cette règle n'est applicable qu'au cas où le
robinet régulateur est entièrement ouvert, et où son
diamètre égal à celui du tuyau qui amène la vapeur,
est compris entre $\frac{1}{4}$ et $\frac{1}{3}$ de celui du cylindre.

Dans ces machines parfaitement entretenues, à foyer
intérieur avec tuyaux de circulation, et dont les cylindres et tous les tuyaux de conduite de la vapeur sont
continuellement à une température élevée, la consom-
mation de combustible est de 6 à 7 kilog. de coke de
première qualité par force de cheval et par heure.

180. Résumé des règles pratiques précédentes. En récapitulant les résultats précédens, on voit qu'avec de bons fourneaux, qui donnent environ 6 à 7 kilogrammes de vapeur par kilogramme de houille brûlée, les résultats obtenus dans les divers systèmes de machines à vapeur, peuvent être résumés comme le montre le tableau suivant :

SYSTÈME DES MACHINES.	EFFET UTILE par kilogramme de houille brûlé.		CHARBON BRULÉ par force de cheval et par heure.
	En très-bon état d'entretien.	En état ordinaire d'entretien.	
A basse pression, système de Watt sans détente et avec condensation............	km 54000	km 45000	kil 5 à 6
A haute pression avec détente et condensation.........	108000	90000	2,5 à 3 kil. mais le plus souvent 4.
A haute pression avec détente et sans condensation......	93000	55000	4 à 5 environ.
A haute pression sans détente ni condensation et fixes...	27000	21480	8 à 10

Ajoutons à ces résultats quelques observations générales, sur les avantages et les inconvéniens des divers systèmes de machines à vapeur.

COMPARAISON DES DIVERS SYSTÈMES DE MACHINES A VAPEUR.

181. Avantages et inconvéniens des machines a vapeur a basse pression. Les machines à basse pression présentent les avantages suivans :

Leur construction est plus simple que celle des autres machines, elles n'ont qu'un piston, et la quantité de travail consommé par les frottemens y est moindre que dans les machines à deux cylindres.

La tension étant faible, il y a, toutes choses égales, moins de fuites de vapeur, et sous ce rapport, elles sont d'un plus facile entretien.

Les dangers ou plutôt les conséquences des explosions y sont moins graves, parce que la vapeur y dépasse rarement, d'une quantité notable, la pression atmosphérique.

Leurs inconvéniens sont qu'à force égale elles ont des dimensions plus grandes et, par conséquent, plus de poids, qu'elles consomment plus de charbon que les machines à détente et condensation.

Elles exigent au moins $0^{mc},780$ d'eau par force de cheval et par heure, pour la condensation et la production de la vapeur.

182. AVANTAGES ET INCONVÉNIENS DES MACHINES A DÉTENTE ET A CONDENSATION. Les machines à détente et à condensation, ont l'avantage de consommer moyennement $\frac{1}{3}$ de combustible de moins que les machines à basse pression.

Leurs inconvéniens sont une plus grande complication dans le mécanisme des soupapes, l'usage ordinaire de deux pistons, une sujétion plus grande dans l'entretien des garnitures, ce qui expose à des fuites d'autant plus grandes que la tension dans la chaudière est plus élevée et la détente poussée plus loin.

Elles exigent au moins $0^{mc},295$ d'eau par force de cheval, pour la condensation et la formation de la vapeur.

183. AVANTAGES ET INCONVÉNIENS DES MACHINES A DÉTENTE ET SANS CONDENSATION. Les machines à haute pression avec détente et sans condensation, ont les avantages suivans :

Elles n'exigent d'eau que ce qu'il faut pour la production de la vapeur ;

A force égale, leur poids et leur volume sont moindres que ceux des précédentes.

Leurs inconvéniens sont de consommer plus de charbon

que les machines à haute pression avec détente et condensation, d'exiger plus de sujétion dans l'ajustage et
l'entretien, pour éviter les fuites de vapeur, qui sont
d'autant plus abondantes que la pression de la vapeur
dans la chaudière est plus élevée.

D'obliger à employer de la vapeur à quatre ou cinq
atmosphères au moins, attendu que la proportion de
la force perdue par le dégagement de la vapeur dans
l'air à la force totale de la vapeur, est d'autant plus
grande que la tension dans la chaudière est plus petite.
De là résultent plus de chances de dangers dans les
effets destructeurs des explosions.

184. AVANTAGES ET INCONVÉNIENS DES MACHINES A HAUTE
PRESSION, SANS DÉTENTE NI CONDENSATION. Les machines
à haute pression sans détente ni condensation, n'ont
d'autre avantage que celui d'être d'un poids et d'un
volume moindres à force égale, que celles des autres
systèmes.

Leurs inconvéniens sont de consommer beaucoup
plus de charbon.

De présenter beaucoup de sujétion dans l'ajustage et
l'entretien, pour diminuer les fuites de vapeur.

D'offrir des dangers dans les suites des explosions.

185. CONSÉQUENCES RELATIVES AU CHOIX A FAIRE D'UN SYS-
TÈME DE MACHINE A VAPEUR. De ce résumé, il suit, à ce
qu'il nous semble,

1° Que dans les établissemens où le combustible ne
sera pas très-cher, on pourra préférer les machines à
basse pression ;

2° Que dans les localités où le combustible est cher,
et quand on pourra maintenir les machines en bon état
d'entretien, on devra employer les machines à détente
et à condensation ;

3° Que pour la navigation par bateaux à vapeur sur

mer, quand on a de bons ouvriers chargés de l'entretien
des machines, il peut y avoir quelqu'avantage, sous le
rapport du tonnage des bâtimens, à donner la préférence
aux machines à haute pression avec détente et sans
condensation ;

4° Que pour les machines locomotives, la condition
du moindre poids et du plus petit volume possibles,
conduisent à adopter l'usage des machines à haute pression
avec ou sans détente et sans condensation.

Dans la comparaison qui précède, nous n'avons pas
tenu compte de la plus ou moins grande régularité du
mouvement des machines, parce qu'en proportionnant
convenablement le volant, on a le moyen de la régler
au degré nécessaire.

PROPORTIONS DES CHAUDIÈRES, FOURNEAUX, GRILLES, ETC.

186. Nous croyons devoir ajouter à ce chapitre quelques règles pratiques suivies par les constructeurs anglais
les plus célèbres pour la proportion des différentes parties
des appareils de vaporisation. Nous les empruntons au
traité de la machine à vapeur de M. Farey, qui les a
déduites, tant des règles suivies et données par Watt,
que de l'observation de celles adoptées par d'autres
ingénieurs.

CHAUDIÈRES. La surface de chauffe dans les chaudières
de machines à basse pression doit être de

$1^{mq},395$ à $1^{mq},674$ par force de cheval de la machine,

ou

1^{mq} de surface de chauffe pour évaporer $\begin{cases} \\ \\ \end{cases}$	$0^{mc},000635$ d'eau en $1'$
	$0^{mc},038$　　　en 1^{h}
1^{mq} de surface de chauffe pour produire	$1^{mc},021$
de vapeur à une atmosphère environ..	en $1'$

L'aire totale de la grille du foyer doit être de

$0^{mq},062$ à $0^{mq},077$ par force de cheval de la machine,
ou de

1^{mq} pour brûler en 1 heure 68^k de houille de 1re qualité.

M Clément indique qu'on ne brûle que 40^{kil} par mètre carré, ce qui correspond sans doute à de la houille de qualité médiocre.

Si l'on brûle du bois, il faut donner 1^{mq} de surface de grille par 80 kilogrammes de bois à brûler.

La surface libre entre les barreaux pour brûler de la houille doit être $\frac{1}{7}$ de l'aire totale de la grille. Pour brûler du bois elle doit être $\frac{1}{4}$ de l'aire totale.

La couche de houille répandue sur la grille doit avoir $0^m,05$ à $0^m,06$ d'épaisseur au plus.

La longueur totale de la grille doit être $\frac{1}{3}$ environ de celle de la chaudière.

La hauteur libre depuis la grille jusqu'au milieu du fond concave des chaudières, doit être de $0^m,48$ à $0^m,60$, sur les bords elle n'est que de $0^m,28$ à $0^m,36$.

L'autel près de la grille doit être à une distance de $0^m,33$ à $0^m,38$ du milieu du fond de la chaudière, ou de $0^m,15$ à $0^m,22$ au-dessus de la grille.

L'aire du passage pour la flamme à l'autel, doit être environ $\frac{1}{3}$ de celle de la grille.

L'aire du passage autour de la chaudière ou celle des carnaux, doit être $\frac{1}{5}$ de celle de la grille.

L'aire de la section du conduit de la cheminée est $\frac{1}{6}$ de celle de la grille.

La hauteur des cheminées varie de 18 à 36 mètres.

D'après une ordonnance de police du 25 mai 1828, les épaisseurs à donner aux chaudières en tôle, qui sont aujourd'hui les plus généralement employées, sont fixées par la formule pratique suivante :

$$e = 0{,}018d(n - 1) + 3 \text{ milli.},$$

dans laquelle

e représente l'épaisseur du métal en millimètres,

d le diamètre intérieur exprimé en centimètres,

n le nombre d'atmosphères qui indique la plus forte pression de la vapeur que la machine doit supporter.

Les résultats de cette formule sont consignés dans le tableau suivant :

TABLE DES ÉPAISSEURS A DONNER AUX CHAUDIÈRES EN TÔLE, POUR LES MACHINES A VAPEUR.

DIAMÈTRE des chaudières.	PRESSION DE LA VAPEUR EN ATMOSPHÈRES.						
	2	3	4	5	6	7	8
centim.	millim.	millim.	millim.	millim.	millim.	millim.	millim.
5o	3,90	4,80	5,70	6,60	7,50	8,40	9,30
55	3,99	4,98	5,97	6,9 ;	7,95	8,94	9,93
6o	4,08	5,16	6,24	7,3 :	8,40	9,48	10,56
65	4,17	5,34	6,51	7,68	8,85	10,02	11,19
7o	4,26	5,52	6,78	8,04	9,30	10,56	11,82
75	4,35	5,70	7,05	8,40	9,75	11,10	12,45
8o	4,44	5,88	7,32	8,76	10,20	11,64	13,08
85	4,53	6,06	7,59	9,12	10,65	12,18	13,71
9o	4,62	6,24	7,86	9,48	11,10	12,72	14,34
95	4,71	6,42	8,13	9,84	11,55	13,26	14,97
1oo	4,80	6,60	8,40	10,20	12,00	13,80	15,60

187. INFLUENCE DE LA FORME DES CHAUDIÈRES. Quant à la forme des chaudières et à leur disposition, elle ne paraît pas avoir une aussi grande influence qu'on est généralement tenté de le croire.

Les chaudières de Watt, dites en chariot, celles de Woolf à bouilleurs cylindriques en tôle de fer, celles de Stephenson à foyer intérieur et contenant une centaine de tubes pour la circulation de la flamme, produisent toutes environ 6 kilogrammes de vapeur par kilogramme de houille brûlée.

Lorsque le charbon est de très-bonne qualité et le feu très-bien conduit, on peut obtenir jusqu'à 7 kilogrammes de vapeur par kilogramme de houille.

Les chaudières à bouilleurs offrent, sous un moindre volume et avec moins de dépense, une plus grande surface de chauffe que celles de Watt.

Les chaudières à foyer intérieur et à tubes de circulation, ont, sous le même rapport, l'avantage sur les précédentes.

RÈGLES PRATIQUES DE WATT, POUR LA CONSTRUCTION DES MACHINES À VAPEUR.

188. Les règles suivantes, relatives aux machines à vapeur à basse pression, correspondent aux proportions adoptées par Watt et ses successeurs, pour la construction des machines à vapeur à basse pression ; et nous avons pensé qu'il pouvait être utile de les rapporter. Mais nous ferons remarquer que par une sage prévoyance, elles sont établies dans la supposition que les machines soient assez mal entretenues et que généralement les machines ainsi proportionnées, sont susceptibles d'une force plus grande que celle pour laquelle elles sont vendues.

CYLINDRE A VAPEUR. Le diamètre du cylindre est donné par la règle suivante :

Divisez la force en chevaux de la machine par la vitesse du piston en mètres en 1″, et multipliez le quotient par 0,1986,

La racine quarrée du produit sera le diamètre exprimé en mètres.

PISTON. La course du piston doit être comprise entre

24

trois fois et deux fois le diamètre du cylindre, sa vitesse doit être

0,90 à 1 en 1″, pour les machines de 4 à 20 chevaux.
1,00 à 1,20 —   —   20 à 30 *id.*
1,20 à 1,25 —   —   30 à 60 *id.*
1,25 à 1,30 —   —   60 à 100 *id.*

Le tableau suivant contient les résultats comparés des règles précédentes et des dimensions adoptées par Watt.

FORCE en chevaux.	COURSE du piston.	VITESSE du piston en une seconde.	DIAMÈTRE du cylindre,		NOMBRE de courses doubles ou de révolutions du volant en une minute.
			d'après la formule.	donné par Watt.	
m	m	m	m	m	m
4	0,914	0,884	0,300	0,305	29,0
6	1,068	0,960	0,352	0,355	27,0
8	1,200	0,975	0,404	0,407	24,0
10	1,220	1,015	0,441	0,444	25,0
12	1,220	1,015	0,484	0,483	25,0
14	1,220	1,015	0,528	0,522	25,0
16	1,416	1,086	0,541	0,552	23,0
18	1,416	1,086	0,574	0,585	23,0
20	1,520	1,090	0,604	0,602	21,5
22	1,520	1,090	0,633	0,635	21,5
24	1,520	1,090	0,661	0,661	21,5
26	1,678	1,118	0,680	0,680	20,0
28	1,678	1,118	0,706	0,705	20,0
30	1,800	1,140	0,712	0,718	19,0
36	1,800	1,140	0,772	0,784	19,0
40	2,135	1,244	0,802	0,800	17,5
45	2,135	1,244	0,850	0,847	17,5
50	2,135	1,244	0,896	0,893	17,5
60	2,135	1,244	0,982	0,978	17,5
70	2,440	1,300	1,033	1,036	16,0
80	2,440	1,300	1,105	1,105	16,0
90	2,440	1,300	1,172	1,172	16,0
100	2,440	1,300	1,235	1,232	16,0

DÉPENSE DE VAPEUR. La dépense de vapeur à la pression atmosphérique est de 0^{mc},935 par force de cheval et par minute.

NOTA. La formule du n° 169 ne donnerait que 0^{mc},738, mais l'excédant, fourni par la règle de Watt, est destiné à compenser les fuites et les condensations dans les tuyaux, dans le cas où la machine ne serait pas très-bien entretenue.

VOLUME D'EAU A VAPORISER. D'après cela, le volume d'eau à vaporiser est

de 0^{mc},00055 en 1′, par force de cheval
ou 0^{mc},0330 en 1 heure *id.*

TUYAU A VAPEUR. Le diamètre du tuyau qui conduit la vapeur de la chaudière aux boîtes de distribution doit être $\frac{1}{5}$ de celui du cylindre; l'aire de sa section transversale est ainsi égale à $\frac{1}{25}$ de celle du piston.

SOUPAPE D'ADMISSION. L'aire de cette soupape doit être de 0^{mq},000507 par force de cheval
ou son diamètre égal à 0^{m},0254 *id.*

SOUPAPE D'ÉMISSION. L'aire de la soupape, par laquelle la vapeur s'échappe au condenseur, doit être de 0^{mq},000768 par force de cheval, ou son diamètre égal à 0^{m},0312 par force de cheval.

Ces soupapes doivent s'ouvrir entièrement, et les tuyaux qui y aboutissent doivent avoir un diamètre un peu plus grand.

POMPE A AIR. Le diamètre de cette pompe est les $\frac{2}{3}$ de celui du cylindre. La course de son piston est la moitié de celle du piston du cylindre à vapeur, et comme il n'épuise qu'en s'élevant, le volume utile, engendré par le piston de cette pompe, n'est que $\frac{1}{9}$ de celui qui correspond au mouvement du piston à vapeur.

L'aire du passage de la soupape dormante doit être $\frac{1}{4}$ de celle de la pompe à air, ou $\frac{1}{9}$ de celle du piston du cylindre à vapeur.

Les soupapes du piston ont chacune la même ouverture que la précédente.

POMPE A EAU FROIDE. Le volume engendré par le piston de cette pompe, doit être de $\frac{1}{24}$ à $\frac{1}{18}$ de celui du cylindre à vapeur.

Nota. Si l'eau à élever est à une petite profondeur, qu'on ne craigne pas de surcharger un peu la machine, ou si elle est accidentellement exposée à travailler à une force un peu supérieure à sa force nominale, on fera bien d'augmenter cette proportion.

Robinet d'injection. L'ouverture ordinaire de ce robinet doit être de 0^{mq},0000322 par force de cheval, mais il faut se réserver la faculté de l'ouvrir jusqu'à 0^{mq},000043 par force de cheval.

Réservoir d'alimentation. Le niveau du réservoir d'alimentation doit être de 2^m,44 au-dessus de celui de la surface de l'eau dans la chaudière.

Soupape de sureté. L'aire de cette soupape doit être de 0^{mq},0004056 par force de cheval, ou son diamètre égal à 0^m,0227 par force de cheval; la charge sur ces soupapes doit être de 0^{kil},91 par force de cheval.

Balancier. La distance horizontale entre la verticale de la tige du piston et celle qui passe par l'axe de la manivelle, doit être égale à trois fois la course du piston.

La distance entre les centres des articulations des extrémités du balancier, doit être égale à 3,0825 fois la longueur de la course du piston.

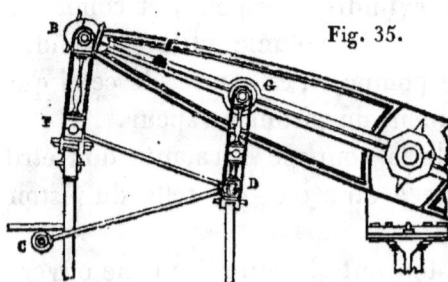

Fig. 35.

Parallélogramme. L'articulation G doit être au milieu de la demi-longueur AB du balancier. La longueur des anneaux BF et GD doit être égale à $\frac{1}{2}$ ou $\frac{3}{7}$ de la course du piston.

Watt plaçait le centre de rotation de la bride CD sur la verticale de la tige du piston, en un point situé à hauteur de la moitié de la corde de l'arc, décrit par le point **D**; mais il peut être pris à la même hauteur en dehors de la verticale de la tige.

Les quatre anneaux du parallélogramme doivent avoir une section transversale totale, égale à $\frac{1}{144}$ de l'aire du piston.

Les barres méplates, dont ils se composent, ont en largeur $\frac{1}{12}$ du diamètre du piston, et en épaisseur $\frac{1}{48}$.

Les boulons qui fixent les anneaux du parallélogramme et résistent transversalement, doivent avoir une section égale à $\frac{1}{262}$ de l'aire du piston, ou un diamètre égal à 0,0526 de celui du piston.

Tige du piston. Cette tige en fer forgé, doit avoir un diamètre égal à $\frac{1}{10}$ de celui du piston; ce qui correspond à une charge maximum de 98^k, par centimètre carré de sa section.

Pour les grandes machines on peut la faire plus faible.

Bielle. La bielle doit avoir une longueur égale à trois fois la course du piston ou six fois la manivelle.

L'aire de la section transversale de la bielle en fonte,

Fig. 36.

doit être $\frac{1}{28}$ de celle du cylindre, ce qui correspond à une charge maximum de 35^k par centimètre carré de section. Cette bielle a des nervures et présente au milieu le profil ci-contre (Fig. 36). Les côtés du carré circonscrit, à ce profil, sont égaux à $\frac{1}{20}$ de la longueur de la bielle.

Les extrémités de la bielle ont une section, dont l'aire doit être $\frac{1}{35}$ de celle du piston, ce qui correspond à une charge maximum de 44^k environ par centimètre carré.

Volant. Le diamètre du volant doit être égal à trois ou quatre fois la course du piston, quand il est monté sur l'axe de la manivelle. Son poids sera déterminé par la règle du n° 190.

189. Objet des volans. Les volans ont pour but de régulariser le mouvement des machines et de resserrer entre des limites convenables les variations périodiques de leur vitesse.

On ne doit donc les employer que dans les trois cas suivans :

1° Si la puissance a une vitesse périodiquement variable comme dans les machines à vapeur, les manivelles mues par des hommes, etc. ;

2° Si la résistance éprouvée par l'outil est périodiquement variable ou n'agit qu'à certains instans du mouvement, comme dans les laminoirs, les marteaux, les scieries, etc. ;

3° Si la puissance et la résistance sont à la fois variables ou intermittentes.

On doit placer le volant le plus près possible de la pièce, dont le mouvement est variable.

Le degré de régularité que doit produire un volant, dépend de l'objet auquel on le destine, de la nature des outils à employer, des produits à obtenir, etc.

Pour simplifier la solution de la question de l'établissement des volans, on néglige ordinairement l'influence régulatrice de leurs bras, et on détermine seulement le poids qu'il convient de donner à l'anneau.

En appelant

a la largeur de l'anneau parallèlement, à l'axe de rotation,

b son épaisseur dans le sens du rayon,

R son rayon moyen, mesuré au milieu de l'anneau.

Le poids de cet anneau en fonte a pour expression

$$P = 45239ab\text{R}.$$

Des considérations locales, et particulières à la machine elle-même, servent ordinairement à déterminer
le rayon du volant, et dans les formules suivantes
nous le supposerons connu, mais nous ferons observer
qu'on doit le faire aussi grand que possible, tout en
ne dépassant pas certaines limites qui dépendent de la
vitesse maximum que la circonférence de cet anneau
peut prendre, sans que la force centrifuge n'acquière
une intensité trop considérable. Cette vitesse ne doit
pas excéder, mais peut atteindre 25 à 30 mètres par
seconde.

190. MACHINES A VAPEUR. On déterminera le volant
des machines à vapeur à basse pression et des machines
à haute pression avec détente et condensation, par la
formule suivante :

$$PV^2 = \frac{4645n}{m} N,$$

dans laquelle on désigne par
P le poids de l'anneau du volant,
V la vitesse de sa circonférence moyenne,
m le nombre de tours de l'arbre du volant en 1',
N la force de la machine en chevaux de 75^{km},
n un nombre qui varie avec le degré de régularité
    que l'on veut obtenir,
on fera
$n = 20$ à 25 pour les machines à vapeur destinées à
    des usines qui n'ont pas besoin d'une grande régularité, telles que les moulins à farine, les scieries,
    les pompes, etc.,
$n = 35$ à 40 pour les filatures, où l'on fabrique les cotons
    des nos 40 à 60,
$n = 50$ à 60 pour les filatures où l'on file les numéros
    très-fins.

Cette formule revient à la règle suivante :

Divisez la force en chevaux de la machine par le quarré de la vitesse à la circonférence moyenne de l'anneau, divisez le nombre 4645 par le nombre de tours de l'arbre du volant en 1′, multipliez ces deux quotiens l'un par l'autre et multipliez le produit par la valeur du nombre régulateur n *choisi d'après la nature des produits à obtenir,*

Le produit sera le poids de l'anneau du volant.

Exemple : Quel doit être le poids du volant d'une machine à vapeur à basse pression, de la force de quarante chevaux de la filature du Logelbach, près Colmar, dont le volant fait 18 à 20 tours en 1′?

Les cotons filés étant des n°s 40 à 60,

Le diamètre moyen étant pris égal à 6^m,10, la vitesse à cette circonférence sera, pour 19 tours en 1′,

$$\frac{3,14 \times 6,10 \times 19}{60} = 6^m,06.$$

La formule nous donnera, pour 19 tours, en faisant N = 35,

$$P = \frac{4645 \times 35 \times 40}{19 \times (6,06)^2} = 9320^k.$$

Les constructeurs, MM. Watt et Boulton, ont fait

$$P = 9450^k.$$

191. Volant pour un marteau frontal. Les marteaux frontaux battent ordinairement 70 à 80 coups en 1′, et leur poids, y compris celui du manche, varie suivant la qualité des fontes employées à les faire et suivant la nature de la fabrication, de 3000 à 4900 kilogrammes.

On calculera le poids de l'anneau du volant à monter sur l'arbre à cames, par les formules suivantes :

$$\text{Marteaux de} \begin{cases} \text{3000 à 3500}^{\text{kil}} \ldots \ldots \text{ P} = \dfrac{20000}{\text{R}^2} \\ \\ \text{4000 à 4900} \ldots \ldots \text{ P} = \dfrac{30000}{\text{R}^2} \end{cases}$$

qui reviennent à la règle suivante :

Pour déterminer le poids de l'anneau du volant à monter sur l'arbre à cames d'un marteau frontal,

Par le quarré du rayon moyen de cet anneau, divisez le nombre,

20000 *pour les marteaux de* 3000 *à* 3500^{kil},

30000 *pour les marteaux de* 4000 *à* 4900^{kil},

Le quotient sera le poids cherché en kilogrammes.

EXEMPLE : Quel doit être le poids de l'anneau du volant de l'arbre à cames pour un marteau qui pèse, avec son manche, 3165 kilogrammes et dont le rayon moyen est de 2^m,15 ?

La formule donne

$$\text{P} = \frac{20000}{(2,15)^2} = 4329^{\text{kil}}.$$

Le volant d'un marteau frontal établi à Framont, qui marche avec une régularité suffisante, et dont le rayon moyen est de 2^m,15, ne pèse que 4230 kil.

192. VOLANT POUR UN MARTEAU A L'ALLEMANDE CONDUIT PAR UN ENGRENAGE. Les marteaux à l'allemande pèsent de 600 à 800 kilogrammes, y compris le poids du manche, de la hurasse et des ferrures. Ils battent ordinairement, à leur plus grande vitesse, 100 à 110 coups en 1'.

On calculera le poids de l'anneau du volant à monter sur l'arbre à cames par la formule

$$\text{P} = \frac{15000}{\text{R}^2},$$

qui revient à la règle suivante :

Pour déterminer le poids de l'anneau du volant à monter sur l'arbre à cames d'un marteau à l'allemande,

Divisez 15000 *par le quarré du rayon moyen de l'anneau,*

Le quotient sera le poids cherché en kilogrammes.

EXEMPLE : Quel doit être le poids de l'anneau du volant à monter sur l'arbre à cames d'un marteau à l'allemande, le rayon moyen de cet anneau étant de $1^m,65$?

La formule donne

$$P = \frac{15000}{(1^m,65)^2} = 5514^{kil}.$$

L'anneau du volant d'un marteau à engrenage établi à Moulin-Neuf près Moyeuvre, dont le rayon moyen est de $1^m,65$, pèse 5150 kilogrammes environ.

193. VOLANT POUR UN MARTINET A ENGRENAGE. On emploie dans les forges des martinets de diverses grosseurs, selon l'usage auquel on les destine. Ils battent ordinairement de 150 à 200 coups à la minute.

On déterminera le poids de l'anneau du volant à monter sur l'arbre à cames, par la formule suivante :

$$\text{Martinets de} \begin{cases} 500^{kil}\ldots\ldots & P = \frac{9000}{R^2} \\ 360\ldots\ldots & P = \frac{6000}{R^2} \end{cases}$$

NOTA. Dans les poids indiqués ci-dessus, on comprend celui du manche et de toutes les ferrures.

Ces formules reviennent à la règle suivante :

Pour déterminer le poids de l'anneau du volant d'un martinet à engrenage,

Par le quarré du rayon moyen de l'anneau divisez le nombre

9000 *pour les martinets de* 500^{kil},

6000 *pour les martinets de* 360^{kil},

Le quotient sera le poids cherché de l'anneau en kilogrammes.

EXEMPLE : Quel doit être le poids de l'anneau du volant d'un martinet de 36o kilogrammes, le rayon moyen de cet anneau étant de $1^m,5o$?

La formule donne

$$P = \frac{6000}{(1,5o)^2} = 2666^{kil}.$$

194. VOLANT POUR UNE SCIERIE. Pour les scieries à une lame, destinées au débit des gros bois et donnant de 8o à 9o coups en $1'$, il suffira que le poids du volant placé sur l'axe de la manivelle soit déterminé par la formule

$$P = \frac{3oooo}{V^2},$$

en nommant V la vitesse moyenne de la circonférence milieu de l'anneau.

Ce poids peut être réparti entre deux volans placés de chaque côté du châssis.

Il faut en outre ajouter à l'anneau du volant, dans le prolongement du rayon qui correspond à la manivelle, une masse de fonte ou de plomb, destinée à former contre-poids au châssis pendant sa descente. Lorsqu'il s'agira d'une scierie à une seule lame dont le châssis ne pesera pas plus de 4oo kilogrammes, ce contre-poids pourra être déterminé avec une approximation suffisante par la formule

$$p = \frac{65^{kil}}{r},$$

dans laquelle

p représente le poids à donner au contre-poids,
r la distance à laquelle son centre de gravité se trouve
   de l'axe du volant.

EXEMPLE : Quel doit être le poids du volant d'une scierie à une seule lame, son rayon moyen étant de $0^m,76$ et sa vitesse de 88 tours en 1' ?

On a

$$V = \frac{88}{60} 6,28 \times 0^m,76 = 7^m,02.$$

La formule donne

$$P = \frac{30000}{49,28} = 606^{kil}.$$

Les deux volans d'une scierie établie à Metz depuis dix à douze ans, et qui marche avec toute la régularité désirable, ne pèsent que 512 kilog. Cependant on fait ordinairement ces volans plus forts, et nous pensons que la règle précédente ne conduit pas à un poids exagéré.

Le contre-poids à placer à la circonférence moyenne de l'anneau du volant sur le prolongement du rayon correspondant à la manivelle sera, d'après la formule précédente, égal à

$$p = \frac{65}{0,76} = 85^{kil}.$$

195. OBSERVATIONS RELATIVES AUX SCIERIES A PLUSIEURS LAMES. Lorsque les châssis doivent recevoir plusieurs lames, le volant et le contre-poids peuvent être d'autant plus légers qu'il y a plus de lames. Mais comme la scierie sera nécessairement quelquefois armée d'une seule lame, il conviendra de déterminer le volant dans tous les cas, par la règle du numéro précédent.

196. LAMINOIR POUR LES GRANDES TÔLES ET L'ÉTIRAGE DES FERS EN BARRES. Pour ces usines on déterminera le poids de l'anneau du volant par la formule

$$P = \frac{130000NK}{mV^2},$$

dans laquelle on représente par :

P le poids cherché ;

N la force en chevaux transmise par le moteur à l'arbre du volant ;

V la vitesse moyenne de la circonférence milieu du volant ;

m le nombre de tours des cylindres en $1'$;

K un coëfficient numérique.

On prendra :

K = 20 pour les machines de 80 à 100 chevaux faisant marcher à la fois 6 à 8 équipages de cylindres à tôle ou pour le fer en barres ;

K = 25 pour les machines de 60 chevaux faisant marcher 4 à 6 équipages de cylindres pour l'étirage des fers ;

K = 80 pour les machines de 30 à 40 chevaux ne faisant marcher à la fois qu'un seul équipage de cylindres à grosses tôles, ou deux équipages de cylindres ébaucheurs et finisseurs pour les petits fers.

PREMIER EXEMPLE : Quel doit être le volant d'une usine dont le moteur a la force de 60 chevaux et fait marcher 6 équipages de cylindres ébaucheurs et finisseurs pour l'étirage des fers en barres, dans le cas des données suivantes ?

Diamètre du volant................ $5^m,84$

Nombre de tours du volant et des laminoirs en $1'$......................... $m = 60$

Vitesse de la circonférence moyenne de l'anneau........................... $V = 18^m,4$

La formule donne, en faisant K = 25,

$$P = \frac{130000 \times 60 \times 25}{60 \times (18,4)^2} = 9557^{kil}.$$

L'anneau du volant de l'usine de Fourchambault,

dont les dimensions et la vitesse sont celles de l'exemple précédent, et dont la machine conduit :

4 équipages de cylindres ébaucheurs ⎫
4   *id.*   de cylindres finisseurs.. ⎬ pour les gros fers
3 équipages de cylindres ébaucheurs ⎫
3   *id.*   de cylindres finisseurs.. ⎬ pour les petits fers

dont 6 environ, pouvant être en train en même temps, ne pèsent que 8000 kilogrammes.

DEUXIÈME EXEMPLE : Quel doit être le poids de l'anneau du volant d'une usine à fer, mue par une roue hydraulique de la force de 36 chevaux et qui conduit un équipage de cylindres pour les gros fers, et un autre pour les petits fers, dans le cas des données suivantes ?

Diamètre du volant............... 9^m

Nombre de tours du volant et des cylindres en 1′.................... 60

Vitesse à la circonférence moyenne de l'anneau........................ $V = 28^m,26$

La formule donne, en faisant $K = 80$,

$$P = \frac{130000 \times 36 \times 80}{60 \times (28,26)^2} = 8120^{kil}.$$

Une usine qui se trouve dans les circonstances des données précédentes, a un volant du poids de 9000 kil., mais il y a lieu de croire qu'il est un peu plus fort qu'il n'est nécessaire.

NOTA. On concevra facilement que le volant doit être d'autant moins lourd que le moteur est plus puissant, attendu que dans le nombre d'équipages de cylindres qu'il conduit, il n'y en a qu'un ou deux qui travaillent au même instant.

La formule précédente peut aussi s'employer, lorsque le moteur doit conduire alternativement un équipage de cylindres et un marteau frontal.

197. OBSERVATION SUR L'EMPLOI DE CETTE FORMULE. Les valeurs précédentes du coëfficient **K**, conviennent pour les laminoirs conduits par des machines à vapeur, des roues à augets et des roues de côté; mais lorsque la roue motrice sera à aubes courbes ou à aubes planes, recevant l'eau par la partie inférieure, ces roues marchant ordinairement à de plus grandes vitesses et contenant moins d'eau que les autres, on pourra donner à ce coëfficient **K**, une valeur un peu plus faible.

DES PRINCIPALES

COMMUNICATIONS DU MOUVEMENT.

DES COURROIES.

198. On emploie souvent pour transmettre le mouvement d'un axe de rotation à un autre, qui en est éloigné, des courroies en cuir corroyé noir, passant sur des poulies ou tambours. La théorie et l'expérience montrent *,

1° Que quand ces courroies sont convenablement tendues, elles ne glissent point et transmettent la vitesse dans un rapport constant, et inverse de celui des diamètres des tambours;

2° Que dans la transmission du mouvement d'un axe à un autre par des cordes ou courroies sans fin, la

---

* Expériences sur le frottement des axes de rotation, et les variations de tension et le frottement des courroies de transmission du mouvement, etc.; faites à Metz en 1834, par A. Morin, capitaine d'artillerie.

26

somme des tensions des deux brins reste constante, de sorte que quand le brin conducteur se surtend, le brin conduit se détend de la même quantité, et que la somme des tensions de ces deux brins est la même que quand la machine est au repos;

3° Que l'effort T nécessaire pour faire glisser sur un tambour une courroie, dont la tension est t, ou une corde sur la gorge d'une poulie, est donné par la formule

$$\text{Log. } T = \log. \, t + 0,434 f \frac{S}{R},$$

expression dans laquelle les logarithmes sont ceux des tables, et où l'on représente par

f le rapport du frottement à la pression pour les courroies et les tambours, et dont la valeur devra être prise, d'après les expériences citées, égale à

0,47 pour des courroies à l'état ordinaire d'onctuosité sur des tambours en bois,

0,50 pour des courroies neuves sur des tambours en bois,

0,28 pour des courroies à l'état ordinaire d'onctuosité sur des poulies en fonte,

0,38 pour des courroies humides sur des poulies en fonte,

0,50 pour des cordes de chanvre, sur des poulies ou tambours en bois,

S l'arc embrassé à la circonférence du tambour ou de la poulie,

R le rayon du tambour ou de la poulie,

La formule précédente revient à la règle suivante :

Pour calculer la tension que doit avoir le brin conducteur d'une corde ou courroie enroulée sur un tambour pour faire glisser à sa surface le brin conduit, soumis à une tension donnée,

Multipliez le rapport de l'arc embrassé au rayon du tambour par 0,434 fois le rapport du frottement à la

*pression ; ajoutez le produit au logarithme de la tension
donnée du brin conduit,*

La somme sera le logarithme de la tension cherchée.

Nota. Cette règle montre qu'il est inutile d'augmenter
démesurément le diamètre des tambours, dans la vue
d'empêcher le glissement des courroies.

Exemple : Quelle doit être la tension du brin conducteur d'une courroie de cuir, qui embrasse la demi-
circonférence d'un tambour en bois de o^m,35 de rayon,
pour faire glisser le brin conduit, soumis à une tension
de 5o kilogrammes ?

La formule donne

$$\text{Log.} T = \log. 5o + o,434 \times o,47 \times 3,14 = 2,33947,$$

et par conséquent

$$T = 218^{kil},5.$$

4° Que la résistance des courroies au glissement est
indépendante de leur largeur, et qu'il n'y a pas d'avantage à augmenter cette dimension au-delà de ce qui
est nécessaire, pour que la courroie résiste aux efforts
qu'elle doit transmettre (voyez n° 233).

199. Règles pour établir une transmission de mouvement
par des cordes ou courroies. Pour établir une transmission de mouvement par des cordes ou courroies sans
fin, il faut d'abord déterminer la quantité de travail
qui devra être transmise à la poulie ou au tambour.
En la divisant par la vitesse que doit prendre la circonférence de ce tambour, on aura l'effort Q qui doit être
transmis par les courroies ou une valeur approximative
de la différence des tensions T et t, on aura donc

$$T - t = Q.$$

On calculera ensuite la plus petite valeur que l'on

puisse donner à la tension t du brin conduit par la formule

$$t = \frac{Q}{2,718^{\frac{fs}{R}} - 1},$$

qui revient à la règle suivante :

Multipliez le rapport du frottement à la pression convenable pour les courroies ou cordes et les tambours, par le rapport de l'arc embrassé au rayon du tambour; élevez le nombre 2,718 à la puissance indiquée par le produit, du résultat retranchez l'unité, et par le reste, divisez la différence donnée des tensions t *ou l'effort* Q *qui doit être exercé à la circonférence du tambour,*

Le résultat sera la plus petite des deux tensions.

Dans ce calcul on prendra pour Q la plus grande valeur qu'il puisse atteindre en tenant compte des frottemens dus aux autres forces que les tensions T et t, et pour être sûr que dans les variations accidentelles de la résistance ou de la tension, la courroie ne glissera pas ainsi que pour compenser approximativement l'influence des tensions sur le frottement de l'axe, on augmentera d'un dixième au moins la valeur donnée pour t, par la règle précédente.

Connaissant t, on aura la plus grande des deux tensions

$$T = Q + t,$$

et par suite, la somme des deux tensions $T + t$, dont la moitié sera, au repos, la valeur de la tension de chacun des brins.

EXEMPLE : Quelle doit être la tension du brin conduit d'une courroie en cuir, enroulée sur la demi-circonférence d'une poulie en fonte de $0^m,30$ de diamètre; la résistance à vaincre à la circonférence de cette poulie étant de 35 kilogrammes ?

La formule donne

$$t = \frac{35^{\text{kil}}}{2,718^{0,\,28\times3,\,14} - 1} = 24^{\text{kil}},84.$$

On devra porter cette tension à $27^k,32$, et la tension du brin conducteur sera $T = 62^k,32$. La tension naturelle ou au repos de chacun des brins, sera de $44^k,82$.

200. DES ROULEAUX DE TENSION. Pour que la tension naturelle des courroies reste constante, qu'elle atteigne et ne dépasse pas la valeur qu'on vient de calculer, il faut employer des rouleaux de tension.

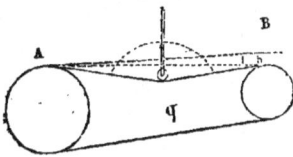
Fig. 37.

On calculera le poids q de ces rouleaux par la relation approximative

$$q = \frac{2T \cos a}{\cos b},$$

dans laquelle

a est la moitié de l'angle obtus, formé par les deux brins de la courroie sur laquelle il pèse, angle que l'on pourra se donner à priori,

b l'angle que fait la ligne AB avec l'horizontale (Fig. 37).

Cette formule revient à la règle suivante :

Pour calculer, dans le cas de la figure (37), le poids d'un rouleau de tension capable de produire par sa pression sur les deux brins d'une courroie une tension naturelle donnée,

Multipliez la tension naturelle donnée, par 2 fois le cosinus de la moitié de l'angle obtus formé par les deux brins de la courroie, et divisez le produit par le cosinus de l'angle formé par la tangente commune aux deux tambours avec l'horizontale.

Dans la pose, on devra donner à la courroie une

longueur telle qu'au repos, elle ne prenne que la flexion réglée, et la tension T aura alors à très-peu près la valeur qui lui aura été assignée.

On se réservera d'ailleurs, par les moyens connus, la faculté d'augmenter ou de diminuer à volonté, l'action du poids du rouleau.

Nota. Si pour certaines dispositions de tambours, le rouleau de tension ne devait pas agir verticalement, on pourra, par une combinaison convenable de leviers, diriger son action dans tel sens qu'il sera nécessaire, et alors on calculera l'effort qu'il devra exercer sur la courroie, perpendiculairement à la ligne AB par la règle ci-dessus, en y supposant l'angle b nul et son cosinus égal à l'unité.

Exemple : Dans l'exemple du numéro précédent, l'angle a étant de 85° et l'inclinaison de la ligne AB de 10°, quel devra être le poids du rouleau ?

La formule donne

$$Q = 89,64 \times \frac{0,0872}{0,9848} = 7^{kil},93.$$

Nous terminerons ce qui est relatif aux courroies, en ajoutant qu'on peut, sans aucun risque et avec l'assurance qu'elles marcheront long-temps, leur faire supporter des tensions de $0^{kil},25$ par millimètre carré de section.

Ce qui permettra de calculer leur largeur, quand on connaîtra l'épaisseur du cuir que l'on doit employer.

Enfin, les poulies sur lesquelles passent les courroies en cuir, doivent avoir une convexité égale à environ $\frac{1}{10}$ de leur largeur.

DES ENGRENAGES.

204. Règles pour déterminer les rayons des roues. Les engrenages étant destinés à transmettre le mouvement de rotation d'un axe à un autre dans un rapport constant que l'on se donne à priori, on déterminera d'abord deux cercles dont les rayons seraient entre eux dans le rapport inverse des nombres de tours que doit faire chaque roue.

Appelant

R le rayon de l'un des cercles,

R' le rayon de l'autre cercle,

n le nombre de tours que le cercle du rayon R' doit faire pour un tour du cercle du rayon R, on aura

$$R = nR'.$$

Cette formule revient à la règle suivante :

Le rayon du pignon est au rayon de la roue comme l'unité est au nombre de tours que le pignon doit faire par tour de roue.

Si l'on se donne l'un des rayons, l'autre sera aussi déterminé.

Si la distance des centres des deux roues est donnée, en la nommant d, on aura

$$d = R + R',$$

et l'on calculera les rayons par les formules

$$R = \frac{nd}{n+1}, \qquad R' = \frac{d}{n+1},$$

qui reviennent à la règle suivante :

Le rayon du pignon est à la distance des centres comme l'unité est à l'unité augmentée du nombre de tours qu'il doit faire par tour de roue.

La règle précédente donnera ensuite le rayon de la roue.

202. Définitions. Ces cercles ainsi déterminés, se nomment *cercles primitifs* ou *proportionnels*. Ils servent de base au tracé.

L'*épaisseur* des dents se mesure sur la circonférence de ces cercles.

L'intervalle d'une dent à l'autre s'appelle *le creux*.

La largeur des dents est leur dimension dans le sens de l'axe de rotation.

La partie des dents qui est en dehors des cercles primitifs se nomme *la face*, celle qui est en dedans se nomme *le flanc*.

La somme de l'épaisseur et du creux, ou la distance de deux dents consécutives, mesurée de milieu en milieu, forme ce qu'on nomme *le pas* de l'engrenage.

203. Manière de calculer l'effort qu'une dent doit supporter. En divisant la quantité de travail qu'une roue doit transmettre par la vitesse de la circonférence de son cercle primitif, on aura l'effort que les dents doivent supporter.

Ce calcul devra être fait pour le cas où la quantité de travail transmise par la roue sera un maximum, ou quand l'usine marchera sous sa plus grande charge.

Connaissant l'effort P que doit supporter une dent d'engrenage, on déterminera l'épaisseur b à donner aux dents, mesurée sur la circonférence primitive par les formules du n° 261.

Leur largeur parallèle à l'axe sera aussi déterminée par les règles du même numéro.

Le creux devra être égal à l'épaisseur augmentée de $\frac{1}{10}$ à $\frac{1}{13}$, selon le degré de perfection apportée à l'exécution

Le pas de l'engrenage sera, en l'appelant a, si les

dents sont de même matière,

$$a = 2,1b \text{ ou } a = 2,067b,$$

selon la perfection d'exécution, ou si elles sont de matières différentes,

$$a = b + 1,1b' \text{ ou } a = b + 1,067b',$$

b étant alors l'épaisseur de la dent de la roue, et b' celle de la dent du pignon.

NOTA. Dans les ateliers de construction, pour la facilité et l'économie d'exécution, on est quelquefois dans l'usage de calculer seulement les dimensions des dents en bois, et de faire les dents en fonte de même épaisseur.

204. RÈGLES POUR DÉTERMINER LE NOMBRE DE DENTS DES ROUES. Si l'on nomme
m le nombre de dents de la roue dont le cercle primitif a le rayon R,
m' le nombre de dents de la roue dont le cercle primitif a le rayon R',
on déterminera ces nombres de dents par les formules

$$m = \frac{2\pi R}{a} = \frac{6,28R}{a}, \quad \text{et} \quad m' = \frac{m}{n}.$$

Mais il arrivera presque toujours que ces nombres seront composés d'un nombre entier et d'une fraction, et comme d'ailleurs il convient, pour la symétrie et la facilité des assemblages, que le nombre de dents de la roue soit exactement divisible par le nombre de ses bras, quand elle doit être de plusieurs pièces, on devra prendre, pour le nombre m, le nombre entier inférieur à celui qu'on a trouvé, et qui sera à la fois divisible par le nombre de bras de la roue et par le rapport n du rayon de la roue à celui du pignon.

Le nombre m' s'en déduira par la relation

$$m = nm'.$$

Cette modification conduit à prendre le pas un peu plus grand, ou les dents un peu plus fortes que le premier calcul ne l'aurait donné, ce qui n'a aucun inconvénient.

Nous ajouterons que pour la bonne exécution et proportion des engrenages, il convient que le pignon ait au moins vingt dents, sauf les cas exceptionnels où l'on serait forcé d'adopter un plus petit nombre.

EXEMPLE : Une roue d'engrenage doit conduire un pignon auquel elle fera faire quatre tours pendant qu'elle en fera un. La distance des centres est de 3^m. La quantité de travail que la roue doit transmettre est de 1025^{km} en $1''$, et elle fait huit tours en $1'$, on a

$$n = 4, \qquad R = \frac{nd}{n+1} = \frac{4 \times 3^m}{5} = 2^m,40,$$

$$R' = \frac{3^m}{5} = 0^m,60.$$

La vitesse à la circonférence de la roue. . . . . $= \dfrac{6,28 \times 2^m,40 \times 8}{60} = 2^m,010.$

L'effort qui doit être exercé par les dents. . . . . $= \dfrac{1025^{km}}{2^m,010} = 510^{kil}.$

Si les dents de la roue sont en bois dur, on a, d'après le n° 261, pour leur épaisseur,

$$b = 0,143\sqrt{510} = 3^{cent},23.$$

Les dents du pignon seront en fonte, et leur épaisseur, calculée par la formule du n° 261, sera

$$b' = 0,105\sqrt{510} = 2^{cent}37,$$

enfin le pas sera alors

$$a = b + 1{,}067 b' = 5^{\text{cent}}{,}76,$$

l'engrenage étant supposé exécuté avec soin.

La première valeur du nombre de dents de la roue sera

$$m = \frac{2\pi R}{a} = \frac{15{,}10}{0{,}0576} = 262.$$

La roue devant avoir huit bras, on prendra $m = 256$, qui est à la fois divisible par 8 et par $n = 4$, et entre chaque bras il y aura trente-deux dents.

Le pignon étant coulé d'une seule pièce ou au plus de deux, on prendra $m' = 64$,
d'où l'on déduira

$$a = \frac{2\pi R}{m} = \frac{15{,}1}{256} = 5^{\text{cent}}{,}89.$$

205. TRACÉ PRATIQUE DES ENGRENAGES. Le pas de l'engrenage et les rayons des cercles primitifs étant déterminés, on divisera leur circonférence en autant de parties

Fig. 38.

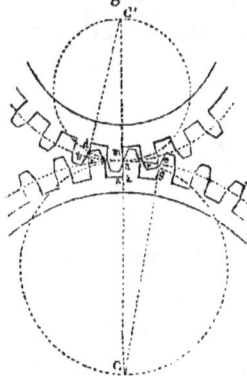

qu'ils doivent contenir de dents en partant du point a où ces cercles coupent la ligne des centres cc', et on marquera sur ces circonférences l'épaisseur de chaque dent.

Par le premier point b de division du cercle $c'a$ du pignon placé à une distance de la ligne des centres égale au pas, on menera un rayon $c'b$ qui rencontrera le cercle dont le diamètre est $c'a$ en un point d. On joindra le point d avec le premier point b' de division du cercle primitif ca de la roue, sur le milieu de la ligne $b'd$, on élevera une perpendiculaire qui rencontrera la circonférence du rayon ca en un point, qui sera pris pour le centre d'un arc de cercle dont le rayon sera la distance de ce même point à b et b', et qui formera la courbe de la dent.

Le rayon du cercle que l'on substitue à l'épicycloïde
étant ainsi déterminé, on tracera toutes les dents avec
la même courbure sur les deux faces.

206. LIMITE DE LA LONGUEUR DES DENTS. Du point c
comme centre, avec le rayon cd, on décrira une circonférence de cercle qui limitera la longueur des dents
de la roue, de manière que l'une cesse de pousser quand
la précédente arrive à la ligne des centres.

207. TRACÉ DU FLANC. Par le centre c et par le point b',
on menera un rayon qui donnera la direction du flanc.
On en fera autant pour l'autre face de la dent.

208. DENTS DU PIGNON. Pour les dents du pignon on
portera de même de part et d'autre du point a, sur les
cercles primitifs, des longueurs égales au pas. On menera
le rayon ce du cercle primitif de la roue, il rencontrera
la circonférence, dont le diamètre est ca en un point
g qu'on joindra au premier point de division du cercle c',
à partir de a; sur le milieu de la ligne ainsi tracée,
on élevera une perpendiculaire; cette ligne rencontrera
le cercle de rayon $c'a$ en un point qui sera le centre d'un
arc de cercle, dont le rayon sera la distance de ce centre
au point e, et qui formera la face de la dent du pignon.
Ce rayon servira à tracer de même les deux faces de
chacune des dents du pignon.

Du centre c' avec le rayon $c'g$, on décrira une circonférence qui limitera la longueur de toutes les dents
du pignon, de manière qu'une de ses dents commence
à être poussée par le flanc de celle de la roue, quand
la précédente arrive à la ligne des centres.

Les circonférences des rayons cd et $c'g$ rencontrent
la ligne des centres, en des points en deçà desquels
on portera jusqu'en m vers c et jusqu'en m vers c' sur cc',
une longueur égale à $0^m,008$ et $0^m,10$ environ; puis
des points m et n ainsi déterminés avec les rayons

c'm et *cn*, on décrira des circonférences qui, en rencontrant les flancs des dents du pignon et des dents de la roue, limiteront leur largeur et formeront le fond du creux.

On adoucira par un petit raccordement curviligne, le flanc et le fond du creux, pour ne pas avoir d'angle rentrant à vive arête.

209. OBSERVATIONS SUR LE TRACÉ GÉNÉRALEMENT SUIVI PAR LES PRATICIENS. Les praticiens sont dans l'usage de substituer aussi à l'épicycloïde un cercle, dont ils prennent le rayon égal, les uns à la corde du pas, les autres aux $\frac{3}{4}$ de cette corde.

Cette méthode se rapproche beaucoup de celle que l'on vient d'indiquer, et peut, sans inconvénient, lui être substituée, toutes les fois que les roues n'ont pas des rayons très-différens et que les dents ne doivent pas être très-épaisses. Mais pour de petits pignons à grosses dents, qui doivent être conduits par de grandes roues, elle ne conviendrait plus et il faudra suivre celle qui précède.

210. MODIFICATION A APPORTER AU TRACÉ PRÉCÉDENT POUR LE CAS DES PIGNONS TRÈS-PETITS, SOUMIS A DE GRANDS EFFORTS. Les dents déterminées par le tracé du n° 205, pourraient être trop minces vers le bout, dans le cas où le pignon serait très-petit et les efforts qu'il transmet très-grands.

Le tracé l'indiquera, et l'on sera forcé alors de renoncer à avoir deux dents en prise à la fois, et on devra recommencer l'opération en prenant les arcs *ae* et *ab* décrits pendant la durée du contact, d'abord égaux aux $\frac{3}{4}$ du pas, et on opérera comme il a été dit au n° 205 et suivans. Si les dents étaient encore trop minces vers le bout et réduites au-delà de la moitié de leur épaisseur à la naissance, on recommencerait de nouveau le tracé, en prenant ces arcs *ab* et *ae* égaux à la moitié du pas.

NOTA. Dans ce qui précède nous avons toujours supposé qu'il s'agissait d'un pignon conduit par une roue, et nous n'avons pas parlé des lanternes, parce que cet engrenage vicieux doit être abondonné.

211. MODIFICATION RELATIVE AU CAS OU LES PIGNONS SONT GRANDS ET LES EFFORTS A TRANSMETTRE TRÈS-FAIBLES. Au contraire, si les rayons des roues sont grands et les efforts à transmettre assez faibles, il pourrait arriver que les dents, tracées par la méthode du n° 205, fussent un peu courtes. Dans ce cas, au lieu de se borner à faire agir une dent, pendant un intervalle égal à une fois le pas, avant la ligne des centres et autant après cette ligne, on pourra prendre les arcs *ab* et *ae* égaux à une fois et demie ou deux fois le pas, et faire le reste du tracé comme il est indiqué au n° 205 et suivants.

212. LIMITE DE LA SAILLIE DES DENTS. Dans tous les cas, il ne convient pas que la saillie des dents sur l'anneau qui les porte, excède 1,5 fois leur épaisseur mesurée sur le cercle primitif.

213. ENGRENAGE INTÉRIEUR D'UNE ROUE ET D'UN PIGNON. Lorsque la roue conductrice mène un pignon placé dans son intérieur, la courbe des dents de la roue et le flanc de celles du pignon, doivent encore être tracés par la méthode du n° 205; mais ce tracé ne pourrait plus s'appliquer au flanc des dents de la roue et à la courbe de celle du pignon.

Cette courbe devrait alors être formée par une épicycloïde, engendrée par un point du cercle primitif de la roue, roulant extérieurement sur le cercle primitif du pignon; on la remplacera par un arc de cercle, décrit de la naissance d'une dent avec un rayon égal à la corde de l'arc qui mesure le pas sur le cercle primitif du pignon.

Quant au flanc de la dent de la roue, il se réduirait dans le tracé actuel au point de la circonférence primitive, qui aurait décrit l'épicycloïde de la dent du pignon. Ce qui montre qu'alors la dent de la roue agirait avant la ligne des centres, toujours par le même point, et se creuserait d'autant plus promptement que ce genre d'engrenage est ordinairement employé pour transmettre le mouvement des roues hydrauliques, et qu'alors la roue et le pignon sont sans cesse mouillés et exposés à un frottement considérable.

Dans les cas ordinaires, où l'on aura eu l'attention de ne pas faire le pignon trop petit, et où il n'aura pas à supporter des efforts trop grands, il sera possible et préférable de supprimer tout à fait l'engrenage avant la ligne des centres, et alors on opérera ainsi qu'il suit :

Fig. 39.

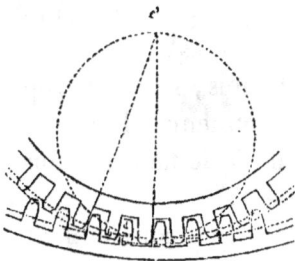

ac' étant la ligne des centres (Fig. 39), a le point de contact des cercles primitifs, prenez, pour les cas ordinaires, sur ces cercles, un arc égal à deux fois le pas ; à l'extrémité de cet arc, menez un rayon qui rencontre le cercle, dont le diamètre est égal à $c'a = R'$.

Joignez ce point de rencontre et l'extrémité de l'arc pris sur le cercle de la roue ; sur le milieu de la ligne de jonction, élevez une perpendiculaire dont la rencontre avec le cercle primitif ca, sera le centre des arcs de cercle qui formeront la courbe de la dent.

Le flanc du pignon aura la direction des rayons du cercle c'. Du centre de la roue, décrivez, comme au n° 206, une circonférence qui limitera la longueur des dents de la roue, de manière qu'une dent ne cesse de pousser que quand la seconde qui la suit arrive à la ligne des centres.

La longueur utile du flanc du pignon est ainsi déterminée, mais il est nécessaire de le prolonger en dehors du cercle primitif $c'a$, de $0^m,003$ à $0^m,005$ en arrondissant les angles à partir de la circonférence primitive, avec un rayon égal à la corde du pas sur le cercle primitif du pignon.

De même il faut mener du centre de la roue, des rayons tangens aux faces de la dent pour former des flancs, qui ne servent à peu près alors qu'à donner une profondeur convenable au creux.

Les dents de la roue et du pignon étant ainsi limitées vers l'extrémité, donnez au creux une profondeur telle qu'il y ait entre ces dents et le fond de ces creux $0^m,008$ à $0^m,010$ de jeu.

214. Modification pour le cas des petits pignons soumis a de grands efforts. Si le pignon était trop petit, il pourrait arriver que les dents ainsi construites, pour qu'il y en ait toujours deux en contact à la fois, seraient trop minces à l'extrémité. Dans ce cas recommencez le tracé, en prenant des arcs égaux à $1,5$ ou s'il le faut une fois le pas. Ce cas se présentera rarement.

Les engrenages intérieurs ainsi tracés ne conviennent qu'au cas où la roue conduit le pignon.

215. Engrenage d'un pignon et d'une crémaillère. Pour tracer les dents d'un pignon qui doit conduire une crémaillère, il faut d'abord déterminer la hauteur dont la crémaillère doit s'élever pour un tour du pignon. Alors appelant

h cette hauteur,

r le rayon du cercle primitif du pignon,

On aura

$$r = \frac{h}{2\pi}.$$

Connaissant la résistance que la crémaillère oppose au pignon, on calculera l'épaisseur b de la dent du pignon d'où l'on conclura le pas, puis le nombre m des dents du pignon, sera réglé par la formule

$$m = \frac{2\pi r}{a}.$$

On prendra pour m le nombre entier inférieur le plus voisin, et on déduira de la relation ci-dessus, une valeur du pas a un peu plus grande que la première que l'on avait trouvée, ce qui n'a pas d'inconvéniens.

Cela fait, on enroulera un fil sur la circonférence du cercle primitif, et avec une pointe ou un style placé à son extrémité, en déroulant ce fil, on tracera la développante du cercle qui sera la courbe des deux faces de dent du pignon.

Deux rayons tangens aux naissances de ces courbes à la circonférence primitive, formeront le flanc des

Fig. 40.

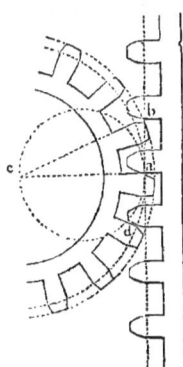

dents, et pour limiter la longueur utile de la courbe, de façon que le contact cesse à une distance donnée, que l'on essaiera d'abord de rendre égale au pas, on portera sur la ligne des contacts une longueur ab, égale à ce pas, et du centre c avec cb pour rayon, on tracera une circonférence qui déterminera la largeur des dents du pignon.

Quant aux dents de la crémaillère, on les tracera avec une exactitude suffisante pour la pratique, en décrivant de la naissance d'une des dents comme centre avec le pas, comme rayon, un arc

28

de cercle, qu'on limitera en d à sa rencontre avec le cercle, dont le diamètre est égal au rayon du pignon. Ces dents auront leurs flancs perpendiculaires à la direction du mouvement, et seront symétriques ainsi que celles du pignon.

La profondeur du creux et la saillie totale, se régleront comme il a été dit aux n°s 208 et 212.

Il arrive souvent pour cet engrenage, que d'après la dimension trouvée pour le pas, il ne serait pas possible de faire conduire avant et après le point de contact du cercle primitif et de la ligne ab à une distance égale au pas, sans que les dents ne devinssent trop minces au bout. On restreindra alors l'amplitude du contact et l'on déterminera le rayon des courbes des dents de la crémaillère, comme il a été dit aux n°s 210 et 205, pour les engrenages ordinaires.

216. Cames des pilons. Les cames des pilons se traceront de la même manière que les dents du pignon qui conduit une crémaillère; mais comme il n'y en a qu'un petit nombre dans la circonférence, on peut se donner la condition que chacune d'elles agisse pendant une partie donnée de cette circonférence, et faire en sorte que le pilon ait le temps de retomber avant qu'une autre came soit arrivée pour le relever.

Appelant

h la levée du pilon ordinairement donnée d'avance,

m le nombre de cames qui agissent sur un même pilon, dans une révolution de l'arbre,

n le nombre de révolutions de l'arbre en $1'$,

$t = \dfrac{60''}{n}$ la durée d'une révolution,

r le rayon du cercle primitif à développer.

L'intervalle d'une levée à une autre serait $\dfrac{t}{m} = \dfrac{60''}{mn}$.

Mais attendu que les résistances passives peuvent un

peu retarder la descente, on augmentera ce temps d'un sixième pour ne pas être exposé à voir les mentonnets choquer les cames en descendant.

Faisant alors $\dfrac{t}{m}\left(1+\dfrac{1}{6}\right)=t'$,

on calculera le rayon r par la formule

$$r = \frac{6oh}{\left(t'-\sqrt{\dfrac{2h}{9,81}}\right)6,28}.$$

Cette formule revient à la règle suivante :

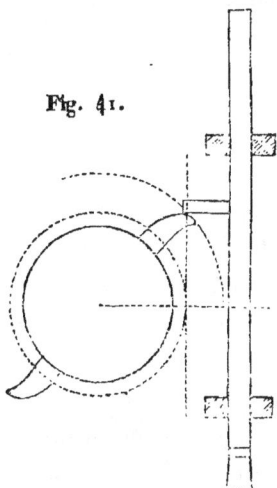
Fig. 41.

Divisez la durée d'une révolution de l'arbre à cames par le nombre de cames qui agissent sur un même pilon ; augmentez ce temps d'un sixième, et retranchez-en la racine quarrée du double de la levée divisée par 9,81, et multipliez le reste par 6,28 fois le nombre de révolutions de l'arbre à cames en 1',

Par le produit divisez la levée multipliée par 60,

Le quotient sera le plus petit rayon que l'on puisse prendre pour le cercle à développer.

Il n'y aura aucun inconvénient à le prendre plus grand.

EXEMPLE : Quelle est la limite inférieure du rayon du cercle à développer pour former les cames d'un moulin à pilons, dans le cas des données suivantes ?

$$h = 0^m,40, \quad m = 2, \quad n = 25,$$

$$t' = \frac{6o}{25}\left(1+\frac{1}{6}\right) = 1'',40.$$

On trouve

$$r = \frac{60 \times 0,40}{(1,40 - 0,285)\,6,28 \times 25} = 0^m,137.$$

Le rayon que l'on adopte ordinairement est environ le double de cette limite inférieure.

On tracera le cercle du rayon r ainsi déterminé, et on limitera la longueur de la courbe comme il a été dit au numéro précédent, en portant sur la tangente une longueur égale à la levée et en décrivant du centre de l'arbre à cames le cercle qui passerait par le point ainsi déterminé.

Le reste du tracé ne présente pas de difficultés.

217. Cames en épicycloïdes destinées a transmettre un mouvement circulaire alternatif. Pour construire les cames qui sont employées à soulever les marteaux des foulons, les marteaux frontaux, etc., on déterminera d'abord par l'amplitude du mouvement qu'on doit imprimer à ces outils, la longueur de l'arc qui correspond à la durée du contact.

On se donnera pour le cercle à cames un rayon convenable d'après les proportions en usage et suffisant pour que l'outil, en redescendant, ne rencontre pas la came avant d'être parvenu à sa position inférieure et d'avoir terminé son action.

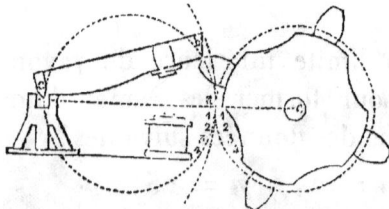

Fig. 42.

Tracez le cercle primitif ca de la came, le cercle du rayon $c'a$ et le cercle dont le diamètre est ca'.

Partagez ce dernier cercle et le cercle ca en parties égales, à partir de a, aux points 1, 2, 3, 4, 5.

Des points 1, 2, 3, 4, 5 de division du cercle *ca* avec des rayons égaux aux cordes 1*a*, 2*a*, 3*a*, etc. du cercle de diamètre *c'a*, décrivez des arcs de cercle qui, par leurs intersections successives, formeront la courbe de l'épicycloïde de la came.

De *a* en *b*, sur le cercle de diamètre *c'a*, portez un arc égal à celui pendant lequel la came doit conduire le manche. Du point *c* comme centre, avec un rayon égal à *cb*, décrivez une circonférence qui limitera la longueur utile des cames.

Pour la facilité du dégagement du manche, on donne à ces cames un flanc en ligne droite dirigé suivant le rayon, et on en déterminera la longueur d'après les dimensions du manche et le jeu nécessaire.

Ces cames n'étant pas exposées à être contre-menées comme les engrenages ordinaires, il n'est pas nécessaire de leur donner des deux côtés une courbure symétrique, quoique cela se pratique ordinairement.

218. ENGRENAGES CONIQUES. L'angle formé par les deux axes de rotation étant donné, élevez en un point quelconque de ses deux côtés CM et CN des perpendiculaires qui soient entre elles dans le rapport inverse des vitesses angulaires ou des nombres de tours. Par les extrémités P et Q de ces perpendiculaires, menez deux parallèles PA et QA aux lignes CM et CN. La ligne CA partagera l'angle MCN en deux parties, telles que les cônes, qui auraient pour génératrice cette ligne tournant respectivement autour de CM et CN, rouleraient l'un sur l'autre en se transmettant des vitesses angulaires dans le rapport donné.

Fig. 43.

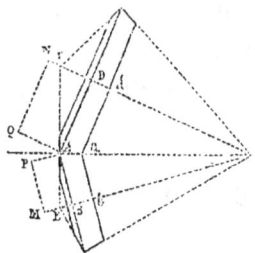

Ces cônes se nomment les *cônes primitifs*.

Si l'on appelle

R le rayon de la roue conductrice,

R' le rayon du pignon,

n le rapport des vitesses angulaires ou des nombres de tours,

on aura

$$R = nR',$$

et si l'on se donne l'un des rayons, l'autre sera déterminé.

On calculera, comme il sera dit au n° 261, l'épaisseur et la largeur des dents, et l'on en conclura le pas a.

Divisant ensuite la circonférence $2\pi R$ par le pas a, on aura le nombre m de dents de la roue; et comme il sera généralement fractionnaire, on prendra pour m le nombre entier inférieur le plus voisin, divisible à la fois par le nombre des bras de la roue et par le rapport n des vitesses, ce qui conduira à une nouvelle valeur du pas égale à $\dfrac{2\pi R}{m}$, ou au quotient de la circonférence primitive par le nombre de dents adopté, et un peu supérieure à la précédente.

On aura ensuite le nombre de dents du pignon $m' = \dfrac{m}{n}$, en divisant celui des dents de la roue par le nombre de tours que le pignon doit faire par tour de roue.

La largeur des dents se porte de A en a sur la ligne CA, et l'on abaisse de a des perpendiculaires ab et ad, qui sont les rayons de deux nouveaux cercles.

C'est entre les cercles AB et ab, AD et ad, qu'est comprise la denture.

Au point A, on élève sur la ligne CA, une perpendiculaire dont les rencontres E et F avec les axes CB et CD, donnent le sommet de deux nouvelles surfaces coniques perpendiculaires aux précédentes, et qui forment les *surfaces de tête* de l'engrenage.

Fig. 44.

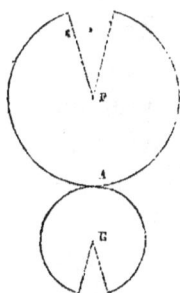

Cela fait, on développe les cônes, dont les sommets sont en E et F, et qui ont pour arêtes AE et AF. Les cercles AB et AD qui leur servent de bases, se touchent en A dans le développement, et on les regarde comme les cercles primitifs d'un engrenage plan, que l'on trace comme il est dit au n° 205.

On fait le tracé d'un certain nombre de dents, sur une feuille flexible de tôle mince, que l'on découpe suivant le profil déterminé, et on la présente ensuite comme un gabarit sur la surface de tête de la roue correspondante, sur laquelle on trace l'engrenage à la pointe.

On répète les mêmes opérations, pour les surfaces coniques perpendiculaires en *a* aux cônes primitifs, et qui forment les surfaces de tête intérieures.

Les deux tracés ainsi reportés sur ces surfaces de tête étant repérés convenablement, les profils des dents sur l'un et sur l'autre se correspondront exactement, et en traçant des lignes droites de l'un à l'autre des points homologues, on exécutera toute la surface des dents.

219. ENGRENAGES A DÉVELOPPANTES DE CERCLE. Lorsqu'une roue doit conduire plusieurs pignons de diamètres différens, l'engrenage à épicycloïdes et le tracé pratique qu'on lui substitue, n° 205, ne satisfont plus pour tous ces pignons, à la condition de transmettre la vitesse dans un rapport constant. Il convient, dans ce cas,

de lui substituer l'engrenage dont les dents ont la forme de développantes et l'on procédera ainsi qu'il suit :

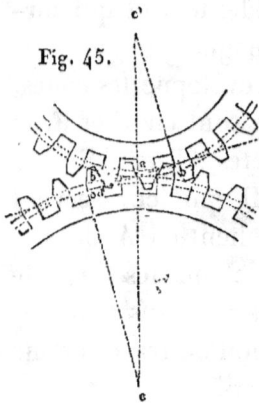

Fig. 45.

On déterminera les rayons des cercles primitifs, l'épaisseur et la largeur des dents, ainsi que le pas, comme il a été dit aux n°s 201 et 204.

Cela fait, si l'on veut que les dents se conduisent avant et après la ligne des centres, d'une quantité égale au pas, on portera, à partir du point a, sur le cercle primitif du pignon, un arc ab égal au pas, on menera le rayon $c'b$. Du point a, on abaissera une perpendiculaire sur $c'b$, et du point c, une parallèle ce à $c'b$. On décrira des centres c et c' les circonférences qui auront pour tangente commune la ligne ae prolongée, et l'on enroulera sur ces circonférences un fil, dont l'extrémité soit fixée à un style ; puis en déroulant le fil, le style tracera successivement la développante de ces deux circonférences. Les courbes, ainsi obtenues, seront celles des profils des dents.

Du centre c avec un rayon égal à la distance de ce centre au pied de la perpendiculaire abaissée de a sur $c'b$, on décrira une circonférence de cercle, qui limitera la longueur des dents de la roue.

La courbe de la dent du pignon étant arrivée à une distance égale au pas, rencontrera la ligne ae en un point dont la distance au centre c' étant prise pour rayon, on décrira, du centre c', une circonférence de cercle qui limitera les dents du pignon.

Pour la facilité du passage des dents dans les creux, il est nécessaire de donner aux dents des flancs, formés par des rayons tangens à leur naissance, et dont la longueur mesurée en dedans des cercles développés, ne doit pas excéder 0^m,008 à 0^m,010, ce qui détermine la profondeur des creux.

220. MODIFICATION RELATIVE AU CAS DES PIGNONS TRÈS-PETITS ET DES GRANDS EFFORTS. Si, par suite de la grande différence des rayons primitifs R et R', et de l'épaisseur à donner aux dents, la condition de faire agir les dents à une distance égale au pas avant et après la ligne des centres, conduisait à avoir des dents trop minces au bout, on recommencerait le tracé, en ne faisant agir les dents qu'à une distance égale aux trois quarts ou à la moitié du pas.

221. LE TRACÉ PRÉCÉDENT S'APPLIQUE AUX ROUES D'ANGLES. Ce tracé des engrenages à développantes de cercle, peut être appliqué aux roues d'angles comme aux engrenages plans.

222. ENGRENAGE D'UNE VIS SANS FIN, CONDUISANT UN PIGNON. Pour tracer l'engrenage d'une vis sans fin, conduisant un pignon, on déterminera d'abord l'épaisseur des dents et le pas d'après l'intensité des efforts à transmettre, à l'aide des formules du n° 261.

Le pas des filets de la vis à la circonférence primitive, sera égal au pas de l'engrenage, et comme alors il passera une dent du pignon à chaque tour de la vis, on pourra calculer le rayon du pignon, de façon qu'il fasse un tour, pour un nombre de tours donné de la vis.

Soit n ce nombre, on aura, pour déterminer le rayon du pignon, la formule

$$R = \frac{na}{6,28},$$

qui revient à la règle suivante :

Pour déterminer le rayon du cercle primitif d'un pignon qui doit être conduit par une vis sans fin,

29

Multipliez le pas par le nombre de tours que doit faire la vis par tour du pignon, et divisez le produit par 6,28,
    Le quotient sera le rayon cherché.

Le pas de la vis étant connu, on aura le diamètre du noyau, d'après les règles pratiques qui seront données au n° 286, par la formule

$$r = \tfrac{5}{2}a.$$

Quant à la ligne droite qui représenterait le cercle primitif de la vis, elle sera parallèle à l'axe de la vis et à une distance égale à $\tfrac{11}{10}r$.

Cela fait, on tracera le profil des dents du pignon et celui des filets de la vis, comme pour un pignon, conduisant une crémaillère n° 215.

La vis sera ainsi entièrement déterminée.

Quant au pignon, il faut que ses dents soient inclinées sur son axe, comme les filets sur celui de la vis. A cet effet, ayant fait le tracé du profil des dents sur les deux faces de tête de l'engrenage, on ploiera sur le cylindre qui contient les sommets des dents, une ligne droite, allant de l'extrémité d'une dent au point homologue de la dent précédente, dans le sens du mouvement; et en opérant ainsi de proche en proche à mesure que l'on creusera les dents du modèle, on formera la surface gauche des dents du pignon.

DU FROTTEMENT.

—

223. On distingue deux genres de frottement provenant, le premier de la résistance qui se manifeste quand un corps glisse sur un autre, et le deuxième, de la résistance qu'un corps éprouve quand il roule sur un autre.

Dans le premier cas, la résistance prend le nom de *frottement de glissement* ; dans le deuxième celui de *frottement de roulement.*

De nombreuses expériences *, faites sur tous les corps employés dans les machines et dans les constructions, sous des pressions comparables à celles qui ont lieu dans la pratique, et avec tous les enduits en usage, ont prouvé que le frottement de glissement est

1° Indépendant de la vitesse du mouvement,

2° Indépendant de l'étendue de la surface de contact,

3° Proportionnel à la pression, dans un rapport

* Nouvelles expériences sur le frottement, faites à Metz en 1831, 1832, 1833, imprimées par ordre de l'Académie des Sciences. — 1834, chez Bachelier, libraire à Paris.

constant pour les mêmes corps, dans le même état et variable d'un corps à l'autre.

L'expérience a aussi appris que quand les corps ont été quelque temps en contact, comme une vanne avec ses coulisses, le frottement, au moment où l'on veut les faire glisser l'un sur l'autre, est plus grand que quand ils sont déjà en mouvement. Il faut donc distinguer ici deux cas, 1° celui où les corps ont été quelque temps en contact; 2° celui où les corps sont en mouvement les uns sur les autres.

Les valeurs du rapport du frottement à la pression, pour l'un et pour l'autre cas et pour tous les corps en usage dans les machines, sont consignées dans les tableaux suivans :

TABLEAU N° 1. Frottement des surfaces planes lorsqu'elles ont été quelque temps en contact.

INDICATION des surfaces en contact.	DISPOSITION des fibres.	ÉTAT des surfaces.	RAPPORT du frottement à la pression.
Chêne sur chêne..........	parallèles	sans enduit.	0,62
	id.	frottées de savon sec.	0,44
	perpendicules	sans enduit.	0,54
	id.	mouillées d'eau.	0,71
	bois debout sur bois à plat	sans enduit.	0,43
Chêne sur orme..........	parallèles	id.	0,38
Orme sur chêne..........	id.	id.	0,69
	id.	frottées de savon sec.	0,41
	perpendicules	sans enduit.	0,57
Frêne, sapin, hêtre, sorbier sur chêne...............	parallèles	id.	0,53
Cuir tanné sur chêne......	le cuir à plat	id.	0,61
	le cuir de champ	id.	0,43
		mouillées d'eau.	0,79
Cuir noir corroyé ou courroie {sur surface plane en chêne.	parallèles	sans enduit.	0,74
{sur tambour en chêne.	perpendicules	id.	0,47

INDICATION des surfaces en contact.	DISPOSITION des fibres.	ÉTAT des surfaces.	RAPPORT du frottement à la pression.
Natte de chanvre sur chêne..	parallèles	sans enduit.	0,50
	id.	mouillées d'eau.	0,87
Corde de chanvre sur chêne...	parallèles	sans enduit.	0,80
Fer sur chêne............	parallèles	id.	0,62
	id.	mouillées d'eau.	0,65
Fonte sur chêne..........	parallèles	id.	0,65
Cuivre jaune sur chêne	parallèles	sans enduit.	0,62
Cuir de bœuf pour garniture de piston, sur fonte.	à plat ou de champ	mouillées d'eau.	0,62
		avec huile, suif ou saindoux.	0,12
Cuir noir corroyé ou courroie sur poulie en fonte.	à plat	sans enduit.	0,28
		mouillées d'eau.	0,38
Fonte sur fonte............	»	sans enduit.	0,16 [1]
Fer sur fonte	»	id.	0,19
Chêne, orme, charme, fer, fonte et bronze, glissant deux à deux l'un sur l'autre.	»	enduites de suif.	0,10 [2]
		enduites d'huile ou de saindoux.	0,15 [3]
Pierre calcaire oolithique sur calcaire oolithique.........	»	sans enduit.	0,74
Pierre calcaire dure dite muschelkalk sur calc[re] oolithique.	»	id.	0,75
Brique sur calcaire oolithique.	»	id.	0,67
Chêne sur id........	bois debout	id.	0,63
Fer sur id........	»	id.	0,49
Pierre calcaire dure ou muschelkalk sur muschelkalk....	»	id.	0,70
Pierre calcaire oolithique sur muschelkalk............	»	id.	0,75
Brique sur muschelkalk......	»	id.	0,67
Fer sur id..........	»	id.	0,42
Chêne sur id..........	»	id.	0,64
Pierre calcaire oolithique sur calcaire oolithique.	»	avec enduit de mortier de trois parties de sable fin, et une partie de chaux hydraulique	0,74 [4]

[1] Les surfaces conservant quelqu'onctuosité. — [2] Lorsque le contact n'a pas duré assez long-temps pour exprimer l'enduit. — [3] Lorsque le contact a duré assez long-temps pour exprimer l'enduit et ramener les surfaces à l'état onctueux. — [4] Après un contact de 10' à 15'.

224. On remarquera que l'expérience ayant démontré qu'un ébranlement assez faible, pouvait déterminer le mouvement ou la séparation des surfaces, sous un effort de traction peu supérieur à celui qui suffit pour vaincre le frottement quand le mouvement est acquis, on ne devra pas faire usage de ce tableau dans toutes les applications à la stabilité des constructions, exposées à des ébranlemens quelconques, mais se servir de ceux du tableau suivant.

225. TABLEAU N° 2. FROTTEMENT DES SURFACES PLANES EN MOUVEMENT LES UNES SUR LES AUTRES.

INDICATION des surfaces en contact.	DISPOSITION des fibres.	ÉTAT des surfaces.	RAPPORT du frottement à la pression.
Chêne sur chêne.............	parallèles	sans enduit.	0,48
	id.	frottées de savon sec.	0,16
	perpendicul^{es}	sans enduit.	0,34
	id.	mouillées d'eau.	0,25
	bois debout sur bois à plat	sans enduit.	0,19
Orme sur chêne............	parallèles	id.	0,43
	perpendicul^{es}	id.	0,45
	parallèles	id.	0,25
Frêne, sapin, hêtre, poirier sauvage et sorbier, sur chêne.	id.	id.	0,36 à 0,40
Fer sur chêne.............	id.	id.	0,62
		mouillées d'eau.	0,26
		frottées de savon sec.	0,21
Fonte sur chêne...........	id.	sans enduit.	0,49
		mouillées d'eau.	0,22
		frottées de savon sec.	0,19
Cuivre jaune sur chêne......	id.	sans enduit.	0,62
Fer sur orme..............	id.	id.	0,25
Fonte sur orme............	id.	id.	0,20
Cuir noir corroyé sur chêne...	id.	id.	0,27
Cuir tanné sur chêne........	à plat ou de champ	id.	0,30 à 0,35
		mouillées d'eau.	0,29

INDICATION des surfaces en contact.	DISPOSITION des fibres.	ÉTAT des surfaces.	RAPPORT du frottement à la pression.
Cuir tanné sur fonte et sur bronze.	à plat ou de champ	sans enduit.	0,56
		mouillées d'eau.	0,36
		onctueuses et mouillées d'eau.	0,23
		enduites d'huile.	0,15
Chanvre en brin ou en corde sur chêne.	parallèles perpendicul^{es}	sans enduit.	0,52
		mouillées d'eau.	0,33
Chêne et orme sur fonte.....	parallèles	sans enduit.	0,38
Poirier sauvage sur fonte.....	*id.*	*id.*	0,44
Fer sur fer...............	*id.*	*id.*	» [1]
Fer sur fonte et sur bronze...	»	*id.*	0,18 [2]
Fonte sur fonte et sur bronze..	»	*id.*	0,15 [2]
Bronze { sur bronze........	»	*id.*	0,20
sur fonte........	»	*id.*	0,22
sur fer..........	»	*id.*	0,16 [3]
Chêne, orme, charme, poirier sauvage, fonte, fer, acier et bronze, glissant l'un sur l'autre ou sur eux-mêmes.	»	lubrifiées à la manière ordinaire avec enduit de suif, saindoux, huile, cambouis mou, etc.	0,07 à 0,08 [4]
		légèrement onctueuses au toucher.	0,15
Pierre calcaire oolithique sur calcaire oolithique........	»	sans enduit.	0,64
Pierre calcaire dite muschelkalk sur calcaire oolithique......	»	*id.*	0,67
Brique ordin. sur calc. oolith..	»	*id.*	0,65
Chêne sur *id*.......	bois debout	*id.*	0,38
Fer forgé sur *id*.......	parallèles	*id.*	0,69
Pierre calcaire dite muschelkalk sur muschelkalk..........	»	*id.*	0,38
Pierre cal^{re} oolithique sur muschelkalk...............	»	*id.*	0,65
Brique ord^{re} sur muschelkalk.	»	*id.*	0,60
Chêne sur *id*.....	bois debout	*id.*	0,38
Fer sur *id*.....	parallèles	*id.*	0,24
	id.	mouillées d'eau.	0,30

[1] Les surfaces se rodent dès qu'il n'y a pas d'enduit. — [2] Les surfaces conservant encore un peu d'onctuosité. — [3] Les surfaces étant un peu onctueuses. — [4] Lorsque l'enduit est sans cesse renouvelé et uniformément réparti ce rapport peut s'abaisser jusqu'à 0,05.

226. TABLEAU N° 5. Frottement des tourillons en mouvement sur leurs coussinets.

INDICATION des surfaces en contact.	ÉTAT des surfaces.	RAPPORT du frottement à la pression lorsque l'enduit est renouvelé	
		à la manière ordinaire.	d'une manière continue.
Tourillons en fonte sur coussinets en fonte.	enduites d'huile d'olive, de saindoux, de suif, ou de cambouis mou..	0,07 à 0,08	0,054
	avec les mêmes enduits et mouillées d'eau....	0,08	»
	enduites d'asphalte.....	0,054	»
	onctueuses...........	0,14	»
	onctueuses et mouillées d'eau.............	0,14	»
Tourillons en fonte sur coussinets en bronze.	enduites d'huile d'olive, de saindoux, de suif ou de cambouis mou.....	0,07 à 0,08	0,054
	onctueuses...........	0,16	»
	onctueuses et mouillées d'eau.............	0,16	»
	très-peu onctueuses.....	0,19	» [1]
	sans enduit...........	0,18	» [2]
Tourillons en fonte sur coussinets en bois de gayac	enduites d'huile ou de saindoux...........	»	0,090
	onctueuses d'huile ou de saindoux...........	0,10	»
	onctueuses d'un mélange de saindoux et de plombagine.............	0,14	»
Tourillons en fer sur coussinets en fonte.	enduites d'huile d'olive, de suif, de saindoux ou de cambouis mou.....	0,07 à 0,08	0,054
Tourillons en fer sur coussinets en bronze.	enduites d'huile d'olive, de saindoux ou de suif.	0,07 à 0,08	0,054
	enduites de cambouis ferme................	0,09	»
	onctueuses et mouillées d'eau..............	0,19	»
	très-peu onctueuses.....	0,25	» [3]

[1] Les surfaces commençant à se roder. — [2] Les bois étant un peu onctueux. — [3] Les surfaces commençant à se roder.

INDICATION des surfaces en contact.	ÉTAT des surfaces.	RAPPORT du frottement à la pression lorsque l'enduit est renouvelé	
		à la manière ordinaire.	d'une manière continue.
Tourillons en fer sur coussinets en gayac.	enduites d'huile ou de saindoux............	0,11	»
	onctueuses............	0,19	»
Tourillons en bronze sur coussinets en bronze.	enduites d'huile.......	0,10	»
	enduites de saindoux....	0,09	»
Tourillons en bronze sur coussinets en fonte.	enduites d'huile ou de suif................	»	0,045 à 0,052
Tourillons en gayac sur coussinets en fonte.	enduites de saindoux...	0,12	»
	onctueuses............	0,15	»
Tourillons en gayac sur coussinets en gayac.	enduites de saindoux....	»	0,07

227. Usage des tableaux précédens. Lorsqu'on connaîtra la pression supportée par des surfaces d'une matière et à un état donné, en la multipliant par le rapport du frottement à la pression convenable au cas examiné, on aura le frottement qui s'oppose à ce qu'elles glissent l'une sur l'autre, soit au moment du départ, soit quand le mouvement est acquis.

Application. — Premier exemple : Quel est l'effort nécessaire pour lever une vanne en chêne de 1^m de largeur, sur $0^m,05$ d'épaisseur et $0^m,35$ de hauteur, fermant un orifice de $0^m,30$ de hauteur, et dont le milieu est à $1^m,50$ au-dessous du niveau de l'eau?

Le montant de la vanne est en chêne et a $0^m,08$ d'épaisseur, sur $0^m,12$ de largeur et $2^m,30$ de longueur, dont $1^m,60$ immergée dans l'eau.

La surface pressée par l'eau est égale à $1^m \times 0^m,35$ $= 0^{mq},35$.

La hauteur de la colonne d'eau qui presse son milieu

30

étant $1^m,5o$, la pression supportée par la vanne égale

$$o^{mq},35 \times 1^m,5o \times 1000^k = 525 \text{ kil.}$$

Le frottement, au moment où la vanne commence à se mouvoir est, tableau du n° 223, $0,71 \times 525^k = 373^k$.

Le poids de la vanne et de la portion du montant immergée dans l'eau, est sensiblement égal au volume d'eau qu'il déplace. Le poids de la partie non immergée de la tige est égal à $900 (o^m,o8) \times o^m,12 \times o^m,7 = 6^k,o5$.

L'effort nécessaire pour soulever la vanne est donc

$$373 + 6,o5 = 379^k,o5.$$

Lorsque le mouvement est acquis, l'effort nécessaire pour vaincre le frottement n'est plus que

$$o,25 \times 525^{kil} = 131^{kil},25.$$

DEUXIÈME EXEMPLE : Quel est l'effort nécessaire pour soulever une vanne en fonte de 3^m de largeur, sur $o^m,45$ de hauteur, fermant un orifice incliné à $40°$, de $o^m,4o$ d'ouverture, et dont le milieu est immergé à $o^m,6o$ au-dessous du niveau de l'eau?

(Par une disposition convenable de contre-poids, le poids propre de la vanne est équilibré, et l'appareil pour la manœuvre de la vanne, ne doit vaincre que le frottement de la vanne dans ses coulisses).

La surface pressée par l'eau $= 3^m \times o^m,45 = 1^{mq},35$. La hauteur du niveau sur son milieu étant de $o^m,6o$. La pression totale $= o^m,6o \times 1^{mq},35 \times 1000 = 810$ kil.

Le frottement au moment du départ (tableau du n° 223)

$$o,314 \times 810 = 251 \text{ kilogrammes.}$$

TROISIÈME EXEMPLE : Quel est le frottement d'un châssis de scie en fonte, du poids de 50 kilogrammes, en mouvement dans des coulisses horizontales en bronze, avec enduit de saindoux?

Le frottement est (tableau du n° 225)
$$0,07 \times 50^k = 3^k,50.$$

Si les surfaces n'étaient qu'onctueuses, quel serait le frottement?

Le frottement (tableau du n° 225) $= 0,14 \times 50^k = 7^k$.

228. Quantité de travail consommée par le frottement des surfaces planes. Pour calculer la quantité de travail consommée par le frottement de deux surfaces planes, en mouvement l'une sur l'autre sur une longueur donnée,

Multipliez la pression N par le rapport f du frottement à la pression correspondant aux surfaces en contact, vous aurez la valeur du frottement.

Multipliez ce frottement par le chemin e ou l'espace dont les surfaces ont glissé l'une sur l'autre,

Le produit sera la quantité de travail cherchée.

Exemple : Quelle est la quantité de travail consommée par chaque course du châssis de scie horizontal du numéro précédent? La course étant de $0^m,65$, cette quantité de travail est $0,14 \times 50^k \times 0^m,65 = 4^{km},55$, et s'il y a 100 coups en $1'$, la quantité de travail consommée en $1''$ est

$$4^{km},55 \times \frac{100}{60} = 7^{km},58.$$

229. Quantité de travail consommée par le frottement des tourillons. Pour calculer la quantité de travail consommée à chaque tour, par le frottement des tourillons d'un arbre sur ses coussinets,

Déterminez la pression N exercée sur les coussinets en tenant compte du poids de l'arbre et de son équipage, de l'effort de la puissance et de celui de la résistance (n° 231) ;

Multipliez cette pression N par le rapport f du frottement à la pression correspondant à l'état des corps en contact (Tableau n° 3), vous aurez le frottement fN ;

Multipliez ce frottement par le chemin parcouru par

les points en contact dans une révolution, ou par la circonférence $2\pi r = 6{,}28r$ *du tourillon.*

Le produit $6{,}28fNr$ *sera le travail consommé par le frottement, pour chaque tour.*

Pour avoir le travail consommé dans chaque seconde, multipliez ce produit par le nombre n *de tours faits par seconde,*

Le produit $6{,}28nfNr$, *sera le travail consommé par seconde.*

PREMIER EXEMPLE : Quelle est la quantité de travail consommée par seconde par le frottement des tourillons d'une roue hydraulique soumise à une pression de 12000 kilogrammes ?

Le rayon des tourillons est supposé de $0^m,10$, ils sont en fonte, et reposent sur des coussinets de bronze enduits de saindoux. La roue fait cinq tours en $1'$.

Le frottement des tourillons en fonte sur des coussinets en bronze est (tableau du n° 226)

$$0{,}07 \times 12000 = 840 \text{ kilog.}$$

Le chemin parcouru par la circonférence des tourillons en $1''$ est

$$\frac{6{,}28 \times 0^m,10 \times 5}{60''} = 0^m,0523.$$

La quantité de travail consommée par le frottement des tourillons est $840^k \times 0^m,0523 = 44^{km}$.

DEUXIÈME EXEMPLE : Quelle est la quantité de travail consommée par le frottement d'une roue hydraulique, dont l'effet utile est 3514^{km} ou de $48{,}2$ chevaux, dans les circonstances suivantes ?

Le diamètre de cette roue $= 9^m,10$.

L'effort exercé par l'eau à la circonférence de la roue est vertical, agit de haut en bas et est égal à 1372 kilogrammes.

La résistance verticale du pignon agit de bas en haut, est aussi égale à 1372 kilogrammes environ.

Le poids de la roue est de............;... 25000^k

Le poids de l'eau contenue dans la roue est de 1480^k

Le rayon des tourillons en fonte sur coussinets de bronze avec enduit de saindoux.. 0^m,118

La vitesse de la circonférence de la roue est de 2^m,63

Il résulte des données ci-dessus, que l'effort exercé par l'eau et celui qui est transmis au pignon, sont à peu près égaux dirigés en sens contraire et qu'ils se détruisent.

La pression sur les tourillons est donc égale à

$$25000^k + 1480 = 26480^k$$

Le rapport du frottement à la pression, pour les coussinets en bronze et les tourillons en fonte, avec enduit de saindoux, est (tableau de n° 226) égal à 0,08 et le frottement est en conséquence

$$0,08 \times 26480^k = 2118^k,40.$$

Le chemin parcouru en 1″, par la circonférence des tourillons est

$$2^m,63 \times \frac{0^m,118}{9^m,10} = 0^m,0341.$$

La quantité de travail consommée par le frottement de ces tourillons en 1″, est donc

$$2118^k,4 \times 0^m,0341 = 72^{km},2$$

ou environ un cheval-vapeur.

TROISIÈME EXEMPLE : Quel est le travail consommé par seconde, pour les tourillons en fonte de la roue hy-draulique du laminoir de Framont, dont le rayon extérieur est 4^m,57 et qui tourne sur des coussinets en bronze avec enduit de suif ?

La quantité de travail transmise à la circonférence... .... = 4500^{km}

La résistance opposée par le premier pignon,
à l'effort vertical exercé par l'engrenage,
est dirigée de bas en haut et égale à.... 2930^k

Le poids de l'eau contenu dans les augets
est à peu près...................... 5500^k

Le poids de la roue hydraulique et de son
équipage.......................... 86687^k

La vitesse de la circonférence de la roue.. 2^m,3o

Le rayon des tourillons................ 0^m,21

La pression sur les tourillons est

$$86687^k + 5500^k - 2930^k = 89257^k.$$

Le frottement des tourillons enduits de suif est

$$0,08 \times 89257^k = 7140^k.$$

Le chemin parcouru par la circonférence du tourillon = 2^m,3o $\times \dfrac{0^m,21}{4^m,57}$ = 0^m,106.

La quantité de travail consommée par le frottement
de ces tourillons en 1$''$ est

$$7140^k \times 0^m,106 = 756^{km},8 = 10^{chev},25.$$

230. Quantité de travail consommée par le frottement
des pivots. *Multipliez la pression* N *par le rapport* f *du
frottement à la pression* (Tableau du n° 225), *vous aurez
le frottement.*

Multipliez ce frottement fN *par les* $\frac{2}{3}$ *de la circonférence
extérieure de la base du pivot, ou par* 4,19r,

Le produit 4,19f Nr *sera le travail consommé à chaque tour par le frottement du pivot,*

*Pour avoir le travail consommé dans chaque seconde,
multipliez ce produit par le nombre* n *de tours faits
dans* 1$''$,

Le produit 4,19 nf Nr *sera le travail cherché.*

Exemple : Quelle est la quantité de travail consommée

par seconde, par le frottement du pivot d'un arbre vertical, soumis à une pression de 3400 kilogrammes en faisant 18 tours en 1′, le rayon du pivot en acier sur crapaudine en bronze, étant de 0^m,03 ?

La règle ci-dessus donne pour cette quantité de travail en 1″,

$$4,19 \times 0,07 \times 3400^k \times 0^m,03 = 29^{km},92.$$

231. Manière de déterminer la pression supportée par un axe de rotation. Pour déterminer la pression supportée par un axe ou par un pivot, il se présente plusieurs cas à examiner :

Fig. 46.

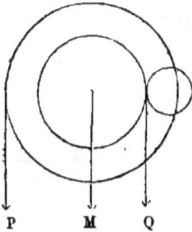

1° *Si toutes les forces agissent verticalement* (Fig. 46), *ajoutez le poids* M *de l'arbre et de son équipage aux forces* P *qui agissent de haut en bas, ajoutez-y ou retranchez-en la somme des forces* Q *qui agissent de haut en bas ou de bas en haut, la somme ou le reste sera la pression cherchée.*

Pour les roues hydrauliques, on pourra, dans la plupart des cas, négliger le poids de l'eau qu'elles contiennent, par rapport à celui de la roue, et ne tenir compte que de l'effort P qu'elles transmettent à leur circonférence, et de la résistance qu'elles éprouvent de la part du premier engrenage.

Fig. 47.

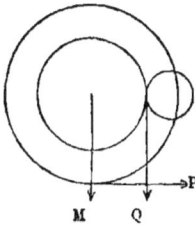

2° *S'il y a des forces verticales et des forces horizontales, faites séparément les sommes* A *et* B *de chacun de ces groupes de forces, en y comprenant le poids des arbres et de leur équipage.*

Vous saurez presque toujours d'avance quelle est la plus grande des deux sommes ; alors ajoutez les 0,96 de la plus grande aux 0,4

240 FROTTEMENT.

de la plus petite, vous aurez la pression cherchée N à moins de $\frac{1}{25}$ près.

Si l'on ignore quelle est la plus grande des deux sommes, ajoutez-les et prenez les 0,83 du total, vous aurez la pression cherchée N à moins de $\frac{1}{6}$ près.

Cette approximation sera presque toujours suffisante.

3° S'il y a des forces dont la direction soit inclinée, décomposez-les dans le sens vertical et dans le sens horizontal, et opérez sur les sommes des composantes comme dans le cas précédent.

4° Si par suite de la direction et de l'intensité des forces, l'un des tourillons était pressé de haut en bas sur son coussinet, et l'autre de bas en haut, calculez séparément la pression sur chacun d'eux, d'après les règles précédentes.

Ce cas se présente rarement et l'on doit l'éviter autant que possible dans les constructions.

RÉSISTANCE DES MATÉRIAUX.

FORMULES PRATIQUES.

FORMULES ET RÈGLES POUR DÉTERMINER LES DIMENSIONS DES DIVERSES PARTIES DES MACHINES.

On a réuni dans les tableaux et formules qui suivent, les résultats de l'expérience directe et de la pratique, à l'aide desquels on peut calculer les dimensions des principales parties des constructions et des machines.

Les formules que nous rapportons, sont celles qui se déduisent de la théorie de la résistance des matériaux; mais dans le choix des coëfficiens numériques, relatifs à la rupture, nous avons été guidés par des considérations particulières à la destination de chaque pièce, et par la comparaison des dimensions adoptées par les plus habiles ingénieurs, dans des constructions qui réunissent à la fois la solidité et la légèreté.

31

Les exemples qui serviront d'applications aux formules, montreront que les résultats que l'on en déduit, s'accordent, dans tous les cas, avec l'approximation désirable, avec les proportions consacrées par l'expérience.

Solides soumis à un effet de compression, tels que les colonnes, les piliers, les pilots, les étais, etc.

232. NOMBRE DE KILOGRAMMES DONT ON PEUT CHARGER AVEC SÉCURITÉ CHAQUE CENTIMÈTRE CARRÉ DE LA SECTION TRANSVERSALE.

DÉSIGNATION DES CORPS.	RAPPORT DE LA LONGUEUR à la plus petite dimension.				
	Au-dessous de 12.	12	24	48	60
	kil	kil	kil	kil	kil
Chêne fort............	30,0	25,0	15,0	5,0	2,5
Chêne faible...........	19,0	8,4	5,6	»	»
Sapin jaune ou rouge....	37,5	31,0	18,7	7,5	»
Sapin blanc..........	9,7	8,2	4,9	»	»
Fer forgé............	1000,0	835,0	500,0	167,0	84,0
Fonte..............	2000,0	1670,0	1000,0	333,0	167,0
Basalte.............	200,0	»	»	»	»
Granit dur...........	70,0	»	»	»	»
Granit ordinaire........	40,0	»	»	»	»
Marbre dur...........	100,0	»	»	»	»
Marbre blanc veiné.... .	30,0	»	»	»	»
Grès dur.............	90,0	»	»	»	»
Grès tendre..........	0,4	»	»	»	»
Brique très–dure.......	12,0	»	»	»	»
Brique ordinaire.......	4,0	»	»	»	»
Pierre calcaire très–dure.	50,0	»	»	»	»
Pierre calcaire ordinaire.	30,0	»	»	»	»
Lambourde de qualité inférieure	2,3	»	»	»	»
Plâtre..............	6,0	»	»	»	»
Béton en bon mortier de dix-huit mois........	4,0	»	»	»	»
Mortier ordinaire de dix-huit mois...........	2,5	»	»	»	»

PREMIER EXEMPLE : Une construction dont le poids est de 15000000^k doit être fondée sur pilotis. Les pilots que l'on veut employer sont en chêne fort, et ont 0^m,30 de diamètre, sur 3^m,60 de longueur. Combien en faudra-t-il ?

Les pilots étant contenus latéralement par le sol, peuvent être chargés de 30 kilog. au moins par centimètre carré, et chacun pourra porter

$$\frac{(30)^2}{1,273} \times 30^{kil} = 21210^{kil}.$$

Il faudra donc $\dfrac{15000000}{21210} = 710$ pilots environ, que l'on répartira de manière à ce qu'ils supportent autant que possible des portions égales de la charge totale.

DEUXIÈME EXEMPLE : La même construction doit être élevée sur une fondation en béton de bon mortier hydraulique. Quelle sera la surface de l'empattement qui reposera sur le béton ?

D'après le tableau ci-dessus on aura

$$\frac{15000000}{40000} = 375^{mq},$$

en admettant que la charge soit uniformément répartie.

S'il en était autrement, on ferait un calcul particulier pour chaque partie de la fondation, selon la charge qu'elle devrait supporter.

NOTA. Dans cet exemple on n'a pas tenu compte de la compressibilité du terrain qui doit souvent être prise en considération, pour la détermination de la surface de l'empattement.

Solides soumis à un effort de traction longitudinale.

233. NOMBRE DE KILOGRAMMES DONT ON PEUT CHARGER AVEC SÉCURITÉ CHAQUE CENTIMÈTRE CARRÉ DE LA SECTION TRANSVERSALE.

DÉSIGNATION DES CORPS.	TRACTION longitudinale.
Chêne fort...........................	196^k
Chêne faible.........................	140
Sapin*..............................	167
Frêne...............................	240
Hêtre...............................	160
Buis................................	280
Poirier.............................	138
Peuplier............................	25
Fer forgé de petit échantillon, fil de fer de première qualité......................	1000
Fer forgé de dimensions ordinaires...........	650
Fer forgé de 0^m,06 de côté et au-dessus......	400
Tôle dans le sens du laminage.............	700
Tôle dans le sens perpendiculaire au laminage.	600
Chaîne ordinaire en fer...................	2000
Chaîne étançonnée.....................	3000
Fonte grise (si elle n'est pas exposée à des chocs).	750
Métal de canons.......................	125
Cuivre battu.........................	123
Cuivre fondu.........................	66
Cuivre jaune fin......................	62
Étain fondu..........................	16
Plomb fondu.........................	6
Corde sèche en chanvre..................	125
Corde mouillée........................	82
Corde goudronnée.....................	95
Courroie en cuir noir...................	25
Brique très-dure......................	2
Pierre calcaire.......................	6
Plâtre..............................	0,40
Béton ou bon mortier de dix-huit mois.......	0,90
Mortier ordinaire de dix-huit mois..........	0,30

* L'adhésion latérale des fibres du sapin ou l'effort nécessaire pour faire glisser les fibres les unes sur les autres est de 41 kil. 5 par centimètre carré ; on ne devra le charger dans ce sens que de 8 kil.

Premier exemple : Une tige de pompe en bois de chêne fort, doit soulever une charge de 7000 kilogrammes. Quel sera le côté de sa section carrée ?

D'après le tableau précédent, on trouve

$$\frac{7000}{196} = 35^{\text{cent q}},7.$$

Le côté de la section sera égal à $0^m,06$ environ.

Deuxième exemple : Une chaîne ordinaire doit supporter une tension de 1500 kilogrammes. Quel sera le diamètre du fer rond dont elle sera formée ?

Le diamètre cherché est

$$d = \sqrt{\frac{1500}{2000 \times 0,7854}} = 0^{\text{c ent}},98 \text{ environ.}$$

Troisième exemple : Une courroie en cuir noir de $0^m,003$ d'épaisseur, doit transmettre un effort de 125 kilog. Quelle devra être sa largeur ?

D'après le tableau ci-dessus, on trouve pour cette largeur

$$\frac{125}{25 \times 0^{\text{c·nt}},3} = 16,65 \text{ centimètres.}$$

234. Effort nécessaire pour arracher des vis a bois. Les vis à bois de $0^m,050$ de longueur, de $0^m,0056$ de diamètre en dehors des filets, et de $0^m,0028$ au noyau, engagées par douze filets dans des planches de $0^m,027$ d'épaisseur, peuvent être chargées avec sécurité dans du

Sapin, de......................... 35^k
Chêne, de......................... 68
Frêne sec, de...................... 71
Orme, de.......................... 59

Solides soumis à des efforts de flexion transversale,
perpendiculairement à leur longueur.

235. Dans le calcul des dimensions à donner aux solides exposés à des flexions transversales, on doit distinguer les cas où les corps peuvent, sans inconvéniens, prendre sous la charge, une certaine flexion, de ceux où la flexion doit être excessivement petite.

Les poutres, les supports des constructions ordinaires, sont dans le premier cas.

Les arbres des roues hydrauliques ou des roues d'engrenage, les tourillons, etc., sont dans le second, et les coëfficiens numériques à employer doivent être choisis en conséquence.

236. SOLIDES ENCASTRÉS PAR L'UNE DE LEURS EXTRÉMITÉS. Dans les formules suivantes, nous appellerons

P l'effort exercé sur le corps, perpendiculairement à sa longueur,

c la longueur de la partie non encastrée, jusqu'au point où agit l'effort P ou son bras de levier,

p le poids du mètre courant du solide en kilogrammes,

a la largeur du solide, dans le sens perpendiculaire au plan, qui passe par l'axe. longitudinal du corps et par la direction de l'effort P,

b l'épaisseur du solide dans le sens de l'effort P,

d le diamètre du solide, s'il s'agit de corps ronds ou cylindriques.

Les poids ou les pressions seront exprimés en kilogrammes, les dimensions linéaires en mètres.

237. SOLIDE PRISMATIQUE ENCASTRÉ PAR L'UNE DE SES EXTRÉMITÉS; CAS OÙ L'ON TIENT COMPTE DU POIDS DU SOLIDE. Les dimensions transversales se détermineront à l'aide des formules suivantes pour

la fonte. . . . . $\quad ab^2 = \dfrac{\left(P + \dfrac{pc}{2}\right)c}{1250000}$,

le fer forgé. . . . . $\quad ab^2 = \dfrac{\left(P + \dfrac{pc}{2}\right)c}{1000000}$,

*le bois de chêne ou de sapin. $\quad ab^2 = \dfrac{\left(P + \dfrac{pc}{2}\right)c}{100000}$.

238. Cas où l'on peut négliger le poids du solide. Lorsqu'on pourra négliger le poids du solide, on emploiera les formules suivantes pour

la fonte. . . . . $\quad ab^2 = \dfrac{Pc}{1250000}$,

le fer . . . . $\quad ab^2 = \dfrac{Pc}{1000000}$,

le bois de chêne ou de sapin. . . . . . $\quad ab^2 = \dfrac{Pc}{100000}$.

239. Cas où la charge est uniformément répartie. Si la charge est uniformément répartie sur la longueur du corps, on l'ajoutera au poids propre du solide, et en nommant de même que ci-dessus p la charge par mètre courant, on emploiera les formules suivantes pour

la fonte. . . . . $\quad ab^2 = \dfrac{pc^2}{2500000}$,

le fer. . . . . $\quad ab^2 = \dfrac{pc^2}{2000000}$,

le bois de chêne ou de sapin. . . . . $\quad ab^2 = \dfrac{pc^2}{200000}$.

Nota. On observera que les formules précédentes donneront des dimensions plus fortes pour les pièces en

_____

* Nous ne donnerons pas la traduction en prose de toutes les formules contenues dans ce chapitre, parce qu'elles sont assez simples pour être comprises à la première lecture.

fer forgé, que pour celles en fonte; mais malgré sa flexibilité, le fer devra toujours être préféré à la fonte pour les pièces exposées à des chocs.

240. RELATION ENTRE LA LARGEUR ET L'ÉPAISSEUR. Dans les applications, on pourra établir à priori une relation entre la largeur et l'épaisseur du solide.

Pour les pièces de charpente en bois, l'expérience montre qu'il convient d'établir entre la largeur et l'épaisseur, le rapport de 5 à 7; on a alors $a = \frac{5}{7} b$, et par suite, la formule qui donnera la hauteur d'une pièce de charpente, encastrée par l'une de ses extrémités, et chargée à l'autre, est

$$b^3 = \frac{Pc}{71429}.$$

EXEMPLE : Quelles doivent être la hauteur et la largeur d'une pièce de bois, qui est encastrée à l'une de ses extrémités et qui doit porter à l'autre une charge de 750 kilogrammes, placée à $1^m,75$ du point d'encastrement ?

La formule ci-dessus donne

$$b^3 = \frac{750 \times 1,75}{71429} = 0,0184, \quad b = 0^m,264, \quad \text{et } a = 0^m,189.$$

Quoique la proportion la plus convenable soit la précédente, l'économie engage souvent à refendre en deux les pièces de bois destinées à être employées dans les constructions. On fera alors $a = \frac{1}{2} b$ dans la formule du n° 238, et l'on aura

$$b^3 = \frac{Pc}{50000}.$$

241. REMARQUE GÉNÉRALE RELATIVE AU POIDS PROPRE DES SOLIDES. On observera que, quand on voudra tenir compte du poids propre du solide, dont les dimensions ne sont pas connues, il faudra d'abord calculer ces dimensions en négligeant ce poids, puis le déterminer approximativement d'après cette première recherche, et ajouter la moitié de ce poids approché à la charge donnée pour calculer de nouvelles valeurs des dimensions, qui alors seront suffisamment exactes.

D'après cette remarque qui s'appliquera dans tous les cas où le poids propre du corps, ou une charge uniformément répartie sur sa longueur, pourrait avoir une influence notable sur sa résistance, nous nous bornerons à l'avenir, à tenir seulement compte de la charge extérieure P.

242. Cas où la section transversale du corps est un quarré. Si la section transversale est un quarré, on à $a = b$, et les formules précédentes deviennent pour

la fonte..................... $b^3 = \dfrac{Pc}{1250000}$,

le fer..................... $b^3 = \dfrac{Pc}{1000000}$,

le bois de chêne ou de sapin....... $b^3 = \dfrac{Pc}{100000}$.

Exemple : Quel doit être l'équarrissage d'une pièce de bois encastrée à l'une de ses extrémités et chargée à l'autre d'un poids de 2000 kilogrammes ; la distance de la charge au point d'encastrement étant $c = 1^m,5o$?

La formule donne

$$b^3 = \frac{2000 \times 1,5o}{100000} = 0,03o,$$

d'où

$$b = 0^m,311.$$

243. Cas où la section transversale est un cercle. Si le corps est un cylindre à base circulaire, on aura pour

32

la fonte.......................... $d^3 = \dfrac{Pc}{736250}$,

le fer............................. $d^3 = \dfrac{Pc}{589050}$,

le bois de chêne.................. $d^3 = \dfrac{Pc}{58905}$.

EXEMPLE : Quel doit être le diamètre d'un boulon en fer exposé à un effort de 600 kilogrammes exercé perpendiculairement à sa direction à la distance de $0^m,06$ du point d'encastrement?

La formule donne

$$d^3 = \frac{600 \times 0,06}{589050} = 0,0000612,$$

d'où

$$d = 0^m,0394.$$

244. FORMULE PARTICULIÈRE POUR LES TOURILLONS DES ROUES HYDRAULIQUES. Pour les tourillons des roues hydrauliques, qui ne doivent point éprouver de flexion sensible, qui sont exposés à être mouillés d'eau et usés par le frottement du sable fin qu'elle entraîne avec elle et qui sont ordinairement en fonte, on prendra

$$d^3 = \frac{Pc}{368125}.$$

On observera que cette formule donne aux tourillons une force double de celle qui correspondrait à la formule du numéro précédent.

Pour diminuer, autant que possible, la longueur de portée des tourillons, on est dans l'usage de faire $c = d$.

PREMIER EXEMPLE : La roue de Guebwiller (n° 96), pèse 25000 kilogrammes, elle peut contenir $5^{mc},500$ d'eau, la charge totale sur ses deux tourillons est donc égale à 30500 kilog., et chacun d'eux porte 15250 kilog. La longueur des tourillons est égale à leur diamètre.

La formule ci-dessus donne $d = 0^m,204$, le constructeur anglais fait $d = 0^m,236$; cette roue marche depuis neuf à dix ans.

Deuxième exemple : La roue de la filature du Logelbach, près Colmar, pèse 44000 kilogrammes, chaque tourillon porte 22000 kilogrammes, on a

$$c = d,$$

et par suite, la formule donne

$$d = 0^m,244.$$

Le constructeur a fait

$$d = 0^m,216.$$

Cette roue marche depuis onze ans.

245. Tourillons des arbres exposés a des chocs. La même formule servira pour les tourillons des arbres exposés à des chocs, tels que ceux des marteaux, des pilons, des bocards, etc.

246. Tourillons des arbres bien graissés. Pour les autres arbres de communication de mouvement, qui sont bien graissés et s'usent moins que ceux des roues hydrauliques, on prendra les formules du n° 243, qui deviennent, en y faisant $c = d$, pour

la fonte...................... $d^3 = \dfrac{P}{736250}$,

le fer forgé.................. $d^3 = \dfrac{P}{589050}$.

Exemple : Quel doit être le diamètre d'un tourillon en fer bien graissé qui doit supporter une pression de 800 kilogrammes ?

La formule donne

$$d^3 = \frac{800}{589050} = 0,00136,$$

d'où $\qquad d = 0^m,0368.$

247. ESSIEUX DES VOITURES. La nécessité de diminuer, autant que possible, le travail consommé par le frottement des essieux des voitures a conduit à adopter, pour ce cas, les formules suivantes, qui donnent des dimensions plus faibles que les précédentes

$$\text{essieux en fer} \dots \dots \dots \dots \dots \quad d^3 = \frac{Pc}{700000},$$

On observera d'ailleurs que l'on emploie pour les essieux, des fers de première qualité.

Le tableau suivant des dimensions adoptées par les meilleurs constructeurs de voitures en Angleterre, montre que cette formule reproduit, aussi exactement que possible, les dimensions déduites d'une longue expérience.

ESPÈCES de voitures.	NOMBRE de roues.	CHARGE de chaque essieu.	PORTÉE des essieux.	DIAMÈTRES		DIAMÈTRE au gros bout calculé par la formule.
				au gros bout.	au petit bout.	
		kil.	m	centim.	centim.	centim.
Tilbury..........	2	104,5	0,30	3,8	3,2	3,6
Cabriolet........	2	296,0	0,23	4,1	3,5	4,6
Britzchka	4	235,0	0,20	4,1	3,5	4,1
Char-à-banc......	4	248,0	0,23	4,5	3,8	4,5
Landau..........	4	400,0	0,23	5,1	3,8	5,3
Diligence	4	382,0	0,28	5,7	4,1	5,6
Charrette	2	609,0	0,29	6,4	3,4	6,3
Waggon	4	1015,0	0,33	7,6	6,4	7,8
Charrette de roulage	4	1420,0	0,33	8,6	6,9	8,4

La charge totale des diligences des messageries générales de France, dépasse rarement 5000 kil. Elle se compose du poids de la voiture, égal à 2000 kil. environ, sans ses roues, et de 18 voyageurs, pesant moyennement 1200 kilogrammes, de marchandises formant le complément et pesant 1800 kilogrammes. Les deux premières portions sont réparties à peu près symétriquement sur les quatre essieux, et les essieux de derrière portent environ les $\frac{3}{4}$ de la 3ᵉ. On a donc pour chacun

des essieux de derrière............ $P = 1475^{kil}$

des essieux de devant............. $P = 1025$

La longueur commune de ces essieux est $c = 0^m,277$.

La formule ci-dessus donne pour les essieux de derrière

$$d = \sqrt[3]{\frac{1475 \times 0,277}{700000}} = 0^m,0836,$$

et pour les essieux de devant

$$d = \sqrt[3]{\frac{1025 \times 0,277}{700000}} = 0^m,0809.$$

Dans les ateliers de construction de ces messageries, on donne respectivement à ces essieux des diamètres égaux à $0^m,068$ et $0^m,063$. Ainsi la règle ci-dessus donne des dimensions plus fortes qu'il n'est nécessaire.

248 DES SOLIDES D'ÉGALE RÉSISTANCE, ENCASTRÉS PAR L'UNE DE LEURS EXTRÉMITÉS. Pour diminuer le poids des pièces de support, on peut leur donner, dans le sens de leur longueur, la forme d'un solide parabolique, qui ait la même résistance en un point quelconque de sa longueur.

Le profil longitudinal du corps est alors ordinairement une demi-parabole, dont l'axe forme la partie supérieure ou inférieure du corps, ou une parabole entière.

La hauteur et la largeur du solide à la partie encastrée, sont encore données par les formules des nᵒˢ 237 et suivans, et quand on connaît ces dimensions, dont l'une des deux est arbitraire, on détermine le profil du solide ou la parabole par l'équation

$$y^2 = \frac{b^2}{c}x,$$

dans laquelle

x représente les abscisses de la courbe du solide, comptées à partir du point où agit la charge,

y les ordonnées correspondantes, dans le sens perpendiculaire à sa longueur.

Cette équation revient à la règle suivante :

Pour déterminer la courbe parabolique que doit avoir un solide d'égale résistance,

Calculez d'adord, par les règles des n°s 237 et suivans, la hauteur du solide à la partie encastrée, si sa largeur est donnée, ou sa largeur, si sa hauteur est donnée,

Cela fait, portez sur sa longueur, à partir de l'extrémité extérieure, des distances ou abscisses égales. A l'extrémité de chacune de ces abscisses, élevez, à la longueur du corps, des perpendiculaires égales à la racine quarrée de la quatrième proportionnelle, à la longueur du solide, à l'abscisse correspondante et au quarré de la hauteur au point d'encastrement.

Fig. 48.   Fig. 49.

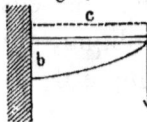
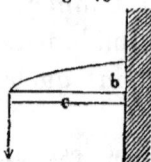

Fig. 5o.

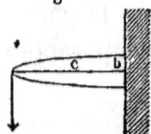

Si le solide a la forme d'une demi-parabole, les ordonnées y se mesurent depuis l'axe de cette parabole ou des abscisses, jusqu'à la courbe (Fig. 48 et 49).

S'il a la forme d'une parabole entière, ces ordonnées se mesurent d'une branche à l'autre de la courbe (Fig. 5o).

Cette forme convient particulièrement aux consoles ou corbeaux chargés à leur extrémité ou destinés à supporter des balcons, etc.

Fig. 51. 249. SOLIDES ENCASTRÉS PAR L'UNE DE LEURS EXTRÉMITÉS ET RENFORCÉS PAR DES NERVURES. Lorsque le solide encastré par l'une de ses extrémités a la forme de la figure 5i, la for-

mule qui lie entre elles les dimensions et l'effort supporté, est pour les pièces en fonte

$$\mathbf{P}c = 2500000 \times \frac{az^3 - (a-a')(z-b)^3 + d'(b'+b-z)^3}{b+b'-z},$$

dans laquelle

$$z = \frac{1}{2}\,\frac{ab^2 + a'b'^2 + 2a'bb'}{ab + a'b'}.$$

Lorsqu'on adopte les proportions suivantes

$$a' = b = \tfrac{1}{5}a \qquad \text{et} \qquad b' = a,$$

on a
$$z = \tfrac{2}{5}a.$$

La formule à employer pour caculer la valeur de a est

$$a^3 = \frac{\mathbf{P}c}{420000}.$$

Lorsqu'on adopte les proportions

$$a' = b = \tfrac{1}{5}a \qquad \text{et} \qquad b' = \tfrac{1}{2}a,$$

on a
$$z = \tfrac{1}{5}a.$$

La formule à employer pour calculer la valeur de a est

$$a^3 = \frac{\mathbf{P}c}{247500}.$$

EXEMPLE : Quelle doit être la largeur d'une pièce en
fonte destinée à supporter à son extrémité un poids de
600 kilogrammes à la distance de $0^m,80$ du point d'encastrement, et pour laquelle on se donne à priori

$$a' = b = \tfrac{1}{3}a \qquad \text{et} \qquad b' = a\,?$$

La formule donne

$$a^3 = \frac{600^{\mathrm{kil}} \times 0^m,80}{420000} = 0,000114,$$

d'où $\quad a = b' = 0^m,104, \quad b = a' = 0^m,0208.$

250. FORME DES CONSOLES, CORBEAUX DE SUPPORT, etc.
Ce profil qui convient particulièrement aux consoles,
corbeaux, etc., se combine souvent dans le sens longi-

tudinal, avec la forme parabolique, dont la courbure se déterminera par la règle du n° 248.

On calculera alors les dimensions du profil à la partie encastrée, en laissant à la face supérieure la même épaisseur et la même largeur sur toute la longueur, et l'on donnera à la nervure un profil parabolique dans le sens de la longueur.

La forme de ce profil sera déterminée par la relation

$$y^2 = \frac{b'^2}{c}\, x$$

du n° 248.

Exemple : Quelles doivent être les dimensions et le profil longitudinal d'une console en fonte dans les proportions de l'exemple du n° 249, et qui doit supporter à son extrémité un poids de 800 kilogrammes à la distance de 1^m de la partie encastrée ?

On a d'abord, par la règle du n° 249,

$$a^3 = \frac{800^{kil} \times 1}{420000} = 0,0019,$$

d'où

$$a = b' = 0^m,1239, \qquad a' = b = 0^m,0248.$$

Puis l'équation

$$y^2 = \frac{b'}{c}\, x = 0,0153\, x$$

de la courbe du profil longitudinal de la nervure, donne successivement

Aux distances de l'extrémité égales à.	0,05 ^{m}	0,10 ^{m}	0,20 ^{m}	0,30 ^{m}	0,40 ^{m}	0,60 ^{m}	0,80 ^{m}	1,00 ^{m}
Les hauteurs	0,0277	0,03918	0,0554	0,0678	0,0784	0,0960	0,1108	0,1239

Fig. 52.

251. Autre forme en usage. Si le solide présente la forme de la figure 52, on aura la relation

$$\frac{Pc}{1250000} = \frac{ab^3 - 2a'b'^3}{b}.$$

Si, par exemple, on établit à priori les relations

$$a' = \tfrac{1}{3}a, \qquad b' = 2a, \qquad b = 2,5a,$$

la formule devient

$$a^3 = \frac{Pc}{302500}.$$

252. BALANCIERS. Ce profil est celui que l'on donne

Fig. 53. aux balanciers des machines à vapeur, des machines soufflantes, des pompes, etc. Mais, dans ce cas, la hauteur totale au milieu est ordinairement égale à 12 fois l'épaisseur du corps du balancier.

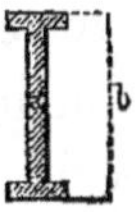

Les nervures du dessus et du dessous ont une largeur égale à $\tfrac{1}{4}$ de la hauteur au milieu, ou à trois fois l'épaisseur, et une épaisseur égale à celle du balancier.

On a alors

$$a = \tfrac{1}{4}b, \qquad a' = \tfrac{1}{12}b, \qquad b' = \tfrac{5}{6}b,$$

et la formule ci-dessus devient pour les balanciers

en fonte
$$b^3 = \frac{Pc}{191250},$$

en bois
$$b^3 = \frac{Pc}{15300}.$$

AUTRE PROPORTION EN USAGE POUR LES BALANCIERS DES MACHINES A VAPEUR. On donne souvent aux balanciers une hauteur égale à 16 fois l'épaisseur du corps, et alors on a, à très-peu près, les proportions suivantes :

$$a = \tfrac{1}{8}b, \qquad a' = \tfrac{1}{32}b, \qquad b' = \tfrac{7}{8}b.$$

La formule devient alors pour les balanciers en fonte,

$$b^3 = \frac{Pc}{130000}.$$

Dans l'application de cette formule, il paraît que les constructeurs anglais sont dans l'usage * d'estimer l'effort P supporté par l'extrémité du balancier, au double

* Traité des machines à vapeur par Tredgold, page 400.

33

de celui qui correspond à la pression habituelle de la vapeur dans la chaudière.

Fig. 54.

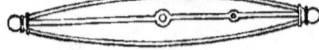

Quoique la forme du profil longitudinal, doive être parabolique et déterminée par la règle du n° 248, on est dans l'usage de donner aux extrémités, une hauteur égale au tiers de celle du milieu; et on fait passer par les points ainsi déterminés des arcs de cercle ou la courbe d'une règle flexible, qui limitent le contour supérieur et inférieur du balancier.

Enfin pour compenser l'affaiblissement, produit par le percement des trous de boulons pour l'assemblage du parallélogramme et des différentes tiges, on dispose au milieu, et suivant l'axe longitudinal de figure, une nervure de même épaisseur que les précédentes, et qui règne des deux côtés.

EXEMPLE : Quelles doivent être les dimensions du balancier d'une machine à vapeur à basse pression, dont le cylindre a un diamètre égal à 0^m,90, la course du piston étant de 1^m,82?

La longueur totale du balancier est (n° 188)

$$3,0825 \times 1^m,82 = 5^m,610 = 2c,$$

on a donc $\qquad c = 2^m,805.$

L'effort supporté par le piston, en admettant que la vapeur ait une pression de 1,25 atmosphère, doit, d'après l'observation précédente, être estimé à

$$2 \times 12910 \times \frac{(0,90)^2}{1,273} = 16440^{kil}.$$

La formule ci-dessus donne

$$b^3 = \frac{16440 \times 2^m,805}{130000} = 0,3547,$$

d'où $\qquad b = 0^m,708.$

Cet exemple est relatif à la machine à vapeur de la filature de Logelbach, construite par Mrs Watt et Boulton. Ces ingénieurs ont donné au balancier une hauteur égale à o^m,750.

Fig. 55.

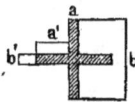

235. Cas où le profil est renforcé par deux nervures. Lorsque le profil a la forme indiquée (Fig. 55), la formule à employer pour les pièces en fonte, est

$$\frac{Pc}{1250000} = \frac{ab^3 + 2a'b'^3}{b}.$$

Dans le cas particulier où l'on fait

$$2a' + a = b \quad \text{et} \quad b' = a,$$

la formule devient

$$\frac{Pc}{1250000} = \frac{ab^3 + ba^2 - a^4}{b},$$

et si de plus on se donne

$$a = \tfrac{1}{5}b$$

la formule se réduit à

$$b^3 = \frac{Pc}{258000}.$$

Si l'on fait

$$a = \tfrac{1}{5}b = b' = a',$$

la formule devient

$$b^3 = \frac{Pc}{254000}.$$

Si l'on avait négligé tout-à-fait l'influence de la nervure, on aurait eu

$$b^3 = \frac{Pc}{250000}.$$

Ce qui montre que dans ce cas, les nervures augmentent peu la résistance de la pièce dans le sens de la dimension b.

Mais les pièces de cette forme sont habituellement employées comme supports horizontaux, mobiles autour de leur axe de figure, ou comme supports verticaux, et destinées alors à résister dans tous les sens, et l'usage des nervures leur donne une grande rigidité dans le sens des diagonales.

254. Bras en fonte des roues hydrauliques. Pour les bras en fonte des roues hydrauliques, la forme ci-contre (Fig. 56) est assez convenable, mais alors l'effort exercé par l'eau à la circonférence de la roue, étant dirigé dans le sens de l'épaisseur b, et les nervures étant toujours minces, leur effet se borne à peu près à empêcher le bras de fléchir, de *fouetter* dans le sens perpendiculaire à l'effort **P**, et l'on calculera les dimensions du bras par la formule

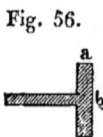

Fig. 56.

$$ab^2 = \frac{Pc}{1250000},$$

dans laquelle il conviendra de faire $a = \frac{1}{5}\, b$ et qui deviendra alors

$$b^3 = \frac{Pc}{250000};$$

si l'on fait $a = \frac{1}{6}\, b$, on emploiera la formule

$$b^3 = \frac{Pc}{208000}.$$

Ces formules reviennent à la règle suivante :

Multipliez l'effort auquel chaque bras doit résister, par sa longueur totale, à partir de l'embrassure ou du moyeu,

Divisez le produit par

$$250000 \; si \; a = \tfrac{1}{5}\, b,$$
$$208000 \; si \; a = \tfrac{1}{6}\, b,$$

La racine cubique du quotient sera l'épaisseur du bras dans le sens de l'effort qu'il doit supporter.

255. Exemple. — Roue de la cristallerie de Baccarat.
La force de la roue est au maximum (expériences déjà
citées sur les roues hydrauliques, page 49) de 20 chevaux, à la vitesse ordinaire de $1^m,50$ à la circonférence
extérieure de la roue en une seconde.

Le rayon extérieur de la roue est......... $2^m,48$
La longueur des bras est de............. $2^m,03$
Il y a quatre systèmes de bras.
On a donc

$$P = \tfrac{1}{4} \times \frac{20 \times 75}{1,50} \times \frac{2,48}{2,03} = 305^{kil}.$$

et comme $a = \tfrac{1}{5} b$, on a

$$b^3 = \frac{305 \times 2,03}{250000} = \frac{619}{250000} = 0,00248,$$

$$b = 0^m,135.$$

Le constructeur a fait

$$b = 0^m,114.$$

Cette roue marche depuis seize à dix-huit ans.

**256. Proportions de la nervure pour les bras des roues
hydrauliques.** Quant à la nervure, si elle règne de part
et d'autre du bras, on fera

$$a' = 1,5a \quad \text{et} \quad b' = 0,66a.$$

Si elle n'existe que d'un côté, ce qui convient dans
certains cas, pour les roues à aubes courbes et les roues
à augets à joues en tôle ou en fonte, afin de faciliter
leur circulation dans le coursier,
On fera

$$b' = 0,66a \quad \text{et} \quad a' = 3a \text{ ou } 4a.$$

Pour les roues hydrauliques d'une grande largeur,
et dont les aubes ou augets, en fléchissant, pourraient
tendre à rapprocher les joues ou les extrémités des

bras, il conviendra d'augmenter l'épaisseur et la saillie de la nervure.

257. Les bras peuvent être plus faibles a la circonférence. L'épaisseur b des bras, déterminée par les formules ci-dessus, est celle qu'il faut leur donner au moyeu ou près de l'axe. A l'extrémité ou près de la circonférence de la roue il suffira que l'épaisseur du bras, dans le sens de l'effort exercé, soit les $\frac{4}{5}$ de celle qu'il aura près de l'axe.

Quant à la largeur a, elle reste la même dans toute l'étendue du bras.

258. Règles pour déterminer l'effort que chaque bras d'une roue hydraulique doit être en état de supporter. L'effort P exercé à l'extrémité du bras est toujours facile à déterminer, quand on connaît la quantité de travail transmise à la circonférence de la roue (Voy. n° 106). Mais on observera que s'il y a plusieurs systèmes de bras pour soutenir la roue, l'effort exercé par l'eau se répartit entre eux à peu près également. On divisera donc l'effort exercé par l'eau à la circonférence de la roue, par le nombre de systèmes de bras qu'elle porte, et le quotient donnera la valeur de l'effort P, que chaque bras considéré isolément doit être en état de supporter.

259. Bras des roues d'engrenage. Pour les bras des roues d'engrenage en fonte, on suivra encore la formule

$$ab^2 = \frac{Pc}{1250000},$$

en négligeant l'effet de la nervure, qui est alors très-mince, et qui n'a guère pour objet que d'empêcher le bras de fléchir perpendiculairement au plan de la roue.

On fera alors $b = 5,5a$, et l'on aura, pour déterminer b, la formule

$$b^3 = \frac{Pc}{230000}.$$

Cette dimension sera celle du bras près du moyeu ; vers l'anneau elle se réduira aux $\frac{4}{5}$; la largeur a restant la même sur toute la longueur.

Quant à la nervure, si on la répartit également des deux côtés du bras, près de l'anneau qui porte les dents, elle affleurera cet anneau de part et d'autre, et l'on fera $a' = 0,5a$.

Si la nervure règne d'un seul côté du bras, ce qui se fait toujours pour les roues d'angle, elle affleurera encore le bord de l'anneau et on fera $a' = 0,5a$.

Cette nervure aura, dans tous les cas, près du moyeu ou de l'axe, une largeur plus grande d'un cinquième qu'auprès de l'anneau.

260. EXEMPLE. — ROUE D'ENGRENAGE DE LA FILATURE DE GUEBWILLER. Sur le premier arbre de couche conduisant toute la filature, la force maximum de la roue hydraulique est de 49,4 chevaux à la vitesse de $1^m,54$ à la circonférence extérieure. Le rayon du pignon intérieur est égal à $0^m,89$, celui de la roue d'engrenage est de $2^m,63$, on a donc pour cette roue

$$P = \frac{49,4 \times 75}{1,54} \times \frac{0,89}{2,63} = 814^{kil},$$

et

$$b^3 = \frac{814 \times 2,63}{230000} = 0,093,$$

d'où

$$b = 0^m,210 \quad \text{et} \quad a = 0^m,038,$$

Le constructeur anglais a fait $b = 0^m,21$ et $a = 0^m,047$. Cette roue marche depuis neuf à dix ans.

261. DENTS D'ENGRENAGE. Si l'on appelle

a la largeur des dents parallèlement à l'axe de la roue,
b leur épaisseur mesurée sur la circonférence du cercle primitif,
S la saillie sur l'anneau,

Toutes ces dimensions étant exprimées *en centimètres,* on établira en général, pour les dents habituellement graissées et dont le cercle primitif n'aura pas une vitesse de plus de $1^m,5o$ par seconde, la relation

$$a = 4b.$$

Si la vitesse à la circonférence du cercle
primitif, dépasse $1^m,5o$ en $1''$, on fera $a = 5b$

Si l'engrenage est exposé à être habituellement mouillé d'eau, on fera....... $a = 6b$

La saillie des dents sur l'anneau ne devra
jamais dépasser la limite.......... $S = 1,5b$

Ces relations (n° 212) établies, on calculera l'épaisseur des dents à la circonférence primitive, par les formules suivantes pour

la fonte...................... $b = 0,105\sqrt{P}$

le bronze ou le cuivre.......... $b = 0,131\sqrt{P}$

le bois dur, tel que charme, racine
de poirier, de sorbier, etc...... $b = 0,145\sqrt{P}$

Le creux entre les dents sera, pour les roues qui sont retaillées et très-bien exécutées égal à

$$\left(1 + \tfrac{1}{15}\right) b = 1,067b,$$

et pour les roues qui ne sont pas retaillées

$$\left(1 + \tfrac{1}{10}\right) b = 1,10b.$$

262. ANNEAU ET BRAS DES ROUES D'ENGRENAGE. Pour les roues à dents en fonte, l'épaisseur de l'anneau avec lequel elles font corps devra être les $\frac{2}{3}$ de l'épaisseur des dents à la circonférence primitive, et il conviendra alors de renforcer cet anneau à l'intérieur par une nervure placée au milieu, dont l'épaisseur et la saillie seraient égales à celle de l'anneau.

Pour les roues à dents en bois, la largeur de l'anneau

où elles sont encastrées, doit être égale à celle des dents augmentée d'une fois leur épaisseur à la circonférence primitive.

L'épaisseur de cet anneau, dans le sens du rayon, doit être égale à celle des dents à la circonférence primitive.

La mortaise a, dans le sens de la circonférence, une largeur déterminée par le prolongement des flancs, et son profil longitudinal dans le sens de l'axe présente la forme d'un trapèze dont la base, à la surface extérieure de l'anneau, est égale à la largeur des dents, et la base à la surface intérieure de l'anneau, est égale à cette même largeur diminuée de l'épaisseur des dents à la circonférence primitive.

Quant au nombre de bras, on donne ordinairement

aux roues de $1^m,3o$ et au-dessous......... 4 bras
aux roues de $1^m,3o$ à $2^m,5o$............. 6 bras
aux roues de $2^m,5o$ à $5^m,oo$............. 8 bras
aux roues de $5^m,oo$ à $7^m,oo$............. $1o$ bras.

Pour les roues très-légères supportant de faibles efforts, il convient d'augmenter le nombre des bras, afin que l'anneau conserve sa forme en se refroidissant.

263. OBSERVATION GÉNÉRALE RELATIVE AUX LIMITES INFÉRIEURES DES ÉPAISSEURS A ADOPTER. Dans l'application des règles des n°s 253 à 261, inclusivement, on remarquera que pour les roues qui ne transmettent que de faibles efforts et qui ont en même temps d'assez grandes dimensions, on serait conduit à des épaisseurs de métal qui seraient certainement capables de résister aux efforts que les bras auraient à supporter, mais qui seraient peut-être trop minces pour la facilité de la coulée. Les limites inférieures des épaisseurs que l'on pourrait adopter en pareils cas dépendent de la nature de la fonte employée

34

et dès-lors les dimensions à donner ne peuvent plus être déterminées par la considération des efforts à supporter.

264. PREMIER EXEMPLE. — ROUE D'ENGRENAGE A DENTS EN FONTE, MONTÉE SUR LA JOUE DE LA ROUE DE LA FILATURE DU LOGELBACH. La force de la roue est de 25 chevaux à la vitesse de $1^m,30$ par seconde à sa circonférence; on a donc

$$P = \frac{25 \times 75}{1,30} = \frac{1875}{1,30} = 1443^{kil}.$$

La formule du n° 261 donne

$$b = 4^{cent},02 \quad \text{et} \quad a = 6b = 2^{cent},41,$$

les dents étant mouillées d'eau.

Le constructeur anglais a fait

$$b = 3^{cent},7, \quad a = 2^{cent},60.$$

Cette roue marche depuis onze ans.

265. DEUXIÈME EXEMPLE. — ROUE D'ENGRENAGE DE LA ROUE DE LA CRISTALLERIE DE BACCARAT. La force de la roue est au plus de 20 chevaux (Voyez les expériences déjà citées sur les roues hydrauliques, page 49), à la vitesse de $1^m,50$ en $1''$ à sa circonférence, son rayon est de $2^m,003$, celui de la roue d'engrenage à dents en bois est de $1^m,815$. On a donc

$$P = \frac{20 \times 75}{1,50} \times \frac{2,003}{1,815} = 1103^{kil}.$$

La formule donne

$$b = 4^{cent},8, \quad a = 4b = 1^{cent},92.$$

Le constructeur a fait

$$b = 4^{cent},8, \quad a = 1^{cent},95.$$

Mais après un long service, les dents sont usées, leur épaisseur b est réduite à $4^{cent},1$; cependant elles résistent encore.

266. Troisième exemple. — Roue d'engrenage a dents en bois, de la filature de Guebwiller. Cette roue transmet une force de 49,4 chevaux ou 3700^{km} à la vitesse de $4^m,55$ à la circonférence primitive.

L'effort exercé à la circonférence primitive est

$$\frac{3700^{km}}{4,55} = 814^k.$$

La formule donne

$$b = 4^{cent},14 \quad \text{et} \quad a = 5b = 20^{cent},70.$$

Le constructeur a fait $b = 3^{cent},96$ et $a = 20^{cent}$.
Cette roue marche depuis dix ans.

267. Solides posés librement sur deux appuis, tels que poutres, pièces de support, etc. Dans les formules suivantes nous désignerons par

2P la charge ou l'effort exercé sur le corps, perpendiculairement à sa longueur,

2c la distance entre les appuis,

p, a, b et d conservant les significations indiquées au n° 236.

268. Solides prismatiques; cas ou l'on tient compte du poids du solide. Les dimensions transversales se détermineront à l'aide des formules suivantes : pour

la fonte . . . . $\quad ab^2 = \dfrac{\left(P + \frac{pc}{2}\right)}{1250000}c,$

le fer forgé . . . . $\quad ab^2 = \dfrac{\left(P + \frac{pc}{2}\right)}{1000000}c,$

le bois de chêne et de sapin . . . $\quad ab^2 = \dfrac{\left(P + \frac{pc}{2}\right)}{100000}c.$

269. Cas ou l'on peut négliger le poids du solide. Lorsqu'on pourra négliger le poids du solide, on emploiera les formules suivantes : pour

la fonte.................... $ab^2 = \dfrac{Pc}{1250000}$,

le fer forgé................ $ab^2 = \dfrac{Pc}{1000000}$,

le bois de chêne et de sapin...... $ab^2 = \dfrac{Pc}{100000}$.

EXEMPLE : Quelle doit être l'épaisseur d'une poutre posée librement sur deux appuis, destinée à supporter au milieu de sa longueur, une charge de 3500 kilog. ; la distance des appuis étant de 4^m ?

On a

$$2P = 3500^{kil}, \quad 2c = 4^m.$$

Si l'on suppose

$$a = \tfrac{5}{7}b,$$

la formule donne

$$b^3 = \frac{1750 \times 2}{71429} = 0,0489,$$

d'où

$$b = 0^m,366.$$

270. CAS OÙ LA CHARGE EST UNIFORMÉMENT RÉPARTIE. Si la charge est uniformément répartie sur la longueur du corps, on l'ajoutera au poids propre du solide, et en nommant, de même que précédemment, p la charge par mètre courant, on emploiera les formules suivantes : pour

la fonte.................... $ab^2 = \dfrac{pc^2}{2500000}$,

le fer forgé................ $ab^2 = \dfrac{pc^2}{2000000}$,

le bois de chêne et de sapin...... $ab^2 = \dfrac{pc^2}{200000}$,

NOTA. Il y a lieu de faire ici les mêmes observations qu'aux n°s 240 et 241, sur les rapports que l'on peut établir à priori, entre les dimensions a et b des corps et sur la marche à suivre pour tenir compte du poids du solide, dont on cherche les dimensions.

EXEMPLE : Quelle doit être l'épaisseur d'une pièce de bois posée librement sur deux appuis distans de 6^m, supportant une charge de 3000 kilogrammes par mètre courant ?

On a

$$p = 3000, \quad 2c = 6^m.$$

Et si l'on pose

$$a = \tfrac{5}{7} b,$$

la formule donne

$$b^3 = \frac{3000 \times 9}{142858} = 0,189.$$

d'où

$$b = 0^m,574.$$

271. CAS OU LA SECTION TRANSVERSALE EST UN CARRÉ. Si la section transversale est un carré on emploiera les formules suivantes :

DISPOSITION de la charge.	MATIÈRES dont le solide est formé.	FORMULES A EMPLOYER.
La charge agissant au milieu de la longueur.	Fonte.........	$b^3 = \dfrac{Pc}{1250000}.$
	Fer forgé......	$b^3 = \dfrac{Pc}{1000000}.$
	Bois de chêne et de sapin......	$b^3 = \dfrac{Pc}{100000}.$
La charge agissant à des distances l et l' des points d'appui.	Fonte.........	$b^3 = \dfrac{Pll'}{1250000\,c}.$
	Fer forgé......	$b^3 = \dfrac{Pll'}{1000000\,c}.$
	Bois de chêne et de sapin......	$b^3 = \dfrac{Pll'}{100000\,c}.$
La charge étant répartie par moitié en deux points situés à la même distance l des points d'appui.	Fonte.........	$b^3 = \dfrac{Pl}{1250000}.$
	Fer forgé......	$b^3 = \dfrac{Pl}{1000000}.$
	Bois de chêne et de sapin......	$b^3 = \dfrac{Pl}{100000}.$
La charge étant répartie sur une longueur $2c'$, dont le milieu est aux distances l et l' des appuis.	Fonte.........	$b^3 = \dfrac{P\left(\dfrac{ll'}{c}-\dfrac{c'}{2}\right)}{1250000}.$
	Fer forgé......	$b^3 = \dfrac{P\left(\dfrac{ll'}{c}-\dfrac{c'}{2}\right)}{1000000}.$
	Bois de chêne et de sapin......	$b^3 = \dfrac{P\left(\dfrac{ll'}{c}-\dfrac{c'}{2}\right)}{100000}.$

272. CAS OU LA SECTION TRANSVERSALE EST UN CERCLE OU UN POLYGONE RÉGULIER. Dans ce cas, on emploiera les formules suivantes :

DISPOSITION de la charge.	MATIÈRES dont le solide est formé.	FORMULES A EMPLOYER.
La charge agissant au milieu de la longueur.	Fonte.........	$d^3 = \dfrac{Pc}{736250}.$
	Fer forgé......	$d^3 = \dfrac{Pc}{589050}.$
	Bois de chêne et de sapin......	$d^3 = \dfrac{Pc}{58905}.$
La charge agissant à des distances l et l' des points d'appui.	Fonte.........	$d^3 = \dfrac{Pll'}{736250\,c}.$
	Fer forgé......	$d^3 = \dfrac{Pll'}{589050\,c}.$
	Bois de chêne et de sapin......	$d^3 = \dfrac{Pll'}{58905\,c}.$
La charge étant répartie par moitié en deux points situés à la même distance l des points d'appui.	Fonte.........	$d^3 = \dfrac{Pl}{736250}.$
	Fer forgé......	$d^3 = \dfrac{Pl}{589050}.$
	Bois de chêne et de sapin......	$d^3 = \dfrac{Pl}{58905}.$
La charge étant répartie sur une longueur $2c'$, dont le milieu est aux distances l et l' des appuis.	Fonte.........	$d^3 = \dfrac{P\left(\dfrac{ll'}{c} - \dfrac{c'}{2}\right)}{736250}.$
	Fer forgé......	$d^3 = \dfrac{P\left(\dfrac{ll'}{c} - \dfrac{c'}{2}\right)}{589050}.$
	Bois de chêne et de sapin......	$d^3 = \dfrac{P\left(\dfrac{ll'}{c} - \dfrac{c'}{2}\right)}{58905}.$

Exemples du n° 271.

PREMIER EXEMPLE : Quel doit être le côté du quarré d'un arbre en fonte d'une longueur $2c = 1^m$, supportant un effort de $2P = 750$ kilogrammes, agissant à des distances $l = 0^m,40$ et $l' = 0^m,60$?

La formule donne

$$b^3 = \frac{375 \times 0^m,4 \times 0^m,6}{1250000 \times 0^m,5} = 0,000144,$$

d'où

$$b = 0^m,0524.$$

DEUXIÈME EXEMPLE : Quel doit être le côté du quarré d'une pièce de bois d'une longueur $2c = 4^m$, supportant une charge de $2P = 12000$ kilogrammes également répartie en deux points situés à la même distance $l = 0^m,6$ des appuis ?

La formule donne

$$b^3 = \frac{6000 \times 0,6}{100000} = 0,036,$$

d'où

$$b = 0^m,330.$$

EXEMPLE DU N° 272 : Quel doit être le diamètre d'un arbre en fer forgé d'une longueur $2c = 1^m,5$ qui supporte un effort de $2P = 360$ kilogrammes, agissant à des distances $l = 0^m,70$ et $l' = 0^m,80$ des points d'appui ?

La formule donne

$$d^3 = \frac{180 \times 0,7 \times 0,8}{589050 \times 0,75} = 0,000228,$$

d'où

$$d = 0^m,0611.$$

273. ARBRES DES ROUES HYDRAULIQUES, DES ROUES D'ENGRENAGE, DES VOLANS, ETC. Les axes de rotation des machines étant quelquefois exposés à des secousses et

ne devant éprouver que des flexions très-faibles, il conviendra de se servir des formules suivantes :

274. ARBRES A SECTION CARRÉE.

DISPOSITION de la charge.	MATIÈRES dont l'arbre est formé.	FORMULES A EMPLOYER.
La charge agissant au milieu de la longueur.	Fonte.........	$b^3 = \dfrac{Pc}{625000}$.
	Fer forgé......	$b^3 = \dfrac{Pc}{500000}$.
	Bois de chêne et de sapin......	$b^3 = \dfrac{Pc}{50000}$.
La charge agissant à des distances l et l' des points d'appui.	Fonte.........	$b^3 = \dfrac{Pll'}{625000\,c}$.
	Fer forgé......	$b^3 = \dfrac{Pll'}{500000\,c}$.
	Bois de chêne et de sapin......	$b^3 = \dfrac{Pll'}{50000\,c}$.
La charge étant répartie par moitié en deux points situés à la même distance l des points d'appui.	Fonte.........	$b^3 = \dfrac{Pl}{625000}$.
	Fer forgé......	$b^3 = \dfrac{Pl}{500000}$.
	Bois de chêne et de sapin......	$b^3 = \dfrac{Pl}{50000}$.
La charge étant répartie sur une longueur $2c'$, dont le milieu est aux distances l et l' des appuis.	Fonte.........	$b^3 = \dfrac{P\left(\dfrac{ll'}{c} - \dfrac{c'}{2}\right)}{625000}$.
	Fer forgé......	$b^3 = \dfrac{P\left(\dfrac{ll'}{c} - \dfrac{c'}{2}\right)}{500000}$.
	Bois de chêne et de sapin......	$b^3 = \dfrac{P\left(\dfrac{ll'}{c} - \dfrac{c'}{2}\right)}{50000}$.

274. ARBRES A SECTION CIRCULAIRE OU POLYGONALE·

DISPOSITION de la charge.	MATIÈRE dont l'arbre est formé.	FORMULES A EMPLOYER.
La charge agissant au milieu de la longueur.	Fonte........	$d^3 = \dfrac{Pc}{368000}$.
	Fer forgé......	$d^3 = \dfrac{Pc}{295000}$.
	Bois de chêne et de sapin.....	$d^3 = \dfrac{Pc}{29500}$.
La charge agissant à des distances l et l' des points d'appui.	Fonte........	$d^3 = \dfrac{Pll'}{368000\,c}$.
	Fer forgé......	$d^3 = \dfrac{Pll'}{295000\,c}$.
	Bois de chêne et de sapin.....	$d^3 = \dfrac{Pll'}{29500\,c}$.
La charge étant répartie par moitié en deux points situés à la même distance l des points d'appui.	Fonte........	$d^3 = \dfrac{Pl}{368000}$.
	Fer forgé......	$d^3 = \dfrac{Pl}{295000}$.
	Bois de chêne et de sapin.....	$d^3 = \dfrac{Pl}{29500}$.
La charge étant répartie sur une longueur $2c'$ dont le milieu est aux distances l et l' des appuis.	Fonte........	$d^3 = \dfrac{P\left(\dfrac{ll'}{c} - \dfrac{c'}{2}\right)}{368000}$.
	Fer forgé......	$d^3 = \dfrac{P\left(\dfrac{ll'}{c} - \dfrac{c'}{2}\right)}{295000}$.
	Bois de chêne et de sapin.....	$d^3 = \dfrac{P\left(\dfrac{ll'}{c} - \dfrac{c'}{2}\right)}{29500}$.

d étant le diamètre du cylindre ou du cercle inscrit au polygone.

Premier exemple : Un arbre carré de roue hydraulique en fonte, doit porter en son milieu une charge de 4000 kilogrammes.

La longueur de portée est de 3^m, la formule donne

$$b^3 = \frac{2000 \times 1,50}{625000} = 0,0048 \quad \text{et} \quad b = 0^m,1685.$$

Si l'arbre avait été cylindrique, on aurait eu

$$d^3 = \frac{2000 \times 1^m,50}{368000} = 0,00815 \quad \text{et} \quad d = 0^m,201.$$

Si la même charge agissait en un point situé aux distances $l = 2^m$ et $l' = 1^m$ des points d'appui écartés de $2c = 3^m$, on trouverait, pour l'arbre cylindrique,

$$d^3 = \frac{2000 \times 2 \times 1}{368000 \times 1,50} = 0,00723 \quad \text{et} \quad d = 0^m,1935.$$

Si cet arbre était en chêne et chargé en son milieu, on aurait

$$d = 0^m,392.$$

Si la même charge était répartie par moitié en deux points situés à la même distance $l = 0^m,55$ des points d'appui, on aurait pour l'arbre carré en fonte

$$b^3 = \frac{2000 \times 0,55}{625000} = 0,00176 \quad \text{et} \quad b = 0^m,1205,$$

Pour l'arbre cylindrique en fonte

$$d^3 = \frac{2000 \times 0,55}{368000} = 0,00299 \quad \text{et} \quad d = 0^m,144.$$

Si la charge était répartie en trois points sur une longueur $2c' = 1^m,20$, dont le milieu fût aux distances $l = 1^m,10$, $l' = 1^m,90$ des points d'appui, on aurait pour l'arbre carré

$$b^3 = \frac{2000\left(\frac{1,10 \times 1,90}{1,50} - 0,30\right)}{625000} = 0,0035 \quad \text{et} \quad b = 0^m,152,$$

et pour l'arbre cylindrique

$$d^3 = \frac{2000\left(\frac{1,10 \times 1,90}{1,50} - 0,30\right)}{368000} = 0,00594 \quad \text{et} \quad d = 0^m181.$$

DEUXIÈME EXEMPLE : Un arbre de roue hydraulique à huit pans, doit supporter une roue pesant 15000 kilog. dont le poids est réparti sur une longueur $2c' = 4^m,5$. La portée totale est $2c = 6^m,80$. Le milieu de la partie chargée est aux distances $l = 3^m,25$ et $l' = 3^m,55$ des appuis.

La formule donne, s'il doit être en chêne,

$$d = 0^m,832,$$

s'il doit être en fonte

$$d = 0^m,358.$$

TROISIÈME EXEMPLE : La roue hydraulique de la taillerie de Baccarat pèse 13500 kilogrammes, son poids est réparti sur une longueur $2c' = 3^m,13$, dont le milieu est à des distances $l = l' = 2^m,20$ des appuis, éloignés de $2c = 4^m,40$. L'arbre est à huit pans.

La formule donne

$$d = 0^m,295.$$

Le constructeur a fait

$$d = 0^m,250.$$

Cette roue marche depuis près de vingt ans.

275. CAS OU LA SECTION PRÉSENTE UN NOYAU QUARRÉ RENFORCÉ PAR DES NERVURES. La partie intermédiaire entre les points qui supportent la charge, est habituellement d'une dimension moindre que ces parties, mais elle est renforcée par des nervures.

Fig. 57.

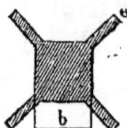

En nommant alors

b le côté du carré,

b' la largeur totale extérieure des nervures, mesurée de dehors en dehors,

e leur épaisseur.

On aura entre ces dimensions et la charge que l'on peut faire porter à ce corps supposé en fonte, la relation suivante :

DISPOSITION de la charge.	FORMULES A EMPLOYER.
La charge agissant au milieu de la longueur.	$\dfrac{b^4 + (b'^3 - b^3)e + (b' - b)e^3}{b'} = \dfrac{Pc}{1250000}$
La charge agissant à des distances l et l' des points d'appui.	$\dfrac{b^4 + (b'^3 - b^3)e + (b' - b)e^3}{b'} = \dfrac{Pll'}{1250000c}$
La charge étant répartie par moitié en deux points situés à la même distance l des points d'appui.	$\dfrac{b^4 + (b'^3 - b^3)e + (b' - b)e^3}{b'} = \dfrac{Pc}{1250000}$
La charge étant répartie sur une longueur $2c'$ dont le milieu est aux distances l et l' des appuis.	$\dfrac{b^4 + (b'^3 - b^3)e + (b' - b)e^3}{b'} = \dfrac{P\left(\dfrac{ll'}{c} - \dfrac{c'}{2}\right)}{1250000}$

276. Proportions convenables a établir entre les diverses dimensions. Dans le cas où il s'agirait de déterminer les dimensions b, b' et e, il conviendra d'établir à priori entre elles quelque relation simple; si, par exemple, on fait

$$b' = 3b, \quad e = \tfrac{1}{3}b.$$

Les formules ci-dessus deviennent, pour la fonte,

DISPOSITION de la charge.	FORMULES A EMPLOYER.
La charge agissant au milieu de la longueur.	$b^3 = \dfrac{Pc}{4059000}.$
La charge agissant à des distances l et l' des points d'appui.	$b^3 = \dfrac{Pll'}{4059000\,c}.$
La charge étant répartie par moitié en deux points situés à la même distance l des points d'appui.	$b^3 = \dfrac{Pl}{4059000}.$
La charge étant répartie sur une longueur $2c'$, dont le milieu est aux distances l et l' des appuis.	$b^3 = \dfrac{P\left(\dfrac{ll'}{c} - \dfrac{c'}{2}\right)}{4059000}.$

EXEMPLES : Un arbre carré en fonte de 4^m de longueur, à nervures proportionnées comme il est dit ci-dessus, doit supporter une charge de 10000 kilog.

Si la charge est au milieu de la longueur, on a

$$b^3 = \frac{5000 \times 2}{4059000} = 0,00246,$$

d'où

$$b = 0^m,135, \quad e = 0^m,045, \quad b' = 0^m,405.$$

Si la charge est aux distances $l = 1^m,50$ et $l' = 2^m,50$ des appuis, on a

$$b^3 = \frac{5000 \times \frac{1,50 \times 2,50}{2}}{4059000} = 0,00231,$$

d'où

$$b = 0^m,132, \quad e = 0^m,044, \quad b' = 0^m,396.$$

Si la charge est répartie par moitié en deux points

situés à la même distance $l = $ 0^m,6o des appuis, on a

$$b^3 = \frac{5000 \times 0,60}{4059000} = 0,000738,$$

d'où

$$b = 0^m,0903, \quad e = 0^m,0301, \quad b' = 0^m,2709.$$

Si la charge est répartie en quatre points sur une longueur $2c' = 2^m$,80, dont le milieu est aux distances $l = 1^m$,95 et $l' = 2^m$,05 des appuis, on a

$$b^3 = 5000 \frac{\left(\dfrac{1,95 \times 2,05}{2} - 0,70\right)}{4059000} = 0,00160,$$

d'où

$$b = 0^m,117, \quad e = 0^m,039, \quad b' = 0^m,351.$$

Nota. Quoique dans ces exemples nous ayons supposé que la charge pouvait être au milieu de la longueur ou répartie en plusieurs points, nous ferons observer qu'en général les arbres à nervures ne sont chargés qu'en deux points entre lesquels règnent les nervures.

Fig. 58.

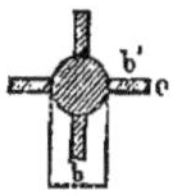

277. Cas où la section présente un noyau cylindrique renforcé par des nervures. En conservant les notations du numéro précédent b exprimant alors le diamètre du noyau on aura les formules suivantes :

DISPOSITION de la charge.	FORMULES A EMPLOYER.
La charge agissant au milieu de la longueur.	$\dfrac{0,589b4+(b'^3-b^3)e+(b'-b)e^3}{b'} = \dfrac{Pc}{1250000}.$
La charge agissant à des distances l et l' des points d'appui.	$\dfrac{0,589b4+(b'^3-b^3)e+(b'-b)e^3}{b'} = \dfrac{Pll'}{125000\,c}$
La charge étant répartie par moitié en deux points situés à la même distance l des points d'appui.	$\dfrac{0,589b4+(b'^3-b^3)e+(b'-b)e^3}{b'} = \dfrac{Pl}{1250000}.$
La charge étant répartie sur une longueur $2c'$ dont le milieu est aux distances l et l' des appuis.	$\dfrac{0,589b4+(b'^3-b^3)e+(b'-b)e^3}{b'} = \dfrac{P\left(\dfrac{ll'}{c}-\dfrac{c'}{2}\right)}{1250000}.$

378. Proportions ordinaires entre les diverses dimensions. Si l'on établit entre la saillie et l'épaisseur des nervures, les relations précédentes assez convenables,

$$b' = 3b, \quad e = \tfrac{1}{3}\,b, \text{ on a}$$

DISPOSITION de la charge.	FORMULES A EMPLOYER.
La charge agissant à des distances l et l' des points d'appui.	$b^3 = \dfrac{Pll'}{3885000\,c}.$
La charge étant répartie par moitié en deux points situés à la même distance l des points d'appui.	$b^3 = \dfrac{Pl}{3885000}.$
La charge étant répartie sur une longueur $2c'$, dont le milieu est aux distances l et l' des appuis.	$b^3 = \dfrac{P\left(\dfrac{ll'}{c}-\dfrac{c'}{2}\right)}{3885000}.$

Exemple. — Arbre de la roue de la filature de MM. N^s Schlumberger et Cie, a Guebwiller. La roue, avec l'eau qu'elle peut contenir, pèse 30500 kilog. Son poids est réparti par moitié en deux points situés à la même distance $l = 0^m,65$ des appuis, on a donc

$$P = 15250 \text{ kil.}$$

La formule donne $b = 0^m,1365$.

Le constructeur anglais a fait $b = 0^m,1336$, et les nervures sont proportionnées comme il est dit plus haut.

279. Observations relatives a la portion de l'arbre, sur laquelle se fait l'assemblage. Dans les applications

Fig. 59.

des formules précédentes, on observera que, pour la facilité des assemblages, la partie sur laquelle repose la charge, ne peut avoir le profil que nous avons indiqué aux figures 56 et 57, et qu'il convient de lui donner, dans tous ces cas, un profil quarré, circulaire ou polygonal. On en calculera alors les dimensions, par les formules des n°s 273 ou 274, relatives à ces formes. Puis on la raccordera avec le noyau et les nervures, dont nous venons de déterminer les dimensions, par une partie pyramidale ou tronconique allongée, et par des arrondissemens convenables.

Exemple : La roue hydraulique en fer, de l'exemple précédent, pèse avec l'eau qu'elle contient 30500 kilogrammes.

La charge est répartie par moitié en deux points situés à la même distance $l = 0^m,65$ du milieu des coussinets.

L'arbre est en fonte, la partie qui reçoit les manchons d'assemblage des bras est cylindrique, et la portion intermédiaire est un cylindre d'un diamètre moindre, renforcé par des nervures.

36

La formule donne, pour la partie cylindrique qui reçoit les manchons, $d = 0^m,299$.

Le constructeur a fait $d = 0^m,258$ seulement, mais cette partie de l'arbre porte quatre petites nervures, pour servir d'arrêt aux cales qui serrent les manchons, ce qui la renforce un peu.

La partie de cet arbre, qui est intermédiaire entre les points de support des manchons, est à nervures proportionnées, comme il a été dit au n° 277.

280. Arbres cylindriques creux en fonte. Pour augmenter la résistance et le diamètre extérieur, on adopte quelquefois des arbres cylindriques creux en fonte.

En nommant d le diamètre extérieur, d' le diamètre intérieur, on emploiera les formules suivantes :

DISPOSITION de la charge.	FORMULES A EMPLOYER.
La charge agissant au milieu de la longueur.	$d^3 - d'^3 = \dfrac{Pc}{368000}$.
La charge agissant à des distances l et l' des points d'appui.	$d^3 - d'^3 = \dfrac{Pll'}{368000\,c}$.
La charge étant répartie par moitié en deux points situés à la même distance l des points d'appui.	$d^3 - d'^3 = \dfrac{Pl}{368000}$.
La charge étant répartie sur une longueur $2c'$ dont le milieu est aux distances l et l' des appuis.	$d^3 - d'^3 = \dfrac{P\left(\dfrac{ll'}{c} - \dfrac{c'}{2}\right)}{368000}$.

281. Proportions généralement adoptées dans ce cas. Il est d'usage de faire le diamètre intérieur égal aux $\frac{3}{5}$

du diamètre extérieur, ce qui fixe l'épaisseur à $\frac{1}{5}$ du diamètre extérieur ; alors les formules précédentes deviennent

DISPOSITION de la charge.	FORMULES A EMPLOYER.
La charge agissant au milieu de la longueur.	$$d^3 = \frac{Pc}{288512}.$$
La charge agissant à des distances l et l' des points d'appui.	$$d^3 = \frac{Pll'}{288512\,c}.$$
La charge étant répartie par moitié en deux points situés à la même distance l des points d'appui.	$$d^3 = \frac{Pl}{288512}.$$
La charge étant répartie sur une longueur $2c'$ dont le milieu est aux distances l et l' des appuis.	$$d^3 = \frac{P\left(\dfrac{ll'}{c} - \dfrac{c'}{2}\right)}{288512}.$$

EXEMPLE : Un arbre de roue de martinet, de la manufacture d'armes de Chatellerault, supporte, sur une longueur $2c' = 2^m$, le poids d'une roue $2P = 21017^k$ le milieu de la partie chargée est aux distances

$l = 1^m,55$, $l' = 2^m,06$ des points d'appui, $2c = 3^m,61$.

La formule donne

$$d^3 = \frac{10508\left(\dfrac{1,55 \times 2,06}{1,805} - 0,50\right)}{288512} = 0,0462 \quad \text{et} \quad d = 0^m,358,$$

$$d - d' = 0^m,0736.$$

282. SOLIDES ENCASTRÉS PAR LEURS DEUX EXTRÉMITÉS. Lorsqu'un solide est encastré par ses deux extrémités,

285

sa résistance est deux fois plus grande que quand il repose librement sur des appuis, et l'on emploiera en conséquence pour toutes les formes indiquées aux n°ˢ 267 à 281 les mêmes formules, mais en y remplaçant P, ou la moitié de la charge, par 2P ou la charge entière.

283. SOLIDES EXPOSÉS A LA TORSION. Les arbres qui transmettent le mouvement dans les usines sont souvent exposés à la rupture par torsion.

On calculera les dimensions qu'il convient de leur donner, pour qu'ils résistent à l'effort de torsion, par les formules suivantes, dans lesquelles nous désignerons par

P l'effort qui tend à tordre le corps,

R les bras de levier de cet effort,

b le côté du quarré, si le corps est à section quarrée,

d le diamètre du corps, s'il est cylindrique à section circulaire, ou le diamètre du cercle inscrit au polygone, si le corps est à section polygonale,

FORME de la section transversale.	NATURE DU MÉTAL.	FORMULES à employer.
Quarrée................	Fonte ou fer.......	$b^3 = \dfrac{PR}{127000}.$
Circulaire ou polygonale.....	Fonte ou fer.......	$d^3 = \dfrac{PR}{405000}.$

EXEMPLE : Quel doit être le diamètre d'un arbre cylindrique en fonte pour transmettre une force de 45 chevaux à la vitesse de 50 tours en 1' par un engrenage de 0ᵐ,70 de rayon ?

La vitesse à la circonférence de l'engrenage étant égale à

$$\tfrac{50}{60} \times 6,28 \times 0^m,70 = 3^m,66,$$

L'effort exercé à la circonférence de cette roue, sera

$$\frac{45 \times 75}{3,66} = 922^{kil}.$$

La formule donne

$$d^3 = \frac{922 \times 0,7}{405000} = 0,00614,$$

d'où

$$d = 0^m,183.$$

L'arbre en fonte de la turbine de Müllbach, département du Bas-Rhin, qui a été construite pour transmettre une force de 45 chevaux à la vitesse de 50 tours en 1′ et par un engrenage de la dimension ci-dessus, a un diamètre égal à $0^m,182$. Mais son tourillon supérieur n'a que $0^m,162$, et néanmoins, dans des expériences, cette roue a transmis une force de 91 chevaux à la vitesse de 66 tours en 1′, ce qui correspond à un effort de 1560 kilogrammes, sans aucune altération.

284. Observation relative aux arbres de transmission du mouvement. Lorsque l'on voudra déterminer les dimensions d'un arbre de transmission du mouvement, on devra les calculer par les formules relatives à la résistance à la rupture, n°^{os} 273 et suivans, et par celle du numéro précédent, relative à la torsion, et prendre pour la dimension définitive le plus grand des deux résultats.

285. Solides cylindriques d'épaisseur uniforme, soumis a des pressions intérieures. Les épaisseurs à donner aux tuyaux de conduite des gaz et des eaux, se calculeront par les formules suivantes, dans lesquelles on désigne par

d le diamètre intérieur, en mètres,

e l'épaisseur du métal, id.

n le nombre d'atmosphères équivalant à la pression sur chaque mètre carré,

Tuyaux en fonte.............. $e = 0,0007nd + \overset{m}{0,01}$

—   en fer................ $e = 0,0005nd + 0,003$

—   en plomb............. $e = 0,005nd + 0,0045$

—   en bois.............. $e = 0,833nd + 0,027$

—   en pierres naturelles..... $e = 0,05nd$

—   en pierres factices....... $e = 0,10nd$.

On sait, n° 186, que pour les chaudières des machines à vapeur, exposées à être détériorées par l'action de la flamme, on doit, d'après une ordonnance royale, régler l'épaisseur par une formule particulière.

286. RÉSISTANCE D'UNE SPHÈRE A LA RUPTURE. Lorsqu'une sphère creuse est soumise à une pression intérieure qui tend à la faire éclater, si l'on nomme

R son rayon extérieur,

r son rayon intérieur,

e son épaisseur égale à R — r,

p la pression intérieure exprimée en kilogrammes sur un centimètre carré.

On calculera la pression susceptible de faire éclater cette sphère par les formules suivantes; pour

la fonte.................. $p = 1300 \dfrac{R^2 - r^2}{r^2}$,

la tôle de fer............. $p = 4000 \dfrac{R^2 - r^2}{r^2}$,

le cuivre rouge laminé..... $p = 2000 \dfrac{R^2 - r^2}{r^2}$.

Si l'épaisseur est au-dessous de $\frac{1}{10}$ du rayon intérieur, on pourra calculer la pression susceptible de faire éclater la sphère par les formules suivantes, pour

la fonte..................... $p = \dfrac{2600\,e}{r}$,

la tôle de fer................. $p = \dfrac{8000\,e}{r}$,

le cuivre rouge laminé........... $p = \dfrac{4000\,e}{r}$.

Mais s'il s'agit de calculer l'épaisseur qu'il convient de donner à une sphère pour qu'on puisse, avec sûreté, la soumettre à une pression donnée, on se servira des formules suivantes relatives au cas où l'épaisseur n'excède pas le cinquième du rayon. Pour une sphère, en

fonte................................. $e = \dfrac{pr}{650}$,

tôle de fer...................... $e = \dfrac{pr}{2000}$,

cuivre rouge laminé............. $e = \dfrac{pr}{1000}$.

287. Proportions et dimensions des vis. Dans les constructions, les boulons employés à la réunion des diverses parties doivent être proportionnés ainsi qu'il suit :

Le noyau de la partie filetée ne doit pas être soumis à une tension de plus de $2^{kil},80$ par millimètre carré de l'aire de sa section.

En appelant
P l'effort que doit supporter le boulon,
d le diamètre du noyau fileté en millimètres, on calculera ce noyau par la formule

$$d = 0,674 \sqrt{P}.$$

Le diamètre extérieur des filets sera égal à $\frac{6}{5}\,d$ ou $\frac{6}{5}$ du diamètre du noyau, et la saillie des filets sur le noyau sera égale à $\frac{1}{10}\,d$ ou $\frac{1}{10}$ du diamètre du noyau.

Le pas sera égal à $\frac{1}{5}\,d$ ou $\frac{1}{5}$ du diamètre du noyau.

Lorsque les écrous ne doivent pas être dévissés souvent, ils auront une épaisseur égale au diamètre extérieur de la vis, ou à $\frac{5}{6}$ de celui du noyau. Ils contiendront alors six tours de filet.

Si l'écrou doit être dévissé souvent, son épaisseur devra être $1\frac{1}{3}$ fois le diamètre extérieur ou $\frac{3}{5}$ de celui du noyau.

Pour la facilité du passage des filets dans les trous des pièces à réunir, il convient de donner au corps du boulon dont l'extrémité est filetée, quelques millimètres de diamètre de plus qu'à l'extérieur des filets.

Ces proportions conviennent également aux vis à filets quarrés ou à celles dont les filets sont triangulaires.

FORMULES POUR CALCULER LA FLEXION QUE PRENNENT LES SOLIDES DE DIVERSES FORMES.

288. Il est souvent utile de calculer la flexion que prendra un support sous une charge donnée, bien inférieure à celle qu'il peut porter avec sécurité, ou ce qui revient au même de déterminer les dimensions du corps, de façon que la flexion ne dépasse pas des limites que l'on fixe à l'avance. Nous rapporterons ici les formules dont l'emploi se présente le plus fréquemment, mais il ne sera pas inutile de résumer les résultats généraux de la théorie et de l'expérience sur la résistance des matériaux à la flexion.

Résultats généraux de la théorie et de l'expérience relativemement à la flexion des matériaux.

Lorsqu'un solide encastré horizontalement par l'une de ses extrémités est sollicité à l'autre par un effort perpendiculaire à sa longueur, la flexion qu'il prend est proportionnelle à l'effort exercé et au cube de son bras de levier.

Si la charge est uniformément répartie sur la longueur du solide, la flexion est celle que produirait un poids égal aux $\frac{3}{8}$ de cette charge et qui agirait à l'extrémité.

Lorsqu'un solide est posé horizontalement sur deux appuis et chargé en son milieu, la flexion est proportionnelle au poids qu'il supporte et au cube de la moitié de la distance des appuis.

Si la charge est uniformément répartie sur la longueur du solide, la flexion est celle que produirait un poids égal aux $\frac{5}{8}$ de la charge qui agirait au milieu de la longueur.

Lorsqu'un solide est encastré horizontalement par ses deux extrémités et chargé en son milieu, la flexion est encore proportionnelle à l'effort exercé et au cube de la demi-distance des appuis, mais elle est moitié moindre que si le corps était posé librement sur deux appuis.

Les résultats précédens sont exacts tant que les charges ne dépassent pas celles qui produiraient une altération permanente dans l'élasticité des corps ; et comme les efforts indiqués dans les formules des n°s 232 à 237, sont de beaucoup au-dessous de ces limites, on pourra employer celles que nous allons indiquer pour calculer la flexion de tous les corps, dont les proportions ne seront pas inférieures à celles qui sont données dans ces numéros.

289. SOLIDES SOUMIS A DES EFFORTS DE FLEXION TRANSVERSALE PERPENDICULAIREMENT A LEUR LONGUEUR. Nous conserverons dans les formules suivantes les notations du n° 236, et nous nommerons de plus f la flèche de courbure exprimée en mètres, et mesurée à l'extrémité pour les solides encastrés par un bout et chargés à l'autre, ou au milieu de la longueur pour les solides posés sur des appuis ou encastrés par leurs deux extrémités.

290. SOLIDE PRISMATIQUE ENCASTRÉ PAR L'UNE DE SES EXTRÉMITÉS : CAS OU L'ON TIENT COMPTE DU POIDS DU SOLIDE. On calculera la flèche de courbure de l'extrémité chargée par les formules suivantes, pour

la fonte . . . . $f = \dfrac{(\mathrm{P} + \frac{5}{8}pc)c^3}{275000000000ab^3}$,

le fer forgé . . . . $f = \dfrac{(\mathrm{P} + \frac{5}{8}pc)c^3}{500000000000ab^3}$,

le bois de chêne ou de sapin . . . . $f = \dfrac{(\mathrm{P} + \frac{5}{8}pc)c^3}{25000000000ab^3}$, l'acier fondu . . . . $f = \dfrac{(\text{P} + \frac{5}{8}pc)c^3}{8000000000ab^3}$,

l'acier d'Allemagne . . . . $f = \dfrac{(\text{P} + \frac{5}{8}pc)c^3}{4000000000ab^3}$.

EXEMPLE : Quelle est la flexion que prend à son extrémité une pièce de chêne encastrée par une de ses extrémités et chargée à 4^m de la partie encastrée d'un poids
de 750 kilogrammes ; sa largeur étant de 0^m,20, et sa
hauteur de 0^m,30 ?

Le poids de la pièce est

$$pc = 800 \times 0^m,20 \times 0^m,30 \times 4^m = 192 \text{ kil.}$$

La formule ci-dessus donne

$$f = \frac{(750 + \frac{5}{8} \times 192) \times 64}{250000000 \times 0,20 \times 0,027} = 0^m,0039.$$

291. CAS OU L'ON PEUT NÉGLIGER LE POIDS DU SOLIDE.
Lorsqu'on pourra négliger le poids du solide, on emploiera les formules suivantes, pour

la fonte . . . . $f = \dfrac{\text{P}c^3}{2750000000ab^3}$,

le fer forgé . . . . $f = \dfrac{\text{P}c^3}{5000000000ab^3}$,

le bois . . . . $f = \dfrac{\text{P}c^3}{250000000ab^3}$,

l'acier fondu . . . . $f = \dfrac{\text{P}c^3}{8000000000ab^3}$,

l'acier d'Allemagne . . . . $f = \dfrac{\text{P}c^3}{4000000000ab^3}$.

EXEMPLE : Quelle est la flexion d'une lame de ressort
en acier fondu encastrée à l'une de ses extrémités et
soumise à l'autre à un effort de 50 kilogrammes ; les
dimensions étant les suivantes ?

$$a = 0^m,03, \quad b = 0^m,015, \quad c = 0^m,25.$$

La formule donne

$$f = \frac{50 \times (0,25)^3}{8000000000 \times 0,03 \times (0,015)^3} = 0^m,00096.$$

292. Cas où la charge est uniformément répartie. Si la charge est uniformément répartie sur la longueur du corps, on l'ajoutera au poids propre de celui-ci, si l'on veut en tenir compte, et en nommant toujours p la charge par mètre courant, on emploiera les formules suivantes, pour

la fonte..................... $f = \dfrac{pc^4}{7315000000ab^3},$

le fer..................... $f = \dfrac{pc^4}{13333000000ab^3},$

le bois................... $f = \dfrac{pc^4}{665000000ab^3}.$

Exemple : Quelle est la flexion que prend une pièce de bois de chêne de $0^m,40$ de largeur sur $0^m,50$ d'épaisseur, chargée d'un poids de 9000 kilogrammes par mètre courant; sa longueur étant de $6^m,56$?

La formule donne

$$f = \frac{9000 \times (3,28)^4}{665000000 \times 0,40 \times (0,50)^3} = 0^m,0314.$$

293. Observation sur la manière de tenir compte du poids propre du solide ou des charges uniformément réparties sur sa longueur. En général, une charge uniformément répartie sur un solide encastré par l'une de ses extrémités, produit la même flexion qu'un poids égal aux $\frac{3}{8}$ de sa valeur, placé à l'autre extrémité, quelle que soit la section transversale constante du solide. Cette observation nous dispensera de faire mention à l'avenir du poids du solide ou des charges uniformément réparties.

294. Solide cylindrique a section circulaire encastré par l'une de ses extrémités. Si le corps est un cylindre à section circulaire, on calculera sa flexion par les formule suivantes, pour

la fonte.................... $f = \dfrac{Pc^3}{1617000000 d^4}$,

le fer..................... $f = \dfrac{Pc^3}{3940000000 d^4}$,

le bois.................... $f = \dfrac{Pc^3}{147000000 d^4}$.

Exemple : Quelle est la flexion que prend un boulon de fer rond de $0^m,04$ de diamètre encastré par l'une de ses extrémités, et supportant un poids de 100 kilog. à $0^m,60$ de distance du point d'encastrement ?

La formule donne

$$ f = \frac{100 \times (0,6)^3}{3940000000 \times (0,04)^4} = 0^m,0021. $$

295. Solide cylindrique creux. Si le corps est un solide cylindrique creux à section circulaire, on calculera sa flexion par les formules suivantes, pour

la fonte............... $f = \dfrac{Pc^3}{1617000000 \, (d^4 - d'^4)}$,

le fer................. $f = \dfrac{Pc^3}{3940000000 \, (d^4 - d'^4)}$,

le bois............... $f = \dfrac{Pc^3}{147000000 \, (d^4 - d'^4)}$,

Exemple : Quelle est la flexion que prend un arbre cylindrique creux en fonte, encastré par une extrémité, et chargé à l'autre d'un poids de 5000 kilogrammes dans les circonstances suivantes ?

$$ c = 2^m, \quad d = 0^m,30, \quad d' = 0^m,18. $$

La formule donne

$$f = \frac{5000 \times 2^3}{1617000000\,[(0,3)^4 - (0,18)^4]} = 0^m,0035.$$

296. SOLIDE PRISMATIQUE RENFORCÉ PAR UNE NERVURE. Si le solide présente le profil de la figure 51, en conservant les notations du n° 249, et z ayant la même valeur, on calculera la flexion d'une pièce de fonte, encastrée par l'une de ses extrémités et soumise à l'autre à un effort $\dot{P}$ par la formule

$$f = \frac{P c^3}{11000000000\,[az^3 - (a-a')(z-b)^3 + a'(b+b'-z)^3]}.$$

Si le solide a les proportions

$$a' = b = \tfrac{1}{5}a, \quad \text{et} \quad b' = a,$$

on a

$$z = \tfrac{2}{5}a,$$

La formule devient

$$f = \frac{P c^3}{1760000000\,a^4}.$$

EXEMPLE : Quelle est la flexion que prend une console de 1^m de saillie, chargée à son extrémité d'un poids de 250 kilogrammes, et des proportions suivantes ?

$$a' = b' = \tfrac{1}{5}a = 0^m,02, \quad a = 0^m,10.$$

La formule donne

$$f = \frac{250 \times 1}{1760000000 \times 0,0001} = 0^m,0014.$$

Si le solide a les proportions

$$a' = b = \tfrac{1}{3}a \text{ et } b' = \tfrac{1}{2}a,$$

on a

$$z = \tfrac{1}{5}a.$$

La formule devient

$$f = \frac{P c^3}{363000000a^4}.$$

297. Solides d'égale résistance. Les solides d'égale résistance dont le profil longitudinal présente la forme parabolique, prennent des flexions doubles de celles des solides prismatiques ou cylindriques de même section, à la partie encastrée.

298. Solides posés horizontalement sur deux appuis. En appelant comme au n° 247,

2P la charge supportée par un solide posé librement sur deux appuis, .

2c la distance horizontale des appuis.

Lorsque la charge agit verticalement au milieu de la longueur du solide, on calculera la flexion en ce point par les mêmes formules que pour les solides encastrés par une de leurs extrémités, n°s 289 et suivans.

299. Solides a section rectangulaire posés sur deux appuis et chargés en un point quelconque de leur longueur. En nommant comme au n° 271, l et l', les distances du point où agit la charge aux deux appuis, et conservant les notations précédentes, on calculera la flexion au point chargé par les formules suivantes, pour

la fonte................ $f = \dfrac{P l^2 l'^2}{2750000000 ab^3 c}$,

le fer................ $f = \dfrac{P l^2 l'^2}{5000000000 ab^3 c}$,

le bois de chêne ou de sapin... $f = \dfrac{P l^2 l'^2}{2500000000 ab^3 c}$,

Exemple : Quelle est la flexion d'une pièce de bois à section quarrée, de 0^m,60 de côté, et de 5^m de longueur, chargée d'un poids de 7000 kilogrammes à 2^m de l'un des appuis et à 3^m de l'autre ?

La formule donne

$$f = \frac{7000 \times 4 \times 9}{250000000 \times (0,6)^4 \times 2,5} = 0^m,0031.$$

300. Solide posé horizontalement sur deux appuis et chargé uniformément sur sa longueur. Pour calculer la flexion d'un solide d'une des formes indiquées aux nᵒˢ 290 à 296, on emploiera les mêmes formules en remplaçant la moitié P du poids qui chargeait le corps en son milieu par

$$\frac{5}{8}\,pc.$$

Exemple : Quelle est la flexion de chacune des 7 poutrelles d'une travée de pont chargé d'hommes serrés en masse dans les circonstances suivantes ?

Le pont a 42 mètres de largeur; la portée des poutrelles $2c = 4^m,30$, $a = 0^m,12$. La surface du tablier correspondante est de $18^{mq},06$.

Les hommes étant serrés en masse il y en a 6 par mètre carré, ce qui correspond à 390 kilogrammes ; chaque poutrelle porte donc

$$\frac{390 \cdot 18^m,06}{7} = 1010^{kil} \quad \text{ou} \quad \frac{1010}{4,3} = 234^k,8$$

par mètre courant.

La formule du nᵒ 291, donne

$$f = \frac{\frac{5}{8}\,164 \times (2,15)^4}{250000000 \times (0,12)^4} = 0^m,0607.$$

301. Cas ou l'on veut tenir compte du poids propre du solide. Lorsque le corps est chargé d'un poids 2P en son milieu et qu'on veut tenir compte de son poids propre ou d'une charge uniformément répartie, on emploiera les mêmes formules qu'aux nᵒˢ 299 et 300 en ajoutant au poids P qui représente la moitié de la charge, la quantité $\frac{6}{8}\,p \times 2c$, qui représente les $\frac{5}{8}$ de la charge uniformément répartie.

Exemple : Quelle est la flexion d'une pièce de chêne posée sur deux appuis éloignés de 5^m, la largeur étant de $0^m,25$, et la hauteur de $0^m,30$, sous une charge de 1500 kilogrammes placée en son milieu, et en tenant compte du poids propre de la pièce.

Le poids de la pièce est de

$$800 \times 0^m,25 \times 0^m,30 \times 5^m = 300 \text{ kilog.}$$

La règle précédente donne

$$f = \frac{(1500 + \frac{5}{8} \times 300) \times (2,5)^3}{250000000 \times 0,25 \times (0,30)^3} = 0^m,0156.$$

302. INCLINAISON DES SOLIDES FLÉCHIS A LEUR EXTRÉMITÉ OU AU MILIEU. Dans tous les cas où le solide est encastré par l'une de ses extrémités et chargé à l'autre ou posé librement sur deux appuis et chargé en son milieu, on calculera l'angle i que son extrémité fait avec l'horizon par la formule.

$$\tang i = \frac{3f}{2c}.$$

Si le solide est encastré par l'une de ses extrémités et chargé de poids uniformément répartis sur sa longueur, on calculera l'inclinaison de son extrémité à l'horizon par la formule

$$\tang i = \frac{4f}{3c}.$$

Si le solide est posé librement sur deux appuis et chargé d'un poids uniformément réparti sur sa longueur, on calculera l'inclinaison de ses extrémités à l'horizon, par la formule

$$\tang i = \frac{8f}{5c}.$$

303. SOLIDES ENCASTRÉS PAR LEURS DEUX EXTRÉMITÉS ET CHARGÉS AU MILIEU DE LEUR LONGUEUR. La flexion des solides encastrés par leurs deux extrémités, n'est que le quart de celle des solides posés librement sur deux appuis et soumis à la même charge.

EXEMPLE : Quelle serait la flexion de la pièce de chêne de l'exemple du n° 3o1, si elle était encastrée par ses deux extrémités ?

La règle précédente donne pour cette flexion

$$f = o^m,oo78.$$

RÉSISTANCE DES MATÉRIAUX A LA TORSION.

———

Résultats généraux de la résistance des matériaux à la flexion par la torsion.

3o4. Lorsqu'un solide encastré par l'une de ses extrémités est sollicité par une force qui agit dans un plan perpendiculaire à sa longueur et qui tend à le tordre, les angles de déplacement de chacune des fibres longitudinales ou des molécules du corps, sont :

1° Proportionnels à la distance de ces fibres à l'axe de figure ou de symétrie du solide ;

2° Proportionnels à la distance de la section que l'on considère à celle qui est encastrée.

En nommant

c la longueur du solide depuis la section encastrée jusqu'à celle où agit l'effort de torsion,

r le rayon du solide s'il est cylindrique,

b le côté du carré si le solide est prismatique à section carrée,

P l'effort qui tend à tordre le solide,

R le bras de levier de cet effort,

a l'angle de torsion dans la section correspondante au plan perpendiculaire à la longueur du solide, et qui contient l'effort P. Cet angle doit être exprimé en parties de la circonférence dont le rayon est l'unité,

38

On calculera l'angle a par les formules suivantes :

305. SOLIDES CYLINDRIQUES A SECTION CIRCULAIRE.

en acier.................... $a = \dfrac{PRc}{8254269000r^4}$,

en fer.................... $a = \dfrac{PRc}{9515770000r^4}$.

EXEMPLE : Quelle est la torsion d'un arbre cylindrique en fer, de 6^m de longueur et de 0^m,04 de rayon, portant à l'une de ses extrémités un engrenage de 0^m,30 de rayon, qui transmet un effort de 60 kilogrammes ?

L'arbre étant sollicité à la torsion à l'une de ses extrémités par l'effort moteur, et à l'autre, par la résistance, la torsion totale est la même que s'il était encastré à la section où agit la résistance, et tordu à celle où agit la puissance.

La formule donne

$$a = \frac{60 \times 0,30 \times 6}{9515770000 \times (0,04)^4} = 0^m,000442,$$

L'angle a étant mesuré à la circonférence de 1^m de rayon, le déplacement produit par la torsion à la circonférence de l'engrenage, sera

$$0^m,000442 \times 0,3 = 0^m,0001326.$$

306. SOLIDES PRISMATIQUES A SECTION CARRÉE. On calculera l'angle a par les formules suivantes, pour

l'acier.................... $a = \dfrac{PRc}{953522000b^4}$,

le fer.................... $a = \dfrac{PRc}{1010170000b^4}$.

EXEMPLE : Quelle est la torsion éprouvée par un arbre carré en acier de 0^m,04 de côté, et de 1^m,50 de longueur, soumis à un effort de 10 kilogrammes agissant à 0^m,25 de l'axe ?

La formule donne

$$a = \frac{10 \times 0{,}25 \times 1{,}50}{953522000 \times (0{,}04)^4} = 0^m,00153,$$

L'angle a étant mesuré à la circonférence dont le rayon est l'unité, le déplacement produit par la torsion à la distance $r = 0^m,25$, sera de

$$0{,}00153 \times 0{,}25 = 0^m,00038.$$

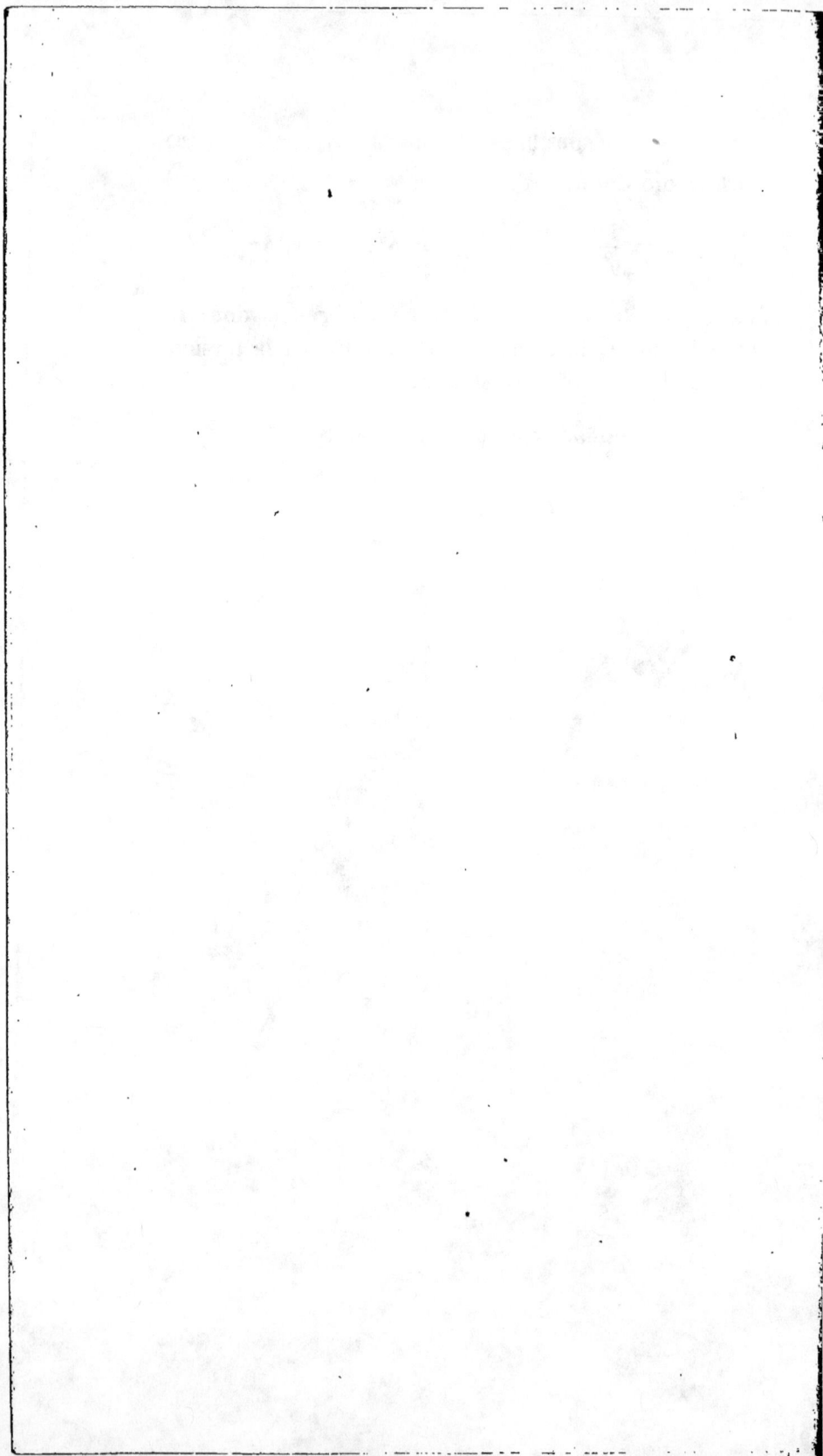

STABILITÉ DES CONSTRUCTIONS.

RÈGLES POUR CALCULER LA POUSSÉE DES VOUTES ET LES ÉPAISSEURS A DONNER
A LEURS PIÉDROITS.

Voûtes en plein cintre à extrados parallèle.

307. TABLE DES ANGLES DE RUPTURE ET DES POUSSÉES DES
VOUTES EN PLEIN CINTRE A EXTRADOS PARALLÈLE. La rupture
des voûtes en plein cintre à extrados parallèle, n'a lieu
que par rotation à l'intérieur autour d'un joint des reins
ou par glissement sur l'un des joints.

On calculera les angles de rupture, et la poussée horizontale maximum appliquée à l'extrados de la clef par la

table suivante *, dans laquelle on nomme

R le rayon de l'extrados,

r le rayon de l'intrados,

$K = \dfrac{R}{r}$ le rapport de ces rayons,

C le rapport de la poussée horizontale agissant à la clef au quarré du rayon.

On déduira la valeur de la poussée en kilogrammes, sur chaque mètre courant de longueur de la voûte de celle du rapport C, en multipliant le produit Cr^2 par le poids du mètre cube de la maçonnerie employée et qui est moyennement égal à 2250 kilogrammes.

---

* Cette table, ainsi que les suivantes et tout ce qui concerne la poussée des voûtes, est un extrait d'un mémoire de M. Petit, capitaine du génie, inséré au n° 12 du Mémorial de l'officier du génie.

TABLE DES ANGLES DE RUPTURE, DES POUSSÉES ET DES ÉPAISSEURS LIMITES DES
PIÉDROITS DES VOUTES EN PLEIN CINTRE.

VALEUR du rapport $K=\frac{R}{r}$.	RAPPORT du diamètre à l'épaisseur.	VALEUR de l'angle de rupture.	RAPPORT C de la poussée au quarré du rayon r de l'intrados.		RAPPORT $\sqrt{2C}$ de l'épaisseur limite du piédroit au rayon de l'intrados. Stabilité de Lahire.
			Cas de la rotation.	Cas du glissement.	
2.732	1,154	0° 00'	0,00000	0,98923	
2.70	1,176	13 42	0,00211	0,96262	
2.65	1,212	22 00	0,00319	0,92168	
2.60	1,250	27 30	0,00809	0,88151	
2.50	1,333	35 52	0,02283	0,80346	
2.40	1,428	42 6	0,04109	0,72847	
2.30	1,538	46 47	0,06835	0,65654	
2.20	1,666	51 4	0,08648	0,58767	
2.10	1,810	54 27	0,10926	0,52186	
2.00	2,000	57 17	0,13017	0,45912	1,3223
1.90	2,282	59 37	0,14813	0,39943	1,2320
1.80	2,500	61 24	0,16373	0,34281	1,1414
1.70	2,857	62 53	0,17180	0,28924	1,0484
1.60	3,333	63 49	0,17517	0,23874	0,9525
1.59	3,389	63 52	0,17533	0,23386	0,9427
1.58	3,448	63 55	0,17535	0,22901	0,9329
1.57	3,508	63 58	0,17524	0,22434	0,9233
1.56	3,571	64 1	0,17499	0,21940	0,9131
1.55	3,636	64 3	0,17478	0,21464	0,9031
1.54	3,703	64 5	0,17445	0,20991	0,8931
1.53	3,773	64 7	0,17397	0,20521	0,8831
1.52	3,846	64 8	0,17352	0,20054	0,8730
1.51	3,920	64 8	0,17310	0,19590	0,8628
1.50	4,000	64 9	0,17254	0,19130	0,8527
1.49	4,081	64 8	0,17180	0,18673	0,8424
1.48	4,166	64 8	0,17095	0,18218	0,8320
1.47	4,255	64 7	0,17008	0,17766	0,8216
1.46	4,347	64 6	0,16915	0,17318	0,8112
1.45	4,444	64 5	0,16798	0,16872	0,8007
1.44	4,545	64 3	0,16683	0,16430	0,7962
1.43	4,651	64 00	0,16568	0,15991	0,7934
1.42	4,761	63 56	0,16448	0,15555	0,7906
1.41	4,878	63 52	0,16317	0,15122	0,7874
1.40	5,000	63 48	0,16167	0,14691	0,7838
1.39	5,128	63 43	0,16014	0,14264	0,7801
1.38	5,263	63 38	0,15845	0,13841	0,7760
1.37	5,406	63 32	0,15672	0,13420	0,7717
1.36	5,555	63 26	0,15482	0,13002	0,7670
1.35	5,714	63 19	0,15287	0,12587	0,7622
1.34	5,882	63 10	0,15096	0,12176	0,7574
1.33	6,060	63 00	0,14896	0,11767	0,7524
1.32	6,264	62 50	0,14678	0,11362	0,7468

Suite de la TABLE DES ANGLES DE RUPTURE, DES POUSSÉES ET DES ÉPAISSEURS LIMITES DES PIÉDROITS DES VOUTES EN PLEIN CINTRE.

VALEUR du rapport $K=\dfrac{R}{r}$.	RAPPORT du diamètre à l'épaisseur.	VALEUR de l'angle de rupture.	RAPPORT C de la poussée au quarré du rayon de l'intrados.		RAPPORT $\sqrt{2C}$ de l'épaisseur limite du piédroit au rayon de l'intrados. *Stabilité de Lahire.*
			Cas de la rotation.	Cas du glissement.	
1.31	6,451	62° 33'	0,14510	0,10959	0,7425
1.30	6,666	62 14	0,14330	0,10559	0,7379
1.29	6,896	62 9	0,14013	0,10163	0,7297
1.28	7,142	62 3	0,13691	0,09770	0,7213
1.27	7,407	61 47	0,13430	0,09379	0,7144
1.26	7,692	61 30	0,13157	0,08992	0,7071
1.25	8,000	61 15	0,12847	0,08608	0,6987
1.24	8,333	61 1	0,12516	0,08227	0,6896
1.23	8,695	60 40	0,12201	0,07849	0,6809
1.22	9,090	60 19	0,11887	0,07474	0,6721
1.21	9,523	60 00	0,11516	0,07102	0,6615
1.20	10,000	59 41	0,11140	0,06733	0,6504
1.19	10,526	59 10	0,10791	0,06368	0,6404
1.18	11,111	58 40	0,10417	0,06005	0,6292
1.17	11,764	58 9	0,10021	0,05646	0,6171
1.16	12,500	57 40	0,09593	0,05289	0,6038
1.15	13,333	57 1	0,09176	0,04935	0,5905
1.14	14,285	56 23	0,08729	0,04585	0,5759
1.13	15,384	55 45	0,08254	0,04237	0,5601
1.12	16,666	54 48	0,07789	0,03984	0,5444
1.11	18,181	54 10	0,07273	0,03552	0,5259
1.10	20,000	53 15	0,06754	0,03213	0,5066
1.09	22,222	52 14	0,06177	0,02879	
1.08	25,000	51 7	0,05649	0,02546	
1.07	28,571	49 48	0,05065	0,02217	
1.06	33,333	48 18	0,04455	0,01891	
1.05	40,000	46 32	0,03813	0,01568	
1.04	50,000	44 4	0,03139	0,01249	
1.03	66,666	41 4	0,02459	0,00932	
1.02	100,000	38 12	0,01691	0,00618	
1.01	200,000	32 36	0,00889	0,00308	
1.00	Infini.	0 00	0,00000	0,00000	

308. ÉPAISSEUR LIMITE DES PIÉDROITS. Outre les angles de rupture et les poussées, cette table contient les épaisseurs limites des piédroits.

On nomme ainsi l'épaisseur qui correspond à la supposition d'une hauteur infinie des piédroits, c'est évidemment la limite supérieure de toutes les épaisseurs que l'on puisse adopter.

On démontre que cette épaisseur limite est égale à la racine quarrée du double de la poussée horizontale, et le calcul fait voir qu'elle excède, en général, assez peu l'épaisseur calculée par la formule que nous rapporterons plus loin. De sorte que, dans les constructions où l'on ne craindrait pas de donner un petit excès d'épaisseur aux piédroits, on pourra adopter cette épaisseur limite qui est indiquée dans la dernière colonne du tableau précédent : ce que nous disons ici pour les voûtes en plein cintre, s'appliquera aussi à toutes les autres.

309. OBSERVATION SUR L'USAGE DE LA TABLE PRÉCÉDENTE. Dans l'usage de cette table, on remarquera que la valeur du rapport C de la poussée due au glissement, au quarré du rayon de l'intrados, l'emporte sur celle de la poussée due à la rotation jusqu'à la valeur de

$$K = \frac{R}{r} = 1,44.$$

Et comme on doit évidemment prendre pour les applications, la plus grande de ces deux poussées, il faudra, pour les voûtes qui donneront un rapport K compris entre 2,732 et 1,44, employer la valeur relative au cas du glissement, et pour les voûtes pour lesquelles on aurait K, plus petit que 1,44, la valeur relative au cas de la rotation.

Un interligne horizontal, placé dans les colonnes, indique pour tous les tableaux, la valeur de K où l'une des poussées surpasse l'autre.

310. LIMITE INFÉRIEURE DE L'ÉPAISSEUR DES VOUTES EN PLEIN CINTRE A LA CLEF. L'épaisseur des voûtes en plein cintre extradossées parallèlement, ne doit jamais être au-dessous de $\frac{1}{17}$ du diamètre de l'intrados. La dimen-

39

sion qu'il convient de lui donner dans la pratique, se calculera par la règle de Perronnet, n° 326.

311. EXEMPLE : Quelle doit être l'épaisseur des piédroits d'une voûte en plein cintre de 5^m de diamètre à l'intrados, dont les naissances sont à 3^m au-dessus des fondations ?

D'après la règle du n° 326, on aura, pour l'épaisseur E de la voûte à la clef

$$E = \frac{5 \times 5^m + 46^m,_{777}}{144} = 0^m,498,$$

et par suite

$$R = 2^m,998, \quad \text{puis} \quad \frac{R}{r} = K = 1,20.$$

Ce rapport étant au-dessous de $1,44$, la poussée relative au cas de la rotation sera la plus grande, et la table du n° 307, donne

$$C = 0,11140.$$

La poussée par mètre courant, sera

$$0,1114 \times (2,50)^2 \times 2250 \text{ kil.} = 1566 \text{ kil.}$$

L'épaisseur limite des piédroits, sera égale à

$$0,6504 \times 2^m,50 = 1^m,626.$$

312. FORMULE A EMPLOYER POUR LE CAS OU L'ON VEUT SE BORNER AUX ÉPAISSEURS NÉCESSAIRES. Lorsqu'il s'agira de constructions considérables, où l'on ne voudra pas faire la dépense d'un surcroît d'épaisseur pour les piédroits, on calculera l'épaisseur qu'il suffit de leur donner par la formule

$$\frac{e}{r} = -0,7854 \times (K^2-1)\frac{r}{h} +$$

$$\sqrt{\left[0,7854(K^2-1)\frac{r}{h}\right]^2 + 2\left[1,90 KC + \frac{1}{2}(K^3-1) - 0,7854(K^2-1)\right]\frac{r}{h} + 3,8C,}$$

dans laquelle on nomme

e l'épaisseur du piédroit,

h la hauteur du piédroit,

C, r et K ayant les significations du n° 307.

EXEMPLE : Dans le cas de l'exemple du n° 311, où l'on a

$$\frac{r}{h} = \frac{2,50}{3} = 0,833,$$

$$K = 1,20, \qquad r = 2^m,50, \qquad C = 0,1114.$$

La formule donne

$$\frac{e}{r} = 0,5827,$$

et par suite

$$e = 0,583 \times 2^m,50 = 1^m,457$$

au lieu de $1^m,626$ que l'on avait obtenu au n° 311, d'après la table du n° 307, en regardant la hauteur du piédroit comme infinie.

313. VOUTES EN PLEIN CINTRE EXTRADOSSÉES EN CHAPE A 45°. On calculera l'angle de rupture, la poussée horizontale maximum appliquée à l'extrados de la clef, et le rapport de l'épaisseur limite du piédroit au rayon de l'intrados définie au n° 308 à l'aide de la table suivante :

TABLE DES ANGLES DE RUPTURE, DES POUSSÉES ET DES ÉPAISSEURS LIMITES DES PIÉDROITS DES VOUTES EN PLEIN-CINTRE EXTRADOSSÉES EN CHAPPE A $45°$.

VALEUR du rapport $K = \dfrac{R}{r}$.	RAPPORT du diamètre à l'épaisseur.	VALEUR de l'angle de rupture.	RAPPORT C de la poussée au quarré du rayon r de l'intrados.		RAPPORT de l'épaisseur limite du piédroit au rayon de l'intrados.
			Cas de la rotation.	Cas du glissement.	Stabilité de l'auban.
2,00	2,000	60°	0,26424	0,74361	1,7246
1,90	2,222	60	0,28416	0,65648	1,6204
1,80	2,500	60	0,29907	0,57383	1,5147
1,70	2,857	60	0,30867	0,49564	1,4081
1,60	3,333	60	0,31245	0,42191	1,2990
1,59	3,389	60	0,31249	0,41478	1,2880
1,58	3,448	60	0,31257	0,40841	1,2781
1,57	3,508	61	0,31264	0,40067	1,2660
1,56	3,571	61	0,31246	0,39367	1,2548
1,55	3,636	61	0,31222	0,38673	1,2437
1,54	3,703	61	0,31191	0,37983	1,2318
1,53	3,773	61	0,31153	0,37297	1,2214
1,52	3,846	61	0,31108	0,36615	1,2102
1,51	3,920	61	0,31056	0,35938	1,1989
1,50	4,000	61	0,30996	0,35266	1,1877
1,49	4,081	61	0,30928	0,34598	1,1764
1,48	4,166	61	0,30855	0,33934	1,1650
1,47	4,255	61	0,30772	0,33275	1,1537
1,46	4,347	60	0,30685	0,32621	1,1422
1,45	4,444	60	0,30587	0,31971	1,1308
1,44	4,545	60	0,30485	0,31325	1,1193
1,43	4,651	60	0,30408	0,30684	1,1078
1,42	4,761	60	0,30296	0,30047	1,1008
1,41	4,878	60	0,30173		1,0986
1,40	5,000	59	0,30001	0,28787	1,0954
1,39	5,128	59	0,29712		1,0914
1,38	5,263	59	0,29706		1,0914
1,37	5,406	59	0,29550		1,0872
1,36	5,555	59	0,29386		1,0841
1,35	5,714	58	0,29285		1,0823
1,34	5,882	58	0,29037		1,0777
1,33	6,060	58	0,28850		1,0742
1,32	6,264	58	0,28654		1,0705
1,31	6,451	57	0,28456		1,0668
1,30	6,666	57	0,28231	0,23756	1,0626
1,29	6,896	57	0,28027		1,0588
1,28	7,142	56	0,27810		1,0547
1,27	7,407	56	0,27578		1,0503
1,26	7,692	55	0,27343		1,0458
1,25	8,000	54	0,27102		1,0412
1,24	8,333	53	0,26850		1,0363
1,23	8,695	53	0,26608		1,0316

Suite de la TABLE DES ANGLES DE RUPTURE, DES POUSSÉES ET DES ÉPAISSEURS LIMITES
DES PIÉDROITS DES VOUTES EN PLEIN CINTRE EXTRADOSSÉES EN CHAPE A 45°.

VALEUR du rapport $K = \dfrac{R}{r}$.	RAPPORT du diamètre à l'épaisseur.	VALEUR de l'angle de rupture.	RAPPORT C de la poussée au quarré du rayon r de l'intrados.		RAPPORT de l'épaisseur limite du piédroit au rayon de l'intrados. *Stabilité de Vauban.*
			Cas de la rotation.	Cas du glissement.	
1,22	9,090	52°	0,26377		1,0272
1,21	9,523	51	0,26074		1,0217
1,20	10,000	50	0,25806	0,17171	1,0160
1,19	10,526	50	0,25546		1,0109
1,18	11,111	49	0,25277		1,0045
1,17	11,764	49	0,25010		1,0002
1,16	12,500	48	0,24742		0,9948
1,15	13,333	47	0,24477		0,9894
1,14	14,285	46	0,24218		0,9842
1,13	15,384	44	0,23967		0,9791
1,12	16,666	43	0,23732		0,9743
1,11	18,181	43	0,23502		0,9695
1,10	20,000	42	0,23292	0,12032	0,9652
1,05	40,000	36	0,22902		0,9571

314. OBSERVATION SUR L'USAGE DE CETTE TABLE. On remarquera, dans l'usage de ce tableau, que les poussées horizontales relatives au glissement, l'emportent sur celles relatives à la rotation, jusqu'à la valeur $K = 1,43$ inclusivement. Pour $K = 1,42$, et les valeurs au-dessous, il faudra donc se servir des poussées relatives à la rotation.

315. LIMITE INFÉRIEURE DE L'ÉPAISSEUR DE CES VOUTES A LA CLEF. Les voûtes, en plein cintre, extradossées en chape à 45°, sont toujours stables sur leurs piédroits, quelqu'épaisseur qu'on leur donne. On devra néanmoins calculer encore l'épaisseur à leur donner à la clef par la règle du n° 326.

316. EXEMPLE : Quelle doit être l'épaisseur limite des piédroits d'une voûte en plein cintre extradossée en chape à 45°, dont le diamètre est égal à 8ᵐ, et la hauteur des piédroits au-dessous des naissances égale à 5ᵐ ?

La règle du n° 326 donne pour l'épaisseur de la voûte à la clef

$$E = \frac{5 \times 8^m + 46^m,777}{144} = 0^m,6026,$$

et par suite

$$R = 4^m,6026, \qquad \frac{R}{r} = K = 1,15.$$

La table ci-dessus donne

$$C = 0,24477.$$

La poussée est donc égale à

$$0,24477 \times 16 \times 2250 \text{ kil.} = 8811 \text{ kil.}$$

et l'on a pour l'épaisseur limite des piédroits

$$\frac{e}{r} = 0,9894,$$

et

$$e = 0,9894 \times 4 = 3^m,9576.$$

317. Formule a employer pour le cas ou l'on veut se borner aux épaisseurs nécessaires. Lorsqu'il s'agira de constructions considérables, où l'on ne voudra pas faire la dépense d'un surcroît d'épaisseur pour les piédroits, on calculera l'épaisseur qu'il suffit de leur donner par la formule

$$\frac{e}{r} = -(K^2 - 0,7854)\frac{r}{h} + \sqrt{(K^2 - 0,7854)^2 \frac{r^2}{h^2} + 2\left[K\left(2C + \frac{1}{8}K^3\sqrt{2} - K\right) + 0,452\right]\frac{r}{h} + 4C}.$$

Exemple : Dans le cas de l'exemple du numéro précédent, où l'on a

$$\frac{r}{h} = \frac{4^m}{5} = 0,80,$$

$$K = 1,15, \qquad r = 4^m, \qquad C = 0,24477.$$

La formule donne

$$\frac{e}{r} = 0,968,$$

et

$$e = 0,968 \times 4^m = 3^m,872$$

au lieu de $3^m,958$ que l'on avait obtenu au n° 316 en regardant la hauteur du piédroit comme infinie.

318. Voutes en plein cintre extradossées horizontalement. On calculera l'angle de rupture, la poussée horizontale maximum appliquée à l'extrados de la clef, et le rapport de l'épaisseur limite du piédroit au rayon de l'intrados définie au n° 308, à l'aide de la table suivante :

TABLE DES ANGLES DE RUPTURE, DES POUSSÉES ET DES ÉPAISSEURS LIMITES DES PIÉDROITS DES VOUTES EN PLEIN CINTRE EXTRADOSSÉES HORIZONTALEMENT.

VALEUR du rapport $K = \frac{R}{r}$.	RAPPORT du diamètre à l'épaisseur.	VALEUR de l'angle de rupture.	RAPPORT C de la poussée au quarré du rayon r de l'intrados.		RAPPORT de l'épaisseur limite des piédroits au rayon de l'intrados.
			Cas de la rotation.	Cas du glissement.	Stabilité de Lahire.
2,00	2,000	36°	0,05486	0,50358	1,3834
1,90	2,222	39	0,07101	0,43966	1,2925
1,80	2,500	44	0,08850	0,37901	1,2001
1,70	2,857	48	0,10631	0,32164	1,1055
1,60	3,333	52	0,12300	0,26755	1,0082
1,59	3,389	52	0,12453	0,26232	0,9984
1,58	3,448	53	0,12602	0,25712	0,9885
1,57	3,508	53	0,12747	0,25196	0,9784
1,56	3,571	54	0,12837	0,24683	0,9684
1,55	3,636	54	0,13027	0,24173	0,9584
1,54	3,703	55	0,13153	0,23667	0,9483
1,53	3,773	55	0,13289	0,23163	0,9381
1,52	3,846	55	0,13414	0,22664	0,9280
1,51	3,920	55	0,13531	0,22167	0,9177
1,50	4,000	56	0,13648	0,21673	0,9075
1,49	4,081	56	0,13756	0,21183	0,8972
1,48	4,166	56	0,13856	0,20696	0,8868
1,47	4,255	57	0,13952	0,20213	0,8764
1,46	4,347	57	0,14041	0,19733	0,8659
1,45	4,444	57	0,14122	0,19256	0,8554
1,44	4,545	58	0,14195	0,18782	0,8448
1,43	4,651	58	0,14268	0,18312	0,8341
1,42	4,761	58	0,14311	0,17845	0,8234
1,41	4,878	59	0,14376	0,17381	0,8126
1,40	5,000	59	0,14421	0,16920	0,8018
1,39	5,128	59	0,14456	0,16463	0,7909
1,38	5,263	59	0,14481	0,16009	0,7709
1,37	5,406	60	0,14498	0,15558	0,7689
1,36	5,555	60	0,14506	0,15111	0,7577
1,35	5,714	60	0,14504	0,14666	0,7465
1,34	5,882	60	0,14491	0,14225	0,7420
1,33	6,060	61	0,14467		0,7414
1,32	6,264	61	0,14460		9,7412
1,31	6,451	61	0,14390		0,7394
1,30	6,666	61	0,14332	0,12495	0,7379
1,29	6,896	61	0,14264		0,7362
1,28	7,142	62	0,14186		0,7342
1,27	7,407	62	0,14101		0,7320
1,26	7,692	62	0,13988		0,7290
1,25	8,000	62	0,13872	0,10405	0,7260
1,24	8,333	62	0,13737		0,7225
1,23	8,695	63	0,13593		0,7187

Suite de la TABLE DES ANGLES DE RUPTURE , DES POUSSÉES ET DES ÉPAISSEURS LIMITES DES PIÉDROITS DES VOUTES EN PLEIN CINTRE EXTRADOSSÉES HORIZONTALEMENT.

VALEUR du rapport $K = \dfrac{R}{r}$.	RAPPORT du diamètre à l'épaisseur.	VALEUR de l'angle de rupture.	RAPPORT C de la poussée au quarré du rayon r de l'intrados.		RAPPORT de l'épaisseur limite des piédroits au rayon de l'intrados.
			Cas de la rotation.	Cas du glissement.	*Stabilité de Lahire.*
1,22	9,090	63°	0,13437		0,7145
1,21	9,523	63	0,13263		0,7099
1,20	10,000	63	0,13073	0,08397	0,7048
1,19	10,526	63	0,12870		0,6993
1,18	11,111	63	0,12650		0,6933
1,17	11,764	64	0,12415		0,6868
1,16	12,500	64	0,12182		0,6803
1,15	13,333	64	0,11895	0,06471	0,6723
1,14	14,285	64	0,11608		0,6641
1,13	15,384	64	0,11303		0,6553
1,12	16,666	64	0,10979		0,6459
1,11	18,181	65	0,10641		0,6358
1,10	20,000	65	0,10279	0,04627	0,6249
1,09	22,222	66	0,098992		0,6133
1,08	25,000	66	0,094967		0,6007
1,07	28,571	67	0,091189		0,5886
1,06	33,333	68	0,086376		0,5729
1,05	40,000	69	0,081755	0,02865	0,5573
1,04	50,000	70	0,076857		
1,03	66,666	71	0,071853		
1,02	100,000	73	0,066469		
1,01	200,000	74	0,061324		
1,00	l'infini.	75	0,055472	0,01185	

319. OBSERVATION SUR L'USAGE DE CETTE TABLE. On remarquera dans l'usage de cette table que pour des valeurs de K inférieures à 1,35, il faudra prendre les poussées relatives au cas de la rotation, puisqu'elles sont les plus grandes. Les poussées relatives au cas du glissement, l'emportent au contraire, dès que K = 1,35 et au-delà.

320. LIMITE INFÉRIEURE DE L'ÉPAISSEUR DE CES VOUTES A LA CLEF. Les voûtes extradossées horizontalement, ne doivent jamais avoir une épaisseur moindre que $\frac{1}{46}$ de leur diamètre à l'intrados. La dimension qu'il convient de leur donner dans la pratique, se calculera par la règle du n° 326.

40

EXEMPLE : Quelle doit être l'épaisseur limite des piédroits d'une voûte en plein cintre de 10^m de diamètre,
extradossée horizontalement ; la hauteur des piédroits
étant égale à 5^m ?

La règle du n° 326, donne d'abord, pour l'épaisseur
de la voûte à la clef,

$$E = \frac{5 \times 10^m + 46^m,777}{144} = 0^m,672,$$

et par suite

$$R = 5^m,672, \qquad \frac{R}{r} = K = 1,13.$$

La table ci-dessus donne C = 0,11303.

La poussée, par mètre courant, est donc égale à

$$0,11303 \times 25 \times 2250 = 6359^{kil}.$$

L'épaisseur limite des piédroits sera

$$0,6553 \times 5 = 3^m,2765.$$

321. FORMULE A EMPLOYER POUR LE CAS OU L'ON VEUT SE
BORNER AUX ÉPAISSEURS NÉCESSAIRES. Lorsqu'il s'agira de
constructions considérables, pour lesquelles on ne voudra
pas faire la dépense d'un surcroît d'épaisseur pour les
piédroits, on calculera l'épaisseur qu'il suffit de leur
donner par la formule

$$\frac{e}{r} = -(K - 0,7854)\frac{r}{h + Kr} +$$

$$+ \sqrt{(K - 0,7854)^2 \frac{r^2}{(h + Kr)^2} - (K - 0,904)\frac{r}{h + Kr} + 3,8C}$$

EXEMPLE : Dans le cas de l'exemple du n° 320, où
l'on a

$$r = h = 5^m, \qquad \frac{r}{h} = 1, \qquad K = 1,13, \qquad C = 0,11303.$$

La formule donne

$$\frac{e}{r} = 0,5615,$$

et par suite　　　　　$e = 2^m,8075.$

322. Voutes en arc de cercle extradossées parallèle-ment. Il se présente deux cas à distinguer, pour calculer la poussée de ces voûtes et l'épaisseur de leurs piédroits.

Premier cas : Si le demi-angle au centre a de l'arc de cercle compris entre la verticale du milieu de la clef et le rayon mené à la naissance, est plus grand que l'angle de rupture donné par la table du n° 307 relative aux voûtes en plein cintre, et pour la même valeur de

$$\frac{R}{r} = K.$$

La voûte devra être considérée, relativement à la poussée horizontale, comme voûte en plein cintre, et sa poussée sera donnée par la table du n° 307.

On calculera ensuite l'épaisseur des piédroits, ou son rapport au rayon de l'intrados, par la formule

$$\frac{e}{r} = -\frac{1}{2} a (K^2 - 1) \frac{r}{h} +$$
$$\sqrt{\frac{1}{4} a^2 (K^2-1)^2 \frac{r'^2}{h^2} + 2\left[1,90 C(K - \cos a) + \frac{1}{3}(K^3-1)(1-\cos a) - \frac{1}{2}(K^2-1) a \sin a \right] \frac{r'}{h} + 3,8 C.}$$

Exemple : Quelle doit être l'épaisseur des piédroits d'une voûte en arc de cercle, extradossée parallèlement ; leur hauteur étant de $3^m,25$, la largeur de la voûte égale à 3^m, et sa flèche égale à 1^m ?

On trouve d'abord

$$r = 1^m,625.$$

La règle du n° 326 donne, pour l'épaisseur de la voûte à la clef,

$$E = \frac{5 \times 3,25 + 46,777}{144} = 0^m,437,$$

et par suite

$$R = 2^m,062, \qquad \frac{R}{r} = K = 1,26, \qquad \frac{r}{h} = \frac{1}{2}.$$

L'on a aussi

$$a = 63° = 1^m,10, \quad \sin a = 0,8912, \quad \cos a = 0,4540.$$

Le demi-angle au centre étant plus grand que l'angle de rupture correspondant à $K = 1,26$, qui n'est que de $61° 30'$, on prendra la valeur de C dans la table du n° 307, qui donne

$$C = 0,13157.$$

La formule ci-dessus donne alors

$$\frac{e}{r} = 0,627,$$

et par suite

$$e = 0,617 \times 1,625 = 1^m,107.$$

Si l'on ne craint pas d'augmenter un peu l'épaisseur des piédroits, on pourra calculer leur épaisseur limite en supposant leur hauteur infinie, ce qui réduit la formule à

$$\frac{e}{r} = \sqrt{3,8C}.$$

Dans le cas de l'exemple précédent, on aurait

$$\frac{e}{r} = 0,7071 \qquad \text{et} \qquad e = 1,^m149.$$

323. Deuxième cas : Si le demi-angle au centre a est plus petit que l'angle de rupture de la voûte proposée, donné par la table du n° 307, et considérée comme en plein cintre, ce qui a lieu le plus ordinairement pour

les voûtes en arc de cercle usitées dans la pratique', on calculera le rapport C de la poussée au rayon de l'in- trados par la table suivante, relative aux sept valeurs de la largeur L de la voûte par rapport à la flèche de l'arc de l'intrados, et qui comprennent les voûtes les plus usitées, pour lesquelles on a les rapports suivans :

RAPPORT de l'ouverture à la flèche.	DEMI-ANGLE au centre.			SINUS *a*.	RAPPORT du rayon de l'intrados à la flèche.
4	53°	7'	30"	0,8000	2,500
5	43	36	10	0,6897	3,625
6	36	52	10	0,6000	5,000
7	31	53	26	0,5283	6,625
8	28	4	20	0,4706	8,500
10	22	37	10	0,3846	13,000
16	14	15	0	0,2462	32,500

On déterminera ensuite l'épaisseur des piédroits par la formule du n° 312.

TABLE DES POUSSÉES DES VOUTES EN ARC DE CERCLE EXTRADOSSÉES PARALLÈLEMENT.

VALEUR du rapport $K=\frac{R}{r}$	RAPPORT DE LA POUSSÉE AU QUARRÉ DU RAYON DE L'INTRADOS.						
	SYSTÈME L.=4f, $r=\frac{5}{2}f$, $a=53° 7' 30''$	SYSTÈME L.=5f, $r=\frac{29}{8}f$, $a=43° 36' 10''$	SYSTÈME L.=6f, $r=\frac{5}{7}f$, $a=36° 52' 10''$	SYSTÈME L.=7f, $r=\frac{8,5}{7}f$, $a=31° 53' 26''$	SYSTÈME L.=8f, $r=\frac{17}{7}f$, $a=28° 4' 20''$	SYSTÈME L.=10f, $r=\frac{13}{7}f$, $a=22° 37' 10''$	SYSTÈME L.=16f, $r=\frac{32,5}{7}f$, $a=14° 15' 0''$
1,40	0,15445	0,14691	0,14691	0,14691	0,14691	0,14178	
1,35	0,14717	0,13030	0,12587	0,12587	0,12587	0,12405	
1,34	0,14543	0,12987	0,12171	0,12171	0,12171	0,11999	
1,33	0,14364	0,12781	0,11767	0,11767	0,11767	0,11596	
1,32	0,14173	0,12634	0,11362	0,11362	0,11362	0,11196	
1,31	0,13975	0,12486	0,10959	0,10959	0,10959	0,10800	
1,30	0,13764	0,12331	0,10682	0,10559	0,10559	0,10406	
1,29	0,13543	0,12164	0,10563	0,10163	0,10163	0,10016	
1,28	0,13311	0,11988	0,10437	0,09770	0,09770	0,09628	
1,27	0,13068	0,11803	0,10304	0,09379	0,09379	0,09244	
1,26	0,12815	0,11609	0,10160	0,08992	0,08992	0,08862	
1,25	0,12547	0,11402	0,10009	0,08668	0,08608	0,08483	0,07180
1,24	0,12270	0,11251	0,09850	0,08549	0,08227	0,08108	0,06862
1,23	0,12031	0,10958	0,09679	0,08423	0,07849	0,07735	0,06545
1,22	0,11675	0,10725	0,09499	0,08291	0,07474	0,07366	0,06234
1,21	0,11354	0,10460	0,09305	0,08148	0,07102	0,06999	0,05924
1,20	0,11023	0,10196	0,09102	0,07999	0,06981	0,06636	0,05616
1,19	0,10676	0,09915	0,08885	0,07834	0,06859	0,06275	0,05311
1,18	0,10313	0,09617	0,08653	0,07651	0,06727	0,05918	0,05008
1,17	0,09934	0,09303	0,08408	0,07468	0,06583	0,05212	0,04709
1,16	0,09537	0,08975	0,08144	0,07264	0,06420	0,05004	0,04411
1,15	0,09123	0,08634	0,07866	0,07050	0,06259	0,04904	0,04116
1,14	0,08690	0,08257	0,07568	0,06812	0,06077	0,04803	0,03824
1,13	0,08238	0,07869	0,07251	0,06558	0,05890	0,04671	0,03534
1,12	0,07764	0,07459	0,06911	0,06297	0,05659	0,04451	0,03247
1,11	0,07269	0,07042	0,06548	0,06026	0,05421	0,04384	0,02962
1,10	0,06737	0,06563	0,06158	0,05666	0,05160	0,04214	0,02681
1,09	0,06211	0,06077	0,05739	0,05345	0,04871	0,04023	0,02401
1,08	0,05636	0,05652	0,05288	0,04934	0,04552	0,03806	0,02192
1,07	0,05052	0,05011	0,04804	0,04426	0,04200	0,03560	0,02111
1,06	0,04431	0,04428	0,04280	0,04058	0,03861	0,03276	0,02002
1,05	0,03776	0,03804	0,03709	0,03550	0,03357	0,02944	0,01882
1,04	0,03096	0,03141	0,03095	0,02992	0,02862	0,02561	0,01720
1,03	0,02378	0,02437	0,02424	0,02369	0,02293	0,02131	0,01524
1,02	0,01625	0,01681	0,01690	0,01673	0,01640	0,01546	0,01199
1,01	0,00834	0,00871	0,00886	0,00889	0,00885	0,00862	0,00747

EXEMPLE RELATIF AU PREMIER CAS : Quelle doit être l'épaisseur des piédroits d'une voûte en arc de cercle extradossée parallèlement, dont la largeur $L = 8^m$, et la flèche $f = \frac{1}{8}L = 1^m$; les piédroits ayant une hauteur $h = 4^m,25$?

On a

$$r = 8^m,50, \qquad \frac{r}{h} = 2, \qquad a = 28° 4' 20'' = 0^m,49,$$

$$\cos a = 0,8828, \qquad \sin a = 0,4706.$$

La règle du n° 326 donne, pour l'épaisseur de la voûte à la clef,

$$E = \frac{5 \times 17^m + 46^m,777}{144} = 0^m,915,$$

d'où

$$R = 9^m,415, \qquad \frac{R}{r} = K = 1,107.$$

La table ci-dessus donne, en prenant la moyenne proportionnelle entre les valeurs correspondantes à $K = 1,10$ et $K = 1,11$,

$$C = 0,05313.$$

Ces valeurs, substituées dans la formule, donnent

$$\frac{e}{r} = 0,3952,$$

d'où

$$e = 3^m,359.$$

L'épaisseur limite correspondante à la supposition d'une hauteur infinie de piédroits, serait

$$\frac{e}{r} = 0,4482,$$

d'où
$$e = 3^m,810.$$

324. Glissement des voutes en arc de cercle sur les joints de leurs naissances. Le frottement, par mètre courant sur le joint supérieur du piédroit, a pour expression

$$0,38\,a\,(K^2 - 1)\,r^2 \times 2250^{kil}.$$

La poussée horizontale, par mètre courant, a pour valeur

$$C r^2 \times 2250^{kil}.$$

Lorsque la poussée surpasse le frottement, il faut employer des moyens d'art, tels que tirans en fer, arcs-boutans, etc., pour s'opposer au glissement, et la résistance que ces corps devront opposer au glissement, devra être supérieure à

$$[C - 0,38\,a\,(K^2 - 1)]\,r^2\,2250^{kil}.$$

Lorsque $L = 4f$, la poussée dépasse le frottement quand $K = 1,06$; il y aura donc glissement dans les voûtes qui correspondent à cette valeur de K, et à des valeurs plus petites.

Pour les systèmes où $L = 5f$, $L = 6f$, $L = 7f$, $L = 8f$ et $L = 10f$, le glissement commence à la valeur $K = 1,15$.

Pour le système où $L = 16f$ et tous les systèmes plus surbaissés, le glissement a lieu quelle que soit l'épaisseur de la voûte.

Exemple : Quel est l'excès de la poussée sur le frottement pour une voûte en arc de cercle de 8^m de largeur sur $0^m,50$ de flèche ?

On a

$$r = 32,5f = 16^m,25, \qquad a = 0^m,25.$$

La règle du n° 326, appliquée aux voûtes en arc de cercle, donne

$$E = \frac{5 \times 32^m,500 + 46^m,777}{144} = 1^m,454 ,$$

et par suite

$$R = 17^m,704 , \qquad \frac{R}{r} = K = 1,09.$$

La table donne

$$C = 0,02401.$$

On trouve ainsi que l'excès de la poussée sur le frottement est de

$$3654^{kil}$$

par mètre courant.

325. DES VOUTES EN ANSE DE PANIER. On calculera les épaisseurs des piédroits des voûtes en anse de panier, comme celle des voûtes en arc de cercle de même largeur et même flèche.

326. DE L'ÉPAISSEUR A DONNER A LA CLEF DES VOUTES. On a indiqué, pour chaque espèce de voûte, les limites inférieures des épaisseurs à la clef, nécessaires pour qu'une voûte se soutienne sans surcharge. On déterminera les épaisseurs convenables par la règle pratique suivante, donnée par Perronnet :

En nommant
E l'épaisseur cherchée à la clef en mètres,
D le diamètre de la voûte, si elle est en plein cintre, ou celui de l'arc supérieur, si elle est surbaissée,

$$E = \frac{5D + 46^m,777}{144}.$$

41

Cette formule s'applique aussi aux voûtes en anse de panier ou en arc de cercle, en prenant pour diamètre celui du cercle supérieur. Mais au-delà de 3o^m, elle donne des épaisseurs trop fortes, et dans ce cas, on se guidera par la comparaison des constructions existantes.

Des épaisseurs à donner aux murs de revêtement, pour qu'ils résistent à la poussée des terres.

327. En nommant

x la largeur d'un mur de revêtement à sa base,

H la hauteur du revêtement au-dessus de sa base,

h la hauteur entière de la surcharge,

a le complément de l'angle du talus naturel des terres avec l'horizon,

p le poids du mètre cube des terres, en kilogrammes,

p' le poids du mètre cube de la maçonnerie.

On calculera l'épaisseur x des murs de revêtement, à paremens verticaux par la formule

$$x = 0{,}865\,(\mathrm{H} + h)\, \tan \tfrac{1}{2}\,a \sqrt{\frac{p}{p'}},$$

qui, pour les terres et les maçonneries ordinaires, se réduit à

$$x = 0{,}285\,(\mathrm{H} + h).$$

Ces formules sont applicables depuis $h = 0$ jusqu'à $h = 2\mathrm{H}$, ce qui comprend à peu près tous les cas de la pratique ordinaire des constructions.

328. La table suivante donne les valeurs de x ou de l'épaisseur des revêtemens pour les diverses terres et maçonneries, avec ou sans berme, et pour des hauteurs de surcharge, qui dépassent les limites ordinaires de la pratique. Elle nous a été communiquée, ainsi que

ce qui suit, par le savant **M. Poncelet**, à qui sont dues les formules précédentes, extraites d'un travail complet sur la poussée des terres, que cet illustre ingénieur publiera sans doute prochainement.

TABLE GÉNÉRALE DES ÉPAISSEURS, EN FRACTION DE LA HAUTEUR DES REVÊTEMENS VERTICAUX, AVEC SURCHARGES EN TERRE, CALCULÉES DANS L'HYPOTHÈSE DE LA ROTATION, ET D'UNE STABILITÉ ÉQUIVALENTE A CELLE DU REVÊTEMENT MODÈLE DE VAUBAN SANS CONTREFORTS.

VALEURS de $a=\frac{h}{H}$	VALEURS DE x pour $\frac{p'}{p}=1, f=0,6$ la berme étant		VALEURS DE x pour $\frac{p'}{p}=1, f=1,4$ la berme étant		VALEURS DE x pour $\frac{p}{p}=1,5, f=1$ la berme étant			VALEURS DE x pour $\frac{p'}{p}=\frac{5}{3}, f=0,6$ la berme étant		VALEURS DE x pour $\frac{p'}{p}=\frac{5}{3}, f=1,4$ la berme étant	
	nulle.	égale à 0,2H.	nulle.	égale à 0,2H.	nulle.	égale à 0,2H.	totale.	nulle.	égale à 0,2H.	nulle.	égale à 0,2H.
0,0	0,452	0,452	0,258	0,258	0,270	0,270	0,270	0,350	0,350	0,198	0,198
0,1	0,498	0,507	0,282	0,290	0,303	0,306	0,303	0,393	0,398	0,222	0,229
0,2	0,548	0,563	0,309	0,326	0,336	0,342	0,326	0,439	0,445	0,249	0,26?
0,3	0,604	0,618	0,338	0,361	0,368	0,375	0,343	0,485	0,489	0,274	0,283
0,4	0,665	0,670	0,369	0,394	0,399	0,405	0,357	0,532	0,522	0,303	0,299
0,5	0,726	0,717	0,402	0,423	0,436	0,431	0,368	0,579	0,549	0,332	0,314
0,6	0,778	0,754	0,436	0,450	0,477	0,457	0,377	0,617	0,572	0,360	0,328
0,7	0,824	0,790	0,472	0,476	0,512	0,481	0,385	0,645	0,593	0,387	0,343
0,8	0,847	0,820	0,510	0,501	0,544	0,504	0,391	0,668	0,610	0,413	0,357
0,9	0,903	0,848	0,541	0,524	0,575	0,523	0,398	0,690	0,624	0,437	0,371
1,0	0,930	0,873	0,571	0,546	0,605	0,540	0,405	0,707	0,636	0,457	0,384
1,2	0,983	0,916	0,632	0,586	0,654	0,574	0,411	0,737	0,655	0,498	0,410
1,4	1,023	0,945	0,684	0,624	0,696	0,602	0,416	0,762	0,672	0,537	0,428
1,6	1,056	0,970	0,730	0,658	0,734	0,622	0,420	0,780	0,685	0,566	0,445
1,8	1,084	0,990	0,772	0,690	0,769	0,640	0,423	0,797	0,697	0,594	0,461
2,0	1,107	1,004	0,812	0,714	0,795	0,655	0,425	0,811	0,705	0,622	0,475
2,5	1,151	1,037	0,902	0,778	0,848	0,690	0,431	0,833	0,722	0,680	0,506
3,0	1,180	1,060	0,981	0,835	0,892	0,717	0,435	0,852	0,731	0,726	0,531

NOTA. Dans ce tableau, $f = \tang \alpha$ ou la tangente de l'angle du talus naturel des terres avec l'horizon.

329. OBSERVATION SUR L'USAGE DE CETTE TABLE. Pour se servir de cette table, on déterminera, par l'observation, l'inclinaison du talus naturel des terres à soutenir, le poids p du mètre cube de ces terres, et le poids p' de la maçonnerie à employer, et l'on choisira la valeur de x correspondante à la fois aux valeurs de $\frac{p'}{p}$, de f et de $a = \frac{h}{H}$, les plus voisines de celles que l'on aura trouvées.

EXEMPLE : Quelle doit être l'épaisseur d'un revêtement vertical de 5^m de hauteur, destiné à soutenir une surcharge de 3^m en terre, dont le mètre cube pèse 1350 kil., celui de la maçonnerie pesant 2250 kil., et la valeur de f étant égale à 0,60?

On a
$$\frac{p'}{p} = \frac{2250}{1350} = \frac{5}{3},$$

et la table donne
$$x = 0,645 \times 5^m = 3^m,225.$$

330. OBSERVATION RELATIVE AUX MURS DE TERRASSES. On remarquera que la première ligne de la table, correspondant à une surcharge nulle, est celle qui donnera les valeurs de x ou de l'épaisseur du revêtement pour les murs en terrasse sans surcharge de terre.

EXEMPLE : Quelle doit être l'épaisseur d'un mur de terrasse de 6^m de hauteur ; la terre à soutenir pesant 1500 kil., la maçonnerie 2250 kil. le mètre cube, et la valeur de f étant égale à l'unité?

La table donne
$$x = 0,270 \times 6 = 1^m,620.$$

331. Lorsque les valeurs de $\frac{p'}{p}$ et de f différeront notablement de celles de la table, on prendra pour x la valeur proportionnelle entre celles qui correspondent aux données de la table les plus voisines.

332. TRANSFORMATION DES PROFILS A PAREMENS VERTICAUX EN PROFILS A PAREMENT EXTÉRIEUR INCLINÉ. Les murs de revêtemens n'étant pas toujours à paremens verticaux, on déterminera l'épaisseur des murs à parement extérieur incliné et à parement intérieur vertical, au moyen du principe suivant :

Tous les revêtemens à parement intérieur vertical, et dont le parement extérieur a une inclinaison sur la verticale comprise entre zéro et $\frac{1}{6}$, ont, à $\frac{1}{120}$ près, la même épaisseur à $\frac{1}{9}$ de leur hauteur au-dessus de la base.

Lorsque le talus extérieur est à $\frac{1}{5}$, la même égalité a encore lieu, mais à $\frac{1}{71}$ près seulement.

De là résulte la règle suivante, pour transformer un profil en un autre.

Connaissant la hauteur H *du revêtement, la hauteur* h *de la surcharge, les poids* p *et* p' *du mètre cube de terre et de maçonnerie, et l'angle du talus naturel des terres dont la tangente est* f,

Recherchez, dans la table précédente, l'épaisseur du mur à paremens verticaux capable de résister à la poussée ; au neuvième de la hauteur H, *à partir de la base, menez une horizontale égale à l'épaisseur trouvée, et par l'extrémité, qui est du côté du parement extérieur, menez une ligne inclinée suivant la pente que vous voulez donner à ce parement.*

533. Epaisseur des batardeaux en maçonnerie. On calculera l'épaisseur des batardeaux en maçonnerie à paremens verticaux par la formule

$$x = 0,865 \, (\mathrm{H} - h) \sqrt{\frac{1000}{p'}},$$

dans laquelle on exprime par
H la hauteur du revêtement,
h la hauteur du niveau des eaux en contrebas de l'assise supérieure du revêtement,
p le poids du mètre cube de maçonnerie employée.

EXEMPLE : Quelle doit être l'épaisseur d'un batardeau de 4^m de hauteur construit en maçonnerie, pesant 3000^k le mètre cube, et qui doit soutenir le niveau de l'eau à $0^m,50$ au-dessous de son sommet.

La formule donne

$$x = 0,865 \, (4 - 0,50) \sqrt{\tfrac{1000}{3000}} = 1^m,75.$$

334. MURS EN PIERRES SÈCHES. On donne ordinairement à ces murs une épaisseur égale à $\tfrac{5}{4}$ de celle des murs en maçonnerie, calculée par les règles précédentes.

EXEMPLE : Quelle doit être l'épaisseur d'un mur en pierres sèches de 3^m de hauteur, destiné à soutenir un parapet de même hauteur ?

On a

$$\frac{h}{H} = 1,$$

si l'on admet de plus que le mètre cube de la terre pèse à peu près autant que celui de la maçonnerie en pierres sèches employée.

On a

$$\frac{p'}{p} = 1,$$

et si $\qquad\qquad f = 0,6,$

la table donnerait, pour un mur en maçonnerie ordinaire si la berme était nulle,

$$x = 0,930,$$

et par la règle ci-dessus on aura, pour l'épaisseur du mur en pierres sèches,

$$0,930 \times 3^m \times \tfrac{5}{4} = 3^m,49.$$

335. Fondations des murs de revètement. Pour que la fondation ne puisse tourner autour de l'une ou de l'autre de ses arêtes, il faut que la résultante de la poussée des terres, du frottement de la terre contre le parement intérieur, du poids du revêtement et de la fondation, passe par le centre de gravité de la base de cette fondation.

Il faut donc pouvoir d'abord déterminer l'intensité, le point d'application et la direction de la poussée des terres, on y parviendra avec une approximation suffisante par la construction suivante :

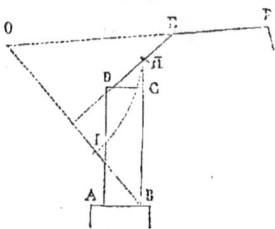

Fig. 60.

Prolongez la plongée EF (Fig. 60) *ou la face supérieure du massif des terres,*

Abaissez de B *une perpendiculaire sur le talus naturel* DE *prolongé, et tracez-la jusqu'à sa rencontre en* O *avec* EF,

Prolongez BC *jusqu'à sa rencontre en* H *avec le talus extérieur* DE,

Du point O *comme centre, avec* OH *pour rayon, décrivez un arc de cercle* HI,

La poussée sera égale à

$$P = \tfrac{1}{2} p \, (BI)^2,$$

p étant toujours le poids du mètre cube des terres.

Cette poussée agit horizontalement, perpendiculairement au parement intérieur du revêtement, et avec un bras de levier moyennement égal à $0,35 BH$, à partir du point B.

Le frottement des terres contre les maçonneries étant égal à 0,6 de la pression, par exemple, a pour valeur

$$\frac{0,6}{2} p \, (BI)^2,$$

et il agit de haut en bas dans le sens du parement vertical.

Il sera donc facile, par les règles connues de la composition des forces, de déterminer l'intensité et la direction de la résultante de la poussée, du frottement et du poids de la maçonnerie.

On en déduira d'abord l'intensité de la composante verticale de cette résultante, puis, par les résultats du tableau du n° 232, on calculera la largeur de l'empattement de la fondation, dont la profondeur est connue à priori; on connaîtra donc le poids de la fondation.

Fig. 61.

Par le point a (Fig. 61) de rencontre de cette résultante ac avec l'assise supérieure de la fondation, abaissez une verticale ab, que vous prendrez à une échelle convenable, pour représenter le poids de la fondation; la résultante du poids ab et de la force ac, sera la diagonale ad, par le point e où ac prolongé rencontre l'assise inférieure de la fondation, menez ei parallèle à ad, le point i déterminera la verticale du milieu de la fondation.

336. Épaisseur des murs des bâtimens d'habitation. Rondelet donne les formules pratiques suivantes pour déterminer l'épaisseur des murs en maçonnerie de moellons, en pierres de taille ou en briques.

En nommant

l la largeur du bâtiment pour les murs de face ou l'espace à diviser pour les murs de refend,

h la hauteur des murs,

n le nombre des étages,

e l'épaisseur des murs.

On calculera l'épaisseur par les formules suivantes, pour les

Murs de face
$$\begin{cases} \text{des bâtimens simples} \dots\dots & e = \dfrac{2l + h}{48} + 0^m,025, \\[2mm] \text{des bâtimens doubles} \dots\dots & e = \dfrac{l + h}{48}. \end{cases}$$

Murs de refend . . . . $e = \dfrac{l + h}{36} + n \times 0^m,013.$

Nota. Ces épaisseurs sont celles des murs au-dessous des plafonds, et le fruit des murs à l'extérieur doit être compris entre $\frac{1}{200}$ et $\frac{1}{80}$ de la hauteur.

Exemple : Quelle doit être l'épaisseur des murs de face d'un bâtiment double d'une largeur $l = 14^m$, et de $13^m,9$ de hauteur à ses différens étages ?

Le rez-de-chaussée ayant $4^m,50$ de hauteur
Le premier $3^m,60$
Le second $3^m,00$
Le troisième $2^m,80$
          $\overline{13^m,90}$

La règle ci-dessus donne pour le mur

du rez-de-chaussée . . . . $\dfrac{14 + 13,9}{48} = 0^m,58,$

le premier . . . . $\dfrac{14 + 9,4}{48} = 0^m,49,$

le second . . . . $\dfrac{14 + 5,8}{48} = 0^m,42,$

le troisième . . . . $\dfrac{14 + 2,8}{48} = 0^m,35,$

337. Dimension des pièces de charpente qui composent les fermes des différentes formes et portées. Nous donnerons ici une table extraite du cours de construction de l'école de Metz, où l'on trouvera les dimensions ordinaires des pièces de bois qui entrent dans les fermes en charpente.

42

STABILITÉ DES CONSTRUCTIONS.

TABLE DES GROSSEURS APPROXIMATIVES DES PIÈCES DE BOIS Q

	LARGEUR dans œuvre du bâtiment.	TIRANT ne portant point de plancher.	TIRANT portant un plancher.	ENTRAIT retroussé	JAMBE de force.	Arbalétrier.	Poinçon.	Aisseliers	Jambett
	m.	cent.	cent.	cent.	cent.	cent.	cent.	cent.	ce
	6	27 à 24	32 à 27	»	»	22 à 19	19 à 19	»	16 à 1
Ferme simple....	9	33 30	40 32	»	»	26 24	24 24	»	19 1
	12	40 36	47 37	»	»	32 30	30 30	»	21 2
	6	»	42 30	21 19	»	22 19	19 19	19 15	15 1
Ferme à entrait retroussé et arbalétrier allant du faîte au tirant..........	9	»	52 30	27 24	»	26 24	24 24	24 18	18 1
	12	»	63 45	33 30	»	32 30	30 30	30 22	22 :
	6	»	42 30	21 19	24 19	18 15	15 15	19 15	14 1
Ferme avec entrait retroussé et jambe de force.	9	»	52 37	27 24	29 24	22 18	18 18	24 18	16 :
	12	»	63 45	33 30	35 30	27 22	22 22	30 22	18 :
	6	»	42 30	23 20	22 20	20 18	18 18	20 15	14
Ferme pour comble en mansardes..........	9	»	52 37	30 27	29 27	25 23	23 23	27 18	16
	12	»	63 45	36 33	34 33	30 28	28 28	33 22	18

IPOSENT LES FERMES DE DIFFÉRENTES FORMES ET PORTÉES.

ontre-ches.	Faîte.	LIENS do faîte.	Pannes.	Liernes.	TASSEAUX et chantignolles.	Sablières	Blochets.	Chevrons	Coyaux.	Chaulate
cent.	cent.	cent.	cent.	cent.	cent.	cent.	cent.	cent.	cent.	cent.
5 à 16	19 à 16	15 à 15	19 à 19	»	19 à 19	23 à 12	»	9 à 9	8 à 7	16 à 3
19 19	20 17	16 16	20 20	»	20 20	25 14	»	10 10	9 8	18 4
21 21	22 19	17 17	22 22	»	22 22	28 16	»	11 11	10 9	20 5
15 15	19 16	15 15	19 19	»	19 19	23 12	»	9 9	8 7	18 3
18 18	20 17	16 16	20 20	»	20 20	25 14	»	10 10	9 8	18 4
22 22	22 19	17 17	22 22	»	22 22	28 16	»	11 11	10 9	20 5
14 14	19 16	15 15	19 19	19 19	19 19	23 12	18 14	9 9	8 7	16 3
16 16	20 17	16 16	20 20	20 20	20 20	25 14	20 15	10 10	9 8	18 4
18 18	22 19	17 17	22 22	22 22	22 22	28 16	22 16	11 11	10 9	20 5
14 14	19 16	15 15	19 19	20 20	19 19	23 12	18 14	9 9	8 7	16 3
16 16	20 17	16 16	20 20	21 21	20 20	25 14	20 15	10 10	9 8	18 4
18 18	22 19	17 17	22 22	23 23	22 22	28 16	22 16	11 11	20 9	20 5

338. Règles pour l'établissement des planchers.
M. Rondelet donne pour règle que les solives d'un plancher étant espacées tant plein que vide, la hauteur des bois doit être $\frac{1}{24}$ de la portée.

L'espacement ordinaire des poutres sur lesquelles portent les solives est de 12 pieds. — L'équarrissage de ces pièces doit être $\frac{1}{18}$ de la portée.

339. Règles de Tredgold. Planchers simples formés par un seul rang des solives. En nommant
c la portée en mètres,
b la hauteur, idem,
a la largeur, idem.

On calculera la hauteur des solives dont la largeur ne doit pas être au-dessous de $0^m,050$, par les formules suivantes pour les bois de

sapin . . . . $b = 0,0363 \sqrt[3]{\dfrac{c^2}{a}},$

chêne . . . . $b = 0,0376 \sqrt[3]{\dfrac{c^2}{a}}.$

Exemple : Quelle doit être la hauteur des solives en sapin d'un plancher simple de 6^m de portée, leur largeur étant de $0^m,10$?

La formule donne

$$b = 0,036 \sqrt[3]{\dfrac{36}{0,10}} = 0^m,257.$$

340. Planchers assemblés. On calculera l'épaisseur des poutres principales dont l'écartement ne doit pas excéder 3^m, par les formules suivantes, pour le bois de

sapin . . . . $b = 0,0688 \sqrt[3]{\dfrac{c^2}{a}},$

chêne . . . . $b = 0,0711 \sqrt[3]{\dfrac{c^2}{a}}.$

Premier exemple : Quelle doit être la hauteur des poutres principales d'un plancher assemblé en chêne, dont la portée est de 8^m, la largeur a de ces pièces étant de $0^m,25$?

La formule donne

$$b = 0^m,0711 \sqrt[3]{\frac{64}{0,25}} = 0^m,454.$$

On calculera l'épaisseur des petites poutres transversales assemblées aux poutres principales, et distantes au plus de $1^m,30$ à $2^m,00$, par les formules suivantes, pour les bois de

sapin................. $b = 0,0560 \sqrt[3]{\frac{c^2}{a}}$,

chêne................. $b = 0,0578 \sqrt[3]{\frac{c^2}{a}}$.

Deuxième exemple : Quelle doit être la hauteur des petites poutres en chêne des planchers ci-dessus ; leur largeur étant $0^m,10$, et les poutres principales étant écartées de $2^m,50$?

La formule donne

$$b = 0,0578 \sqrt[3]{\frac{6,25}{0,10}} = 0^m,228.$$

Les dimensions des solives supérieures se règlent par les formules des planchers simples, n° 339.

La hauteur des solives inférieures, qui ne servent qu'à fixer les lattes, et dont la largeur a ne doit pas dépasser $0^m,05$, se calculera par les formules suivantes, pour le bois de

sapin................. $b = 0,0104 \sqrt[3]{\frac{c^2}{a}}$,

chêne................. $b = 0,0109 \sqrt[3]{\frac{c^2}{a}}$.

TROISIÈME EXEMPLE : Quelle doit être la hauteur des solives inférieures en sapin du plancher précédent; leur largeur étant de 0^m,030, et les petites poutres étant écartées de 2^m ?

La formule donne

$$b = 0,0104 \sqrt[3]{\frac{4}{0,03}} = 0^m,053.$$

RÉSULTATS D'OBSERVATIONS

sur

L'EFFET UTILE

DES MOTEURS ET DES MACHINES.

———

On a réuni dans les tableaux suivans divers résultats d'observation sur l'effet utile des moteurs animés, des appareils d'épuisement des eaux, et sur la quantité de travail qui doit être transmise par les moteurs pour faire marcher les diverses machines de fabrication. Ces résultats ne sont ni aussi nombreux ni aussi complets qu'on l'aurait désiré, mais si les officiers et les ingénieurs qui liront cet Aide-Mémoire veulent bien recueillir les données d'observation propres à établir le calcul des diverses usines qu'ils visiteront et les communiquer à l'auteur, ils le mettront à même de compléter ces tableaux, qui deviendront alors d'une grande utilité pour les praticiens.

341. RÉSULTATS D'OBSERVATION SUR LA QUANTITÉ DE TRAVAIL QUE PEUVENT FOURNIR L'HOMME ET LES ANIMAUX.

NATURE DU TRAVAIL.	POIDS élevé ou effort moyen exercé.	VITESSE ou chemin par seconde.	TRAVAIL par seconde.	DURÉE du travail journalier.	QUANTITÉ de travail journalier.
	kil	m	km	h	km
ÉLÉVATION VERTICALE DES POIDS.					
Un homme montant une rampe douce ou un escalier sans fardeau, son travail consistant dans l'élévation du poids de son corps..................	65	0,15	9,75	8	280800
Un manœuvre élevant des poids avec une corde et une poulie, ce qui l'oblige à faire descendre la corde à vide....	18	0,20	3,60	6	77760
Un manœuvre élevant des poids ou les soulevant avec la main.........	20	0,17	3,40	6	73440
Un manœuvre élevant des poids ou les portant sur son dos, au haut d'une rampe douce ou d'un escalier et revenant à vide..................	65	0,04	2,60	6	56160
Un manœuvre élevant des matériaux avec une brouette en montant une rampe au 1/12 et revenant à vide...	60	0,02	1,20	10	43200
Un manœuvre élevant des terres à la pelle à la hauteur moyenne de 1m,60.	2,7	0,40	1,08	10	38880
ACTION SUR LES MACHINES.					
Un manœuvre agissant sur une roue à chevilles ou à tambour.					
1° Au niveau de l'axe de la roue....	60	0,15	9,00	8	259200
2° Vers le bas de la roue ou à 24°...	12	0,70	8,40	8	251120
Un manœuvre marchant et poussant ou tirant horizontalement..........	12	0,60	7,20	8	207360
Un manœuvre agissant sur une manivelle......................	8	0,75	6,00	8	172800
Un manœuvre exercé poussant et tirant alternativement dans le sens vertical.	5	1,10	5,50	8	158400
Un cheval attelé à une voiture ordinaire et allant au pas................	70	0,90	63,00	10	2268000
Un cheval attelé à un manège et allant au pas.......	45	0,90	40,50	8	1166400
Idem allant au trot..............	30	2,00	60,00	4,5	972400
Un bœuf attelé à un manège et allant au pas......................	65	0,60	39,00	8	1123200
Un mulet attelé de même et allant au pas......................	30	0,90	27,00	8	777600
Un âne attelé de même et allant au pas.	14	0,80	11,60	8	334080

342. Il peut être utile, dans certaines circonstances, de connaître l'effort qu'un manœuvre de force ordinaire est capable d'exercer pendant un court intervalle de temps, sur certains appareils ou outils; on en trouvera la valeur dans le tableau suivant :

EFFORT QU'UN MANOEUVRE DE FORCE ORDINAIRE PEUT EXERCER PENDANT UN COURT INTERVALLE DE TEMPS.

DÉSIGNATION DES INSTRUMENS.	EFFORTS en KILOGRAMMES.
Une plane..	45
Une tarière avec les deux mains..................	45
Une clef d'écrou..................................	38
Un étau ordinaire en agissant sur la clef..........	33
Un ciseau ou un foret dans le sens vertical	33
Une manivelle......................................	30
Une tenaille ou une pince, en agissant par compression..	27
Un rabot à main....................................	23
Un étau à main....................................	20
Une scie à main....................................	16
Un vilbrequin	7
Un petit tournevis, ou en tournant avec le pouce et les doigts..	6

43

343. RÉSULTATS D'OBSERVATION SUR L'EFFET UTILE DE L'HOMME ET DES ANIMAUX EMPLOYÉS AU TRANSPORT HORIZONTAL DES FARDEAUX.

NATURE DU TRANSPORT.	POIDS transporté.	VITESSE ou chemin par seconde.	EFFET utile par seconde exprimé en kilog. transportés à 1 mètre.	DURÉE de l'action journalière.	EFFET utile par jour.
	kil	m	km	h	km
Un homme marchant sur un chemin horizontal sans fardeau, son travail consistant dans le transport du poids de son corps...................	65	1,50	97,5	10,0	3510000
Un manœuvre transportant des matériaux dans une petite charrette ou camion à deux roues et revenant à vide.......................	100	0,50	50,0	10,0	1800000
Un manœuvre transportant des matériaux dans une brouette et revenant à vide chercher de nouvelles charges..	60	0,50	30,0	10,0	1080000
Un homme voyageant emportant des fardeaux sur le dos..............	40	0,75	30,0	7,0	756000
Un manœuvre transportant des matériaux sur son dos et revenant à vide chercher de nouvelles charges.....	65	0,50	32,5	6,0	702000
Un manœuvre transportant des fardeaux sur une civière et revenant à vide chercher de nouvelles charges..	50	0,33	16,5	10,0	594000
Un cheval transportant des matériaux sur une charrette et marchant au pas continuellement chargé..........	700	1,10	770,0	10,0	27720000
Un cheval attelé à une voiture et marchant au trot continuellement chargé.	350	2,20	770,0	4,5	12474000
Un cheval transportant des fardeaux sur une charrette et revenant à vide chercher de nouvelles charges.....	700	0,60	420,0	10,0	15120000
Un cheval chargé sur le dos et allant au pas........................	120	1,10	132,0	10,0	4752000
Un cheval chargé sur le dos et allant au trot........................	80	2,20	176,0	7,0	4435000

344. RÉSULTATS D'OBSERVATIONS SUR L'EFFET UTILE DES DIVERS MOYENS D'ÉPUISEMENT ET D'ÉLÉVATION DES EAUX.

Nota. L'effet utile indiqué dans ce tableau est mesuré par le produit du poids de l'eau élevée et de la hauteur d'élévation.

MOTEURS ET APPAREILS EMPLOYÉS.	EFFET utile.	RAPPORT de l'effet utile au travail développé par le moteur.
	km	
Baquetage à bras. Un homme avec un seau léger et travaillant 8 heures par jour..................	46000	
Ecopes ordinaires. Un homme travaillant 8 heures par jour..	48000	
Ecopes hollandaises. Un homme travaillant 8 heures par jour...................................	120000	
Seaux à bascule. Un homme travaillant 8 heures par jour, si le puits a { 2 à 3ᵐ de profondeur	60000	
4 ou 5ᵐ et plus.............	70000	
Puits ordinaire avec corde et poulie. Un homme travaillant 8 heures par jour..................	77000	
Puits très-profond avec treuil à volant et à manivelle. Un homme travaillant 8 heures par jour..........	170000	
Manège des Maraichers en 8 heures de travail,		
un homme...............................	200000	
un cheval ou mulet.........................	1166000	
un bœuf.................................	1120000	
un âne..................................	334000	
Chapelet incliné en 8 heures de travail,		
un homme agissant à une manivelle qui ne doit pas faire plus de 30 tours en 1ʹ.............	68000	
un cheval...............................	449000	0,38
La vitesse du chapelet ne doit pas excéder 1ᵐ50 en 1ʹ.		
Chapelet vertical en 8 heures de travail,		
un homme à la manivelle...................	115000	
un cheval..............................	647000	
Noria perfectionnée de M. Gateau.		
Le rapport de l'effet utile au travail développé par le		

MOTEURS ET APPAREILS EMPLOYÉS.	EFFET utile.	RAPPORT de l'effet utile au travail développé par le moteur.
	km	
moteur, varie avec la hauteur à laquelle la machine puise l'eau.		
Pour des hauteurs de 1ᵐ il est égal à..............	....	0,48
id. 2 il est égal à..............	....	0,57
id. 3 il est égal à..............	....	0,63
id. 4 il est égal à..............	....	0,66
id. 6 et au-delà, il est égal à.....	....	0,70
Noria de M. Burel en 8 heures de travail,		
un cheval.............................	671000	
un âne...............................	334000	0,58
Roue chinoise, mue par des hommes placés à hauteur de l'axe sur une roue à chevilles, un homme en 8 hʳᵉˢ.	144864	0,58
L'eau est élevée à 0ᵐ,50 ou 0ᵐ,60 au moins, au-dessus du niveau du réservoir.		
Roue à tympan, mue par des hommes agissant au bas d'une roue à marcher en 8 heures de travail un homme.	211000	0,80
Roue à godets ou à seaux	»	0,60
Roue à palettes planes, emboîtée dans un coursier cir-culaire, appelée Flashwheel..................	....	0,70
Vis d'Archimède, en 8 heures un homme........	100000	0,70 à 0,75
Le diamètre extérieur est ordinairement 1/12 de la longueur de la vis, le diamètre du noyau est 1/3 du diamètre extérieur. Il doit y avoir trois spires entières, dont la trace sur l'enveloppe, fait avec l'axe, un angle de 67 à 70°. L'inclinaison la plus favorable de l'axe de la vis à l'horizon est de 30 à 45°.		
Bélier hydraulique. Les résultats que l'on obtient avec cette machine, ont été observés avec beaucoup de soin par M. Eytelwein, et sont consignés dans le tableau suivant.		

NOMBRES de battemens des soupapes.	VOLUME d'eau dépensé.	HAUTEUR de chute.	TRAVAIL absolu du moteur.	VOLUME d'eau élevé.	HAUTEUR d'élévation.	EFFET utile.	RAPPORT de l'effet utile au travail développé par le moteur.
	litres	m	km		m	km	
66	48,4	3,066	148,0	15,40	8,02	123,5	0,835
54	63,5	3,099	196,5	17,42	9,86	172,0	0,875
50	54,6	3,027	165,0	11,92	11,78	140,3	0,851
52	37,1	2,437	90,2	7,67	9,86	75,6	0,840
45	49,8	2,661	135,0	9,52	11,78	112,0	0,830
42	45,1	2,262	102,0	6,82	11,78	80,3	0,787
36	40,4	1,843	74,4	4,78	11,78	56,3	0,755
26	23,8	1,386	33,0	2,25	9,86	22,2	0,667
31	36,6	1,543	56,4	3,20	11,76	37,6	0,667
23	50,5	1,255	63,4	2,95	11,78	34,7	0,547
17	49,1	0,915	44,8	2,18	9,81	21,4	0,477
15	56,1	0,981	55,0	1,65	11,78	19,4	0,353
14	54,8	0,758	41,5	1,00	11,78	11,8	0,284
10	44,6	0,601	26,8	0,41	11,78	4,8	0,179

M. Eytelwein indique les proportions suivantes, comme les plus convenables pour la construction des béliers hydrauliques.

La longueur du corps du tuyau conducteur, doit être égale à la hauteur d'ascension, augmentée de deux fois le rapport de cette hauteur à celle de la chute.

Le diamètre du même tuyau doit être 1,7 fois la racine quarrée du volume d'eau dépensé; ce qui revient à laisser prendre à l'eau une vitesse de 1m,82 en 1″; le diamètre du tuyau d'ascension doit être égal à la moitié de celui du conducteur. Il ne doit pas être recourbé au bout.

Les deux soupapes doivent être très-rapprochées l'une de l'autre. On devra généralement préférer les soupapes à plaques aux clapets; mais pour des tuyaux de 0m,30 de diamètre et au-delà, on pourra adopter des clapets.

L'orifice de la soupape d'arrêt, doit être égal à l'aire du tuyau de conduite. La soupape d'ascension doit avoir la même surface. Ces soupapes doivent être aussi légères que possible.

Il suffit que le réservoir d'air ait une capacité égale à celle du tuyau d'ascension.

MOTEURS ET APPAREILS EMPLOYÉS.	EFFET utile.	RAPPORT de l'effet utile au travail développé par le moteur.
	km	
Machines à colonne d'eau de Reichenbach.......	»	0,50
Pompes d'épuisement des mines.		
Résultat de l'observation de huit machines à basse pression à Anzin et de la pompe du Gros-Caillou.	»	0,66
Nota. On prendra ici, pour le travail développé par le moteur, celui que la machine utilise, et nous ferons remarquer que la longueur des tuyaux d'ascension occasionne des fuites considérables.		
Pompe de la saline de Dieuze.		
La quantité de travail utilisée par la roue hydraulique étant de........................ 228^{km}		
L'effet utile est de .... 115^{km}	....	0,523
Le volume d'eau élevé est les 4/5 du volume engendré par les pistons.		
Le développement des conduites d'eau douce est de 361^m, et leur diamètre de 0^m,06.		
Le développement des conduites d'eau salée est de 636^m, et leur diamètre de 0^m,108.		
L'eau n'est élevée qu'à 16 ou 18^m de hauteur.		

Dans l'établissement des pompes on doit observer les règles suivantes :

La vitesse des pistons doit être comprise entre 0^m,16 et 0^m,25 par seconde.

L'aire de l'ouverture masquée par les soupapes, doit être la moitié environ de celle du corps de pompe.

Le diamètre du tuyau d'aspiration et celui du tuyau de conduite, doivent être égaux aux 2/3 de celui du corps de pompe.

La course des pistons des grandes pompes, doit être de 1^m à 1^m,50.

L'espace nuisible doit être réduit autant que possible.

Dans les pompes en bon état, les fuites, les pertes occasionnées par la durée de la fermeture des soupapes, réduisent ordinairement le produit aux 4/5 du volume engendré par le piston.

345. RÉSULTATS D'OBSERVATIONS RELATIFS A DIVERSES MACHINES DE FABRICATION.

NATURE DES MACHINES et données générales.	QUANTITÉ de travail transmise par le moteur*.	FORCE du moteur en chevaux.
	km	
MOUTURE DES FARINES.		
Ancien moulin à la française, à Senelle, près Longwy.		
Diamètre des meules................... 1ᵐ,78		
Nombre de tours des meules en 1'........ 70		
Les meules étaient nouvellement repiquées à coups perdus, la mouture très-serrée et destinée à une manutention des vivres de la guerre; les produits étaient blutés.		
Quantité de blé moulu par heure........ 118ᵏ50	252	3,34
Moulin à l'anglaise, à Lonjau, près Metz.		
Diamètre des meules................. 1ᵐ,30		
Nombre de tours des meules en 1'...... 80 à 100		
Poids des meules.................... 1000ᵏⁱˡ		
Quantité de blé moulu par tournant en 1 hʳᵉ. 100ᵏⁱˡ		
Machines en activité.......{ deux tournans...... une bluterie à brosses. un tarare..........	637	8,50
Monture à l'anglaise, à Regret, près Verdun.		
Diamètre des meules................... 1ᵐ,30		
Nombre de tours des meules en 1'........ 90		
Quantité de blé moulu par tournant en une heure. 100ᵏⁱˡ		
Machines en activité. — Deux tournans...........	422	5,64
Machines accessoires de la fabrication des farines, à Regret, près Verdun.		
Machines en activité.....{ deux bluteries à brosses. un tarare.		
Quantité de blé bluté en 24 heures par bluterie 750ᵏⁱˡ..	486	6,50

* Il est sans doute inutile de dire que ce que l'on entend ici par la quantité de travail transmise par le moteur, c'est l'effet utile qu'il produit. Ainsi, pour une roue hydraulique, c'est la quantité de travail effectivement transmise par l'eau à sa circonférence extérieure (Voyez nᵒˢ 85 à 106), pour une machine à vapeur, c'est la quantité de travail transmise à l'arbre du volant, que l'on déduit de sa force effective en chevaux, en multipliant celle-ci par 75ᵏᵐ (Voyez nᵒˢ 169 à 180).

NATURE DES MACHINES et données générales.	QUANTITÉ de travail transmise par le moteur.	FORCE du moteur en chevaux.
	km	
Vermicellerie, à Ars, près Metz.		
Diamètre de la meule verticale. $\{$ extérieur.... $1^{m},70$ intérieur .... $1^{m},60$		
Nombre de tours de l'arbre de la meule en $1'$... 4		
Poids de pâte préparée en 1 heure........ 35^{kil}	221	2,95
SCIERIES.		
Scierie du moulin des trois tournans à Metz, à ma- nivelle et à volans.		
Le mouvement est transmis à l'arbre de la manivelle par une courroie.		
Poids du châssis.................... 383^{kil}		
PREMIÈRE OBSERVATION. Essence de bois scié : chêne sec de $0^{m},222$ de hauteur.		
Nombre de lames..................... 1		
Nombre de coups de scie en $1'$........ 88		
Surface sciée en $1'$.................. $0^{mq},0488$	249	3,33
DEUXIÈME OBSERVATION. Même bois.		
Nombre de lames.................... 4		
Nombre de coups de chaque scie....... 79		
Surface sciée en $1'$ $0^{mq},161$ ou par lame.... $0^{mq},04025$	277	3,70
TROISIÈME OBSERVATION. Essence et âge du bois scié: chêne de quatre ans de coupe et de $0^{m},315$ de hauteur.		
Nombre de lames.................... 4		
Nombre de coups de chaque scie en $1'$..... 90		
Surface sciée en $1'$, $0^{mq},131$, et par lame... $0^{mq},033$	337	4,50
QUATRIÈME OBSERVATION. Essence et âge du bois scié : hêtre d'un an de coupe, cylindrique de $0^{m}60$ de dia- mètre moyen.		
Nombre de lames.................... 1		
Nombre de coups de scie en $1'$........ 88		
Surface sciée en $1'$.................. $0^{mq},090$	225	3,00
Dans les observations précédentes, la scie en acier laminé, formait un trait de scie de $0^{m},004$ de largeur.		
Ces résultats montrent qu'il ne faut pas beaucoup plus de force pour faire marcher la scierie à plusieurs		

NATURE DES MACHINES et données générales.	QUANTITÉ de travail transmise par le moteur.	FORCE du moteur en chevaux.
	km	
lames qu'à une seule ; ce qui tient à la grande prépondérance du poids du châssis sur la résistance.		
Scie circulaire au moulin des Trois-Tournans, à Metz.		
Diamètre de la scie.................. $0^m,70$		
PREMIÈRE OBSERVATION. Essence du bois scié : chêne d'un an de coupe de $0^m,222$ de hauteur.		
Nombre de tours de la scie en $1'$......... 266		
Surface sciée en $1'$.................... $0^{mq},18$	266	3,55
DEUXIÈME OBSERVATION. Essence du bois scié : sapin en planches sèches de $0^m,25$ de largeur sur $0^m,027$ d'épaisseur.		
Nombre de tours de la scie en $1'$......... 244		
Surface sciée en $1'$.................... $0^{mq},75$	552	7,35
NOTA. Ces résultats montrent, que pour le débit des petits bois, une scie circulaire fait au moins autant d'ouvrage que quatre scies verticales dans le même temps et avec la même force motrice.		
On observera que la surface de sciage, notée ci-dessus, est le produit de la hauteur de la pièce, par la longueur sciée et non par la somme des deux faces séparées par la scie, ainsi que l'on compte ordinairement dans le débit du bois.		
Scierie à placage.		
Longueur de course de la scie......... $1^m,20$		
Épaisseur { de la lame............... $0^m,00033$ { de la voie ou du trait de scie.. $0^m,00060$		
Longueur des dents pour l'acajou et les autres bois précieux............... $0^m,005$		
Intervalle des dents dans le sens de la longueur de la scie................ $0^m,010$		
Hauteur dont la pièce avance à chaque coup..................... $0^m,0005$ à $0^m,0010$		
Nombre de coups de scie en $1'$........ 180		
Surface sciée en 1^h (en compt. les deux faces) 10^{mq}	50	0,66

NATURE DES MACHINES et données générales.	QUANTITÉ de travail transmise par le moteur.	FORCE du moteur en chevaux.
	km	
MACHINES A LAINER LES DRAPS.		
Manufacture à Sedan; établissement de la Vierge.		
Nombre de machines à lainer, mues par la machine à vapeur...................... 5,9	1500	20,00
Nombre de machines mues par force de cheval 2,46		
Trois chevaux attelés à un manége, font marcher quatre machines à lainer.....................	100 à 120	1,33 à 1,6
Quatre hommes agissant sur une manivelle font marcher une machine à lainer.....................	24	0,33
Etablissement de l'esplanade à Sedan*.		
Nombre de machines à lainer, mues par la machine à vapeur...................... 19	536	7,15
Nombre de machines mues par force de cheval. 2,66		
Tissage mécanique des toiles de coton, à la Broque (Vosges).		
Nombre et espèces de machines mues par la roue.		
Métiers à tisser.................... 260		
Machines à parer.................. 15		
Bobinoirs....................... 5		
Ourdissoirs...................... 6		
Petites pompes................... 6	1500	20,00
Produit en un mois............... 86400 mètres	1800	24,00
Nombre de métiers mus par force de cheval, y compris les machines accessoires moyennement. 12		
Tissage mécanique à Grand-Fontaine (Vosges.)		
Nombre et espèce de machines mues par la roue		
Métiers à tisser........................ 60		
Machines à parer...................... 5		
Ourdissoirs....,...................... 3		
Bobinoirs............ 2		
Produit par mois 450 pièces de toile, dite de cretonne en coton, de 4/4 et de 30 aunes de longueur......	600	8

* Cette observation et la précédente ont été faites par M. Poncelet.

NATURE DES MACHINES et données générales.	QUANTITÉ de travail transmise par le moteur.	FORCE du moteur en chevaux.
	km	
FILATURES DE COTON.		
Au Logelbach, près Colmar.		
Nombre et espèces de machines mues par la roue hydraulique.		
Métiers à filer de 320 à 400 broches .. 80		
Cardes 86		
Bancs de 88 broches chacun............ 8		
Bancs à broches en gros............... 6		
Étirages............................ 5		
Nombre total de broches des nos 26 à 30... 28000	3535	47,25
Nombre de broches avec les machines accessoires mues par force de cheval 593		
A Rothau (Vosges).		
Nombre de broches avec les machines accessoires mues par la roue............. 11000	2193	29,20
Nombres de broches des nos 28 à 60, mues par force de cheval.................. 377		
Nota. Dans cet établissement les communications du mouvement sont lourdes.		
A Schirmeck (Vosges).		
Nombre et espèce des machines mues par la roue.		
Cardes doubles 10		
Cardes simples...................... 46		
Bancs de laminoirs 5		
Bancs de lanternes.................. 5		
Bancs à broches en fin............... 3		
Métiers en fin 60		
Nombre total de broches des nos 36 à 80.. 14634	2100	28,00
Nombre de broches des nos 36 à 80 avec les machines accessoires, mues par force de cheval.......... 520		
Roue hydraulique de la nouvelle filature à Senones (Vosges).		
Machines mues par la roue.		
Métiers à filer 62		

NATURE DES MACHINES et données générales.	QUANTITÉ de travail transmise par le moteur.	FORCE du moteur en chevaux.
	km	
Broches des n°s 40 à 44................ 15000		
Bancs à broches..................... 8		
Machines à parer.................... 4		
Métiers à tisser...................... 24	2314	30,9
Cardes............................. 70		
Poids de coton filé par an........... 90000 kil.		
Produits d'un métier à tisser, par jour, en 3/4........................ 10 aunes.		
Filature du château.		
Nombre de machines mues par la roue.		
Métiers à filer du n° 60............... 40		
Cardes 42		
Laminoirs........................... 3		
Bancs à broches..................... 4	1025	13,7
Produit par mois en coton filé du n° 60... 3025 kil.		
A Mulhouse.		
Nombre de broches mues par la machine avec les machines accessoires............. 12800	1875	25,00
Nombre de broches mues par force de cheval 512		
A Guebwiller (Haut-Rhin).		

Nombre de broches avec les machines accessoires,
   mues par la roue hydraulique (la moitié filant des
   n°s 30 à 50 et l'autre moitié les n°s 50 à 100). 23000
	3600	48,00

Nombre de broches avec les machines acces- soires, mues par force de cheval........ 480		
NOTA. Dans cette usine lorsque la roue fait marcher toutes les communications de mouvement, son effet utile est de 1110^{km} ou 14^{ch},8. — La force de cheval équivaut donc aux résistances passives de 1554 broches avec les machines accessoires, ou les résistances passives des 500 broches exigent 0,322 de force de cheval.		

Observation générale sur les résultats relatifs aux filatures.

   Depuis que les observations précédentes ont été faites, la fabrication du coton filé a reçu de notables perfec-

NATURE DES MACHINES et données générales.	QUANTITÉ de travail transmise par le moteur.	FORCE du moteur en chevaux.
	km	

tionnemens et emploie de nouvelles machines accessoires, de sorte qu'on ne peut plus compter qu'une force de cheval fasse marcher 500 broches, mais seulement 400 à 450 pour les n⁰ˢ 40 à 60 avec leurs machines accessoires.

On estime qu'une machine à parer exige la force d'un cheval au moins.

PAPETERIES.

Papeterie à pilons à Ars, près Metz.

Poids des pilons...................... 110^{kil}		
Distance du centre de gravité à l'axe de rotation........................... $1^m,25$		
Elévation du centre de gravité pendant la levée............................. $0^m,088$		
Nombre de pilons.................... 16		
Nombre de levées en $1'$ { de chaque pilon.. 55 / de tous les pilons 880		
Poids de chiffons broyés en 12 hᵇ par pilon. 15^k		
Poids de pâte produite *id*.......... 10	202	2,70
Effet utile correspondant à l'élévation d'un pilon $110^k \times 0^m,088 = 9^{km},68$		
Travail du moteur pour chaque levée $\dfrac{202 \times 60}{880} = 13,79$		

Cylindres pour préparer la pâte, à Ars.

Nombre de cylindres en activité......... 2		
Nombre de tours des cylindres en $1'$....... 220	336	4,48
Poids de chiffons déchirés et raffinés en 12 hᵇ 240^{kil}		
Qualité des pâtes : moyenne.		

Autre usine du même genre à Ars.

Nombre de cylindres en activité..... 2		
Nombre de tours des cylindres en $1'$. 220		
Poids des chiffons déchirés et raffinés en 12 heures........................ 200 à 225^{kil}	415	5,54

NATURE DES MACHINES et données générales.	QUANTITÉ de travail transmise par le moteur.	FORCE du moteur en chevaux.
	km	
A Vasselonne (Bas-Rhin).		
Un cylindre pour péparer la pâte de qualité moyenne, fabrique 216 kilogrammes de pâte en 24 heures...	413	5,50
Nombre de cylindres en activité { un dégrossisseur } { un raffineur.... } 2		
FABRICATION DES CRISTAUX.		
Moulin à minium , à Baccarat (Meurthe).		
Nombre de tonnes à broyer................. 3		
Nombre de tours des arbres { 1ère tonne...... 20 verticaux en 1' { 2me *id*....... 25 { 3me *id*....... 40	403	5,28
Meules verticales à broyer les terres et les débris des creusets, à Baccarat.		
Diamètre { des meules en granit, des Vosges 1m,13 Épaisseur { *id*............. 0m,43 Poids { *id*............. 1120kil		
Distance du plan milieu des meules à l'arbre vertical...... .... 1m,20		
Nombre de tours de l'arbre des meules en 1'. 7,50	135	1,92
Produit :		
Débris de vieux creusets, dits *écailles de pots;* on fait en 12 heures 6 à 8 charges donnant chacune 145k de matière broyée en sable fin. Total... 870 à 1160kil		
Terre grasse sèche environ.............. 3000		
Taillerie des cristaux à Baccarat.		
PREMIÈRE OBSERVATION. *Grande roue de côté.*		
Machines mues par la roue		
Tours à tailler les cristaux.............. • 170		
Tours pour préparer les meules.......... 5		
Tours à métaux...................... 2		
Nombre de tours mus par force de cheval... 9,5	1520	17,90
Roue à aubes courbes.		
Nombre de tours à tailler mus par la roue.... 90	800	10,00
Nombre de tours mus par force de cheval.... 9		

NATURE DES MACHINES et données générales.	QUANTITÉ de travail transmise par le moteur.	FORCE du moteur en chevaux.
	km	
Forerie de canons de bronze; machine à vapeur de la fonderie de Douai.		
Nombre de tours des canons en 1'.. 10 à 12 au plus		
Nombre de bancs mus par la machine à vapeur.. 4	900	12,00
Roue hydraulique à la fonderie de Toulouse.		
Nombre de bancs mus par la roue............ 4	900 à 975	12 à 13
Manéges de la fonderie de Strasbourg.		
Quatre chevaux attelés à un manége font le service d'un banc...	160 à 200 au plus.	2,14 à 2,67
On observera que quand il s'agit du dégrossissage et des autres opérations les plus rudes, la marche des chevaux se ralentit et qu'ils sont tres-fatigués.		
Forerie de canons de fonte à Ruelle, près d'Angoulême.		
Pour un banc..............................	150 à 225	2 à 3
Allésoirs pour cylindres de machines à vapeur et de machines soufflantes.....................	150 à 225	2 à 3
Aiguiserie pour la fabrication des grandes scies et de la grosse quincaillerie.		
Machines mues par la roue et données.		

DÉSIGNATION des meules.	NOMBRE.	DIAMÈTRE.	NOMBRE de tours en 1'		
Meules pour les grandes scies.............	2	m 2 à 2,10	72		
Meules pour les outils.	2	2,00	72		
Petite meule...........	1	1,50	204		
Polissoirs pour les scies		1,30	476		
Petits polissoirs pour les outils	4	0,60 à 0,80	700 à 600	900	12

Une machine soufflante pour un raffineur d'acier, estimée à 1,50 cheval.

NATURE DES MACHINES et données générales.	QUANTITÉ de travail transmise par le moteur.	FORCE du moteur en chevaux.
	km	
Aiguiserie pour les pointes de Paris, à Fleur-Moulin (Moselle).		
Nombre de meules en activité.............. 8	318	4,25
Roue à laver dite Washweel, employée dans les fabriques d'indiennes.		
Diamètre du cylindre .... 2^m		
Largeur　　*id.* .... $0^m,80$		
Nombre de tours de la roue à laver en $1'$... 25		
Nombre de roues à laver en activité...... 2	236	3,15
Huilerie à Moulins, près Metz.		
Poids des meules.................... 3000^k		
Nombre de tours de l'arbre vertical en $1'$... 6		
Poids de graine chargé à chaque rechange de $10'$　25^k		
Poids de graine broyée en un jour........ 1500		
Produit en huile en douze heures......... 600	205	2,72
Huilerie à manége mue par un cheval travaillant 9 heures par jour, et relayé par un autre.		
Produit en 18 heures : trois tonnes de 98^{kil} ou 294^k	40	0,53
Nombre de tours de l'arbre vertical $1'$...... 4 à 5		
FORGES.		
Bocard à Moyeuvre.		
Nombre de pilons en trois batteries........ 44		
Poids d'un pilon..................... 85^{kil}		
Levée du pilon en charge.............. $0^m,33$		
Nombre de levées de chaque pilon, par tour de l'arbre à cames.................... 3		
Nombre de tours de l'arbre à cames en $1'$... 9,933		
Nombre de levées en $1'$................ 1786		
Nombre de levées de chaque pilon en $1'$.. 40,6	840	11,20
Effet utile de chaque levée, mesuré par l'élévation des pilons, et pour chaque pilon................... $85^k \times 0^m,33 = 28^{km}$		
Travail transmis par le moteur pour chaque levée........ $\dfrac{840}{44} \times \dfrac{60}{40,6} = 33^{km},7$		

NATURE DES MACHINES et données générales.	QUANTITÉ de travail transmise par le moteur.	FORCE du moteur en chevaux.
Double bocard du haut-fourneau à **Hayange.**		
Nombre de pilons...................... 32		
Poids d'un pilon...................... 80^k		
Levée des pilons en charge............. 0^m,295		
Nombre de levées de chaque pilon en 1′... 50	698	23,60
Effet utile de chaque levée, mesuré par l'élévation d'un pilon .... 20^k × 0^m,295 = 23^{km},6		
Travail transmis par le moteur pour chaque levée................. $\frac{698}{32} \times \frac{60}{50} = 26^{km},2$		
Le produit d'un seul pilon en 24 heures en matières concassées est en mine de.............. 2500^k		
castine 2500		
cailloux fins.......... 250		
laitier 1500		

Trompes employées dans les forges Catalanes.

Lorsque les conduites ne sont pas très-longues, l'effet utile mesuré par la moitié de la force vive imprimée à l'air, est le dixième de la quantité de travail absolu fournie par le cours d'eau.

Le diamètre intérieur du tuyau de descente, ordinairement vertical, est de 0^m,20 à 0^m,25, il doit avoir au moins 7 à 8^m de hauteur.

L'ouverture supérieure appelée *étranguillon* a 0^m,12 à 0^m,16 de diamètre.

Les *aspirateurs* percés au-dessous de l'étranguillon, sont au nombre de quatre, dirigés de haut en bas obliquement et ont 0^m,10 à 0^m,15 de longueur.

Machine soufflante à deux cylindres, servant deux hauts-fourneaux de 12 à 13^m de hauteur et un fourneau à la Wilkinson, marchant à l'air froid.

Diamètre des pistons .... 1^m,746

Course des pistons .... 2^m

Nombre de courses doubles de chaque piston en 1′........ 10,50

45

NATURES DES MACHINES et données générales.	QUANTITÉ de travail transmise par le moteur.	FORCE du moteur en chevaux.
	km	
Vitesse des pistons en 1″.............. $0^m,35$		
Pression moyenne de l'air, mesurée en colonne de mercure en sus de l'atmosphère, { dans les cylindr. $0^m,063$ / près des buses. $0^m,059$		
diamètre des buses. { 1er fourneau deux buses de. $0^m,060$ / 2e fourneau deux buses de. $0^m,054$ / fourneau à la Wilkinson une buse de .... $0^m,058$		
Volume d'air lancé dans les fourneaux en 1″. { 1er fourneau......... $0^{mc},588$ / 2e fourneau .... $0^{mc},475$ / fourneau à la Wilkinson $0^{mc},129$		
TOTAL..... $1^{mc},192$		
Volume engendré par les pistons $$2 \times \frac{0,7854(1^m,746)^2 \times 2 \times 10,50}{60} = 1^{mc},68$$		
Rapport du volume d'air expulsé au volume engendré par les pistons .... $\frac{1,192}{1,680} = 0,707 = \frac{5}{7}$	1736	23,17
Quantité de travail transmise à la roue par fourneau	775	10,30
Pour le fourneau à la Wilkinson.................	186	2,48
La même machine marchant à l'air chaud.		
Nombre de fourneaux en activité.... 3		
Hauteur des fourneaux........... 13 à 14^m		
Diamètre des buses.............. $0^m,07$ à $0^m,08$		
Température de l'air près des buses $200°$		
Pression de l'air près des buses, en sus de l'atmosphère, mesurée par une colonne de mercure .... $0^m,050$		
Volume d'air lancé par les deux tuyères dans chaque fourneau à { la temp^{re} de $200°$ $1^{mc},148$ / la temp^{re} de $10°$ $0^{mc},685$		

NATURE DES MACHINES et données générales.	QUANTITE de travail transmise par le moteur.	FORCE du moteur en chevaux.
	km	
Produit de ces fourneaux par mois pour un fourneau au coke....... 120000^k	1858	24,60
au charbon de bois.. 160000		
Quantité de travail transmise à la roue par fourneau	620	8,27
Machine soufflante du haut-fourneau de Framont (Vosges), à un cylindre et à l'air froid.		
Hauteur du fourneau .... 9^m,10		
Pression de l'air près des buses, en sus de l'atmosp., mesurée en colonne de mercure 0^m,049		
Diamètre de la buse .... 0^m,08		
Volume d'air lancé dans le fourneau en 1'. 0^{mc},462		
Diamètre.......................... 1^m,31	600	8,00
Course......................... 0^m,79		
Vitesse du piston.................... 0^m,479		
Volume engendré par le piston......... 0^{mc}645		
Rapport du volume d'air expulsé, au volume engendré par le piston......... $\frac{0,462}{0,645} = 0,718$		
Machine soufflante du haut-fourneau de Grand-Fontaine à Framont (Vosges), à un seul cylindre et à l'air chaud.		
Diamètre du cylindre................. 1^m,30		
Course du piston .... 1^m,34		
Vitesse du piston.................... 0^m,64		
Diamètre de la buse .... 0^m,08		
Température de l'air chaud près de la buse. 206°		
Pression de l'air, en sus de l'atmosphère, en colonne de mercure { près de la buse.. 0^m,032 { dans le cylindre. 0^m,065		
Volume d'air à 206° lancé en 1″, dans le fourneau........................... 0^{mc},512		
Volume réduit à la température de 15° et la pression de l'atmosphère............. 0^{mc},317		
Hauteur du fourneau marchant au charbon de bois............................. 9^m,10	583	7,80

NATURE DES MACHINES et données générales.	QUANTITÉ de travail transmise par le moteur.	FORCE du moteur en chevaux.
	km	
Volume engendré par le piston .... $0^m,852$		
Rapport du volume d'air lancé à la température de 15° au volume engendré par le piston.. $\dfrac{0,317}{0,852} = 0,372$		
Produit du fourneau par mois...... 60000 à 70000		
Machine soufflante de la grande forge à Framont (Vosges), servant quatre feux d'affinerie.		
Diamètre du cylindre .... $1^m,30$		
Course du piston..................... $1^m,382$		
Vitesse du piston.................... $0^m,578$		
Pression de l'air, en sus de l'atmosphère, en colonne de mercure, près des buses... $0^m,04$		
Diamètre des buses (il n'y en a qu'une par feu) $0^m,0347$		
Volume d'air lancé dans chaque fourneau en $1''$ $0^{mc},079$	675	9,00
— — pour les quatre feux....... $0^{mc},316$		
Volume engendré par le piston.......... $0^m,756$		
Rapport du volume d'air lancé dans les feux, au volume engendré par le piston.......... $\dfrac{0,316}{0,756} = 0,417$		
Travail transmis par le moteur pour chaque feu.......	169	2,25
Machine soufflante à un cylindre, à Moulin-Neuf, près Moyeuvre, servant deux feux d'affinerie et un feu de maréchal.		
Diamètre du cylindre................. $0^m,86$		
Course du piston....,.............,... $1^m,30$		
Nombre de courses doubles en $1'$....... 23		
Vitesse du piston en $1''$................. $0^m,498$		
Diamètre des buses (il y en a deux par feu). $0^m,021$		
Pression de l'air dans la conduite, en sus de celle de l'atmosphère, en colonne de mercure, près des buses ....·· $0^m,048$		
Volume d'air lancé en $1''$ { dans les deux feux d'affinerie par quatre buses....... $0^{mc},1219$ / dans le feu de maréchal par une buse............. $0^{mc},0303$		
TOTAL....... $0^{mc},1515$		

NATURE DES MACHINES et données générales.	QUANTITÉ de travail transmise par le moteur.	FORCE du moteur en chevaux.
	km	
Volume engendré par le piston en 1'.... $0^{mc},298$		
Rapport du volume d'air lancé dans les fourneaux, au volume engendré par le piston. $\dfrac{0,1515}{0,298}=0,508$	430	5,75
Travail transmis au moteur pour chaque feu d'affinerie.	172	2,30
pour le feu de maréchal..	86	1,15
Marteau frontal à Framont (Vosges).		
Poids total du marteau et de son manche. 2800^k		
Levée du milieu de la panne au-dessus de la pièce forgée .... $0^m,32$ à $0^m,36$		
Distance du centre de gravité du marteau à l'axe de rotation .... $0^m,935$		
Nombre de coups en 1'............... 75	2250	30,00
Marteau frontal à Moyeuvre (Moselle).		
Poids total du marteau............... 4900		
Levée du marteau au-dessus de la pièce à forger....................... $0^m,22$ à $0^m,25$		
Nombre de coups en 1'............... 75	2800	37,25
Ancien marteau à l'allemande, à Framont (Vosges).		
Poids { Marteau...................... 325^k		
Hurasse 152		
Manche 198		
Ferrure 21		
Total............. 696^h		
Levée du marteau, mesurée au milieu de la panne au-dessus de la barre à forger...... $0^m,45$		
Distance du centre de gravité à l'axe....... $1^m,80$		
Nombre de coups en 1'..................{ 90	750	10,00
100	900	12,00
Marteau à engrenage avec volant, à Framont.		
Poids { Marteau...................... 285^k		
Manche, hurasse et ferrure........ 400		
Total............. 685^k		

NATURE DES MACHINES et données générales.	QUANTITE de travail transmise par le moteur.	FORCE du moteur en chevaux.
	km	
Levée du marteau mesurée au milieu de la panne au-dessus de la barre à forger...... $0^m,45$		
Distance du centre de gravité à l'axe de la hurasse.......... .... $1^m,45$		
Nombre de coups en $1'$.................. 96	600	8
Ancien marteau à l'allemande, à Hayange.		
Poids { Marteau........................ 350^k		
{ Manche et ferrure 234		
TOTAL.. .... 584^k		
Levée du marteau mesurée au milieu de la panne .... $0^m,43$		
Distance du centre de gravité à l'axe de la hurasse .... $1^m,64$		
Nombre de coups de marteau en $1'$....... 112	97^5	13
Martinet de forge à Framont (Vosges).		
Poids { Marteau........................ 84^k		
{ Hurasse 177		
{ Manche........................ 210		
{ Ferrures........................ 39		
TOTAL........ 510^k		
Distance du centre de gravité en avant de l'axe des tourillons .... $0^m,51$		
Levée du marteau, mesurée au milieu de la panne au-dessus de la pièce à forger...... $0^m,25$		
Nombre de coups en $1'$ .... { 135	480	6,40
{ 150	565	7,54
Martinet de raffineur d'acier, et martinet pour la fabrication des pelles, des scies platinées, etc.		
Le poids du marteau seul................. 40^k		
Levée du marteau, mesurée au milieu de la panne .... $0^m,18$		
Nombre de coups en $1'$.................. 324	448	5,90
Produit en un mois : acier à une marque... 3000^k		

NATURE DES MACHINES et données générales.	QUANTITÉ de travail transmise par le moteur.	FORCE du moteur en chevaux.
	km	
LAMINOIRS CANNELÉS EMPLOYÉS A LA FABRICATION DU FER.		
Usine de Fourchambault.		
Nombre de cylindres en activité { 4 ébaucheurs } pour les gros fers. { 4 finisseurs } { 3 ébaucheurs } pour les petits fers. { 3 finisseurs }		
Nombre de tours des cylindres { grands cylindres. 60 en 1'. { petits cylindres.. 140	3750 à 4500	50 à 60
Produit par mois..................... 600000ᵏ		
Ces équipages de cylindres font le service de 20 fours à pudler et à souder, dont quelques-uns sont en réparation.		
Laminoirs cannelés.		
Un équipage de deux cylindres ébaucheurs à souder et de deux cylindres finisseurs.		
Nombre de tours des cylindres en 1'...... 60		
Nombre de fours servis par cet équipage { à pudler 5, à 6 { à souder 2		
Produit de cinq fours à pudler en un mois 300000ᵏ	2560 à 2800	33 à 37
— deux fours à souder........ 300000		
Laminoir à petite tôle.		
Deux laminoirs à petites tôles.		
Nombre de tours en 1'................. 50	1875 à 2250	25 à 30
Produit en un mois................... 60000ᵏ		

MACHINES.	DURÉE du travail	PRODUIT	DONNÉES DIVERSES.	QUANTITÉ de travail transmise par le moteur.	FORCE du moteur en chevaux.
	h			1m	
		POUDRERIES.			
Poudrerie d'An-goulême.					
Deux tonnes pour la trituration du composé binaire de soufre et charbon.	12	Poudre de chasse, 50 kil. de composé binaire. Poudre de guerre, 195 kil. de composé binaire.			
			Nombre de tours des tonnes en 1′ 25 Long. des tonnes 1m,26 Diamètre id. 1m,20	615	8,20
Deux tonnes pour la trituration du composé binaire de salpêtre et charbon.	12	Poudre de chasse, 251 kil. de composé binaire. Poudre de guerre, 525 kil. de composé binaire.			
Deux mélangeoirs pour la trituration ternaire avec des gobilles de poudre.	12	Poudre de chasse, 100 kil.	Nombre de tours en 1′ 25 Long. des tonnes 1m,20 Diamètre id. 1m,20	218	2,90
Une paire de meules en fonte avec bague en bronze pour former la galette de la poudre de chasse.	10	Poudre de chasse, 300 k. de galette.		411	5,49
Deux écureuils pour réduire cette galette en poussier.	10	300 kil. de poussier.			
Un laminoir pour transformer en galette le poussier des écureuils. Un brise-galette.	10	Poudre de chasse, 700 k. de galette.		132	1,76
Quatre écureuils pour réduire la galette concassée en grain épousseté	10	Poudre de chasse, 300 kil. de grain épousseté.		327	4,36
Deux lissoirs.	12	400 kil. de grain lissé.	Nombre de tours en 1′ 20 à 25	293	3,90

MACHINES.	DURÉE du travail	PRODUIT.	DONNÉES DIVERSES.	QUANTITÉ de travail transmise par le moteur.	FORCE du moteur en chevaux.
	h			km	
Deux mélangeoirs pour la trituration ternaire avec gobilles de poudre.	12	Poudre de guerre, 240 k. en deux rechanges de 120 k.		271	3,62
Deux tonnes pour convertir la combinaison ternaire en grains ronds.	10	Poudre de guerre, 720 kil. de grain.		474	6,32
Sécherie artificielle à ventilateur.	12	2000 kil.		256	3,42
Poudrerie du Bouchet.					
Deux mélangeoirs pour la trituration ternaire.	12	Poudre de chasse, 100 kil.		225	3,00
Une paire de petites meules.	12	Poudre de chasse, 150 kil.	L'arbre des meules fait 14 tours en 1'. Les meules sont cylindriques. Leur diamètre = 1m,50 Leur largeur au bord = 0m,50 Leur poids = 500 k. Leur écartement = 1m,02	162	4,16
Une paire de grandes meules.	2	Poudre de guerre, 50 kil.	L'arbre des meules fait 8 tours en 1' à sa plus grande vitesse. Poids des meules 2500 k.	220	2,93
Un laminoir pour former la galette de chasse.	10	700 k. de galette.		111	1,48
Moulin à pilons pour la poudre de guerre.	11	Poudre de guerre, 10 kil.	Nombre de pilons 12 Poids des pilons 42 k. Levée des pilons 0m,40 Nombre de coups de chaque pilon en 1' 56	276	3,68
Poudrerie d'Esquerdes.					
Deux meules.		Poudre de chasse. On charge 20 kil. à la fois. La durée de l'opération varie selon la qualité des poudres.	L'arbre des meules fait 10 tours en 1' Diam. des meules 1m,80 Largeur id. 0,45 Poids des meules 5500 k.	464	6,18

MACHINES.	DURÉE du travail	PRODUIT.	DONNÉES DIVERSES.	QUANTITÉ de travail transmise par le moteur.	FORCE du moteur en chevaux.
	h			km	
Poudrerie de Metz.					
Moulin à pilons de St-Pierre.	11 .24	Par pilon. Poudre de guerre, 10 kil. Poudre de chasse, 8,33 kil.	Poids des pilons 40 kil. Levée des pilons 0m,413 Nombre de levées de chaque pilon en 1′ 55 Nombre de pilons en activité 24	685	9,14
Moulin de Sainte-Barbe.	11 24	Par pilon. Poudre de guerre, 10 kil. Poudre de chasse, 8,33 kil.	Poids des pilons 40 kil. Levée des pilons 0m,413 Nombre de levées de chaque pilon en 1′ 55 Nombre de pilons en activité. { 12 18 24	268 445 590	3,57 5,91 7,87
Deux lissoirs.	24	Poudre de chasse. 100k. par lissoir.	Nombre de tours des tonnes en 1′ 20 à 27	157	2,10
Sécherie artific.lle	12	Poudre de guerre, 900 kil.	Deux ventilateurs à quatre ailettes chacun. Largeur des ailettes 0m,48 Longueur des ailettes 2,00 Nombre de tours des ailettes en 1′ 150 Consommat. de houille pour 12 heures de séchage 900 kil Pression de l'air en sus de l'atmosphère sous la toile, sur un cent. carré { 0,0005 à 0,0006	140	1,87

MANUFACTURE D'ARMES DE CHATELLERAULT.

NATURE DES MACHINES
et données générales.

Martinet employé à forger les doubles maquettes, pour les canons de fusils d'infanterie.

Poids du marteau......................... 135k

— du manche. 190

— de la hurasse..................... 93

— des ferrures........ 39

                      TOTAL.... 457k

NATURE DES MACHINES et données générales.	QUANTITÉ de travail transmise par le moteur.	FORCE du moteur en chevaux.
	km	
Longueur totale du manche................ 3^m,85		
Distance de l'axe { au milieu de la panne.... 2^m,15		
de la hurasse { à l'anneau de la queue ou		
bague.............. 0^m,97		
Levée du marteau, mesurée au milieu de la		
panne............................... 0^m,30		
Nombre de coups en 1′................ 202	1070	14,26

PRODUIT. Un maître maquetteur et son compagnon font par mois 800 maquettes pour canon d'infanterie.

NOTA. La roue pèse 21017 kilogrammes, ce poids excessif, celui de l'arbre à cames, la dimension démesurée des tourillons, occasionnent une perte considérable de travail par le frottement. L'expérience faite avec le frein, a montré que l'effet utile transmis à l'arbre à cames, ne serait que de 785^{km},4 ou 10^{ch},50 ; on peut alors compter que pour un marteau à engrenage, dont la roue et les autres parties seraient mieux proportionnées, la quantité de travail à transmettre au moteur serait au plus de 900 km. ou 12 chev.

Martinet employé à étirer les lames à canon, après qu'on a coupé en deux les doubles maquettes, forgées au marteau précédent.

Poids du marteau..................... 55^k		
— du manche...................... 176		
— de la hurasse.................... 99		
— de la bague ou anneau de la queue.... 32		
TOTAL....... 362^k		
Longueur totale du manche.............. 2^m,85		
Distance de l'axe de { au milieu de la panne.. 1^m,77		
la hurasse { à l'anneau de la queue.. 0^m,87		
Levée du marteau mesurée au milieu de la panne 0^m,15		
Nombre de coups en 1′................ 210	322	4,30

NOTA. Par les mêmes causes qui ont diminué l'effet utile du moteur de l'usine précédente, l'expérience faite avec le frein a montré que la quantité de travail transmise à l'arbre à cames, n'était que de 296^{km},5 ou 3^{ch},95. On peut alors compter que pour une machine convenablement proportionnée, il suffira que le moteur transmette une quantité de travail de 300 km. ou 4 chevaux de 75^{km}.

NATURE DES MACHINES et données générales.	QUANTITÉ de travail transmise par le moteur.	FORCE du moteur en chevaux.
	km	

Martinet de raffineur d'acier.

Poids du marteau......................	55^l		
— du manche......................	176		
— de la hurasse...................	99		
— de la bague ou anneau de la queue...	32		

TOTAL........ 362^l

Longueur totale du manche.............. 2^m,82

Distance de l'axe (au milieu de la panne..... 1^m,71
de la hurasse (à l'anneau de la queue..... 0^m,85

Levée du marteau, mesure prise au milieu de
la panne............................ 0^m,25

Nombre de coups en 1^l.................. 244 | 568 | 7,49

NOTA. Par les mêmes causes qui ont diminué l'effet
utile du moteur de l'usine précédente, l'expérience
faite avec le frein a montré que la quantité de travail
transmise à l'arbre de cames, n'était que de 388^{km}
ou 5^{ch},15. On peut alors compter que pour une machine convenablement proportionnée, il suffirait que
le moteur transmît une quantité de travail de 450^{km}
ou de 6 chev., pour que le marteau battît 244 coups
en 1^l

*Le même marteau employé à l'étirage des languettes
pour former les trousses.*

Nombre de coups en 1^l.................... 348 | 1119 | 15,80

Par les mêmes causes qui ont diminué l'effet utile
du moteur des usines précédentes, l'expérience faite
avec le frein a montré que la quantité de travail transmise à l'arbre à cames, n'était que de 780^{km}, ou 10^{ch},4.
On peut alors compter que pour une machine convenablement proportionnée, il suffirait que le moteur
transmît une quantité de travail de 900^{km} ou de 12 ch.

PRODUIT. Le marteau de raffineur d'acier servant pour
deux feux, produit par mois 1600 maquettes d'acier,
à trois marques pour lames de sabre de cavalerie
légère, modèle de 1822, pesant chacune 0^k,90.

NATURE DES MACHINES et données générales.	QUANTITÉ de travail transmise par le moteur.	FORCE du moteur en chevaux.
	km	
Machine soufflante, servant des feux de raffineurs d'acier, de maquetteurs de lames à canon.		
Nombre de feux servis par la machine.... 6		
Pression de l'air près des buses, en sus de l'atmosphère, en kilog. sur un centimètre carré .... $0^k,05$		
Diamètre des buses .... $0^m,03$		
Nombre de buses 6		
Volume d'air lancé par chaque buse en 1'.. $0^{mc},061$		
Volume d'air total fourni par les buses en 1″ $0^{mc},366$		
Volume d'eau élevé à $5^m,14$ en 1'...... $0^{mc},121$	725	9,68
L'élévation de l'eau consomme environ 185^{km} du travail transmis par le moteur. Il reste donc pour les six feux 540^{km}, ou par feu........................	90	1,20
Cette roue étant excessivement lourde et la machine soufflante destinée à alimenter un plus grand nombre de feux, il y a lieu de croire qu'avec un moteur convenablement proportionné, il suffira d'une force de cheval par forge de maréchal ou de raffineur d'acier.		
Meules pour émoudre les canons.		
Meules, diamètre .... 2^m		
— largeur .... $0^m,32$		
— poids .... 2100^k		
Lorsque le diamètre des meules est réduit à 1^m, on les change. Une meule peut servir à émoudre 1100 à 1500 canons.		
Nombre de tours des meules en 1'........ 183		
PRODUIT. Un ouvrier en 10 heures de travail peut émoudre .... 35 canons		
Nombre de meules en activité 2	773	10,38
Bancs pour le forage des canons de fusils.		
Nombre de tours des forêts en 1'.......... 328		
Nombre de bancs en activité 12	588	7,84
Produit en un mois en canons de fusil d'infanterie, forés 1000		

NATURE DES MACHINES et données générales.	QUANTITÉ de travail transmise par le moteur.	FORCE du moteur en chevaux.
	km	

Tours à canon et machines diverses.

Nombre de machines mues par la roue :

Tours à canon...................... 2 ⎫
Machines à polir quatre canons à la fois.. 1 ⎪
Machines à percer les pièces de la platine.. 4 ⎪
Machine à percer le chien............. 1 ⎬ 12   657   8,69
Tours à bayonnettes................. 2 ⎪
Petite meule pour les outils........... 1 ⎪
Banc à forer les douilles...... .... 1 ⎭

Il y a en outre une autre machine à percer les chiens et une autre pour percer les pièces de la platine, qui alternent avec les précédentes.

PRODUIT. Ces machines font le travail nécessaire pour les 1000 canons forés et émoulés par les précédentes.

NOTA. Les quantités de travail indiquées ci-dessus sont celles qu'il faut transmettre à l'axe des tambours qui conduisent immédiatement les machines indiquées.
Lorsque la roue hydraulique conduit toute l'usine son effet utile est de.............................   2420   32,20
ce qui montre que les résistances passives de la roue et des pièces qu'on ne pouvait désembrayer lors des observations, consommaient une force de 5,1 chevaux environ.

Laminoirs pour les tôles de cuirasses.

Cylindres, diamètre.................... $0^m,378$
— longueur.................... $0^m,735$
— poids..................... 900^{kil}
— nombre de tours en $1'$........ 22,5
Volant diamètre extérieur............. $3^m,910$
— poids de l'anneau............. 6720^{kil}
— nombre de tours en $1'$......... 87

PRODUIT. En 10 heures on lamine 40 plastrons. Chaque maquette reçoit quatre chaudes et passe environ 30 fois aux cylindres.............................   812   10,80

NOTA. Cette roue paraît être un peu faible pour le service du laminoir dont le mouvement se ralentit pendant le passage et il paraîtrait convenable de faire marcher les cylindres plus vite et à 30 tours au moins en $1'$; ce qui conduirait à donner à la roue la force de 18 chevaux environ.

RÉSULTATS D'EXPÉRIENCE ET DE CALCUL RELATIFS AUX MACHINES LOCOMOTIVES EM-
PLOYÉES SUR LE CHEMIN DE FER DE LIVERPOOL A MANCHESTER.

346. Les résultats d'expériences contenus dans le
tableau suivant, sont extraits du traité des machines à
vapeur locomotives par M. de Pambour, on les a comparés à ceux de la formule

$$10000 \frac{n}{60} v (p - 1,033),$$

dans laquelle

$p - 1,033$ est l'excès de la pression de la vapeur dans
la chaudière sur la pression atmosphérique, ce que
l'on nomme quelquefois la pression effective, exprimée
en kilogrammes sur un centimètre carré,

v le volume engendré par le piston, dans une de ses
courses simples,

n le nombre total de courses du piston en $1'$.

On observera que dans les machines locomotives bien
construites, le diamètre du tuyau à vapeur est ordinai-
rement égal à $\frac{1}{3}$ ou $\frac{1}{4}$ de celui du piston, que l'aire du
passage du robinet régulateur est égale à celle de ce
tuyau, et que la formule précédente n'est applicable
qu'au cas où ce régulateur est complètement ouvert,
parce que c'est celui pour lequel ces machines sont
convenablement proportionnées.

Les dimensions principales des machines sur lesquelles
les expériences ont été faites, sont les suivantes :

NOMS des machines.	DIAMÈTRE du cylindre.	COURSE du piston.	DIAMÈTRE de la roue.	SURFACE DE CHAUFFE			DIAMÈTRE du tuyau à vapeur.	POIDS.
				FOYER.	TUBES.	TOTALE.		
	m	m	m	mq	mq	mq	m	tonneaux
Vulcan....	0,279	0,406	1,525	3,205	28,557	31,762	0,089	8,47
Fury	0,279	0,406	1,525	3,056	28,557	31,613	0,089	8,33
Leeds.....	0,279	0,406	1,525	3,214	28,557	32,082	0,089	7,18
Vesta.....	0,283	0,406	1,525	4,273	23,789	28,062	0,083	8,85
Atlas	0,305	0,406	1,525	5,301	20,240	25,541	0,083	11,58

Nota. La machine Atlas a ses roues de devant couplées avec celles de derrière par des bielles de jonction.

On remarquera que les résultats d'observations contenus dans le tableau suivant, correspondent aux cas du service des machines locomotives où elles sont le plus fortement chargées, et que c'est seulement à des cas analogues que l'on pourra en appliquer les conséquences.

L'accord des diverses valeurs du rapport de l'effet utile réel à l'effet théorique, montre qu'entre les limites indiquées, on peut avec confiance employer la formule pratique du n° 179,

$$\frac{n}{60} 8190 (p - 1,033)$$

pour calculer l'effet utile des machines locomotives, toutes les fois que la charge sera de 170 tonneaux et au-dessus pour des machines proportionnées comme ci-dessus. — Lorsqu'au contraire la charge sera de 60 tonneaux et au-dessous, on devra modifier la formule comme il est dit au n° 179.

EFFET UTILE DES MACHINES A VAPEUR LOCOMOTIVES DU CHEMIN DE FER DE LIVERPOOL A MANCHESTER, DÉDUIT DE L'EXPÉRIENCE ET COMPARÉ AVEC LE RÉSULTAT DE LA FORMULE $\frac{10000 m v}{10}(p - 1,033)$

NOMS des machines.	DATES des expériences.	CHARGE de la machine rapportée au niveau en tonneaux de 1000 kil.	RÉSISTANCE au tirage, à 3 kil. 59 par tonneau de charge.	VITESSE de transport		EFFET UTILE déduit de l'expérience.		EXCÈS de la pression dans la chaudière sur celle de l'atmosphère en kilog. sur un centimètre quarré. $p - 1,0333$.	NOMBRE de courses simples des pistons en 1''. $\frac{n}{60}$	EFFET UTILE théorique		RAPPORT de l'effet utile réel à l'effet théorique.
	1834.	tonneaux	kil	en kilom. par heure.	en mètres par seconde.	en kil. m. en 1''.	en chevaux de 75 km.	kil		en kil. m. en 1''.	en chevaux de 75 km.	
				kilom.	m	km				km		
Vulcan......	{ 22 juillet....	191	687	18,37	5,110	3520	46,7	4,05	4,260	4300	57,4	0,810
	{ 22 juillet....	189	679	30,17	8,810	5980	79,7	4,05	7,360	7420	99,0	0,797
Fury........	{ 24 juillet....	248	891	37,46	10,400	9270	123,5	4,61	8,690	9980	133,0	0,925
	{ 4 août......	160	668	21,45	5,980	4000	53,3	3,87	4,980	4780	63,7	0,835
Leeds	15 août......	171	615	16,99	4,470	2750	36,7	3,41	3,730	3170	42,3	0,868
Vesta.......	{ 16 août......	192	690	4,83	1,340	1139	15,2	3,98	1,130	1146	15,3	0,808
	{ 16 août......	186	668	5,23	1,450	1267	16,9	4,08	1,208	1270	16,9	0,564
	23 juillet....	244	878	12,87	3,570	3440	45,9	3,87	2,776	3440	45,8	0,907
	23 juillet....	199	716	14,85	4,125	3875	51,7	3,76	3,450	3850	51,3	0,769
Atlas.......	{ 23 juillet....	202	726	9,65	2,680	2480	33,1	3,87	2,235	2575	34,3	0,756
	{ 31 juillet....	206	740	12,07	3,340	2990	40,0	3,58	2,782	2980	39,5	0,830
	4 août......	223	803	6,03	1,670	1810	24,1	4,34	1,391	1805	24,1	0,743
										Moyenne...		0,819

PESANTEURS SPÉCIFIQUES DES GAZ, DES VAPEURS ET DES LIQUIDES.

GAZ.			
Air.....................	1,0000	Protochlorure de phosphore	4,8750
Gaz hydriodique.........	4,4430	Essence de térébenthine...	4,7630
Gaz fluosilicique........	3,5730	Chlorure jaune de soufre..	4,7300
Gaz chloroborique	3,4200	Naphtaline..............	4,5280
Gaz chlorocarbonique.....	»	Vapeur de phosphore.....	4,3550
Hydrogène arséniqué.....	2,6950	Chlorure rouge de soufre..	3,7000
Chlore...............	2,4700	Liqueur des Hollandais...	3,4430
Oxide de chlore........	»	Acide hyponitrique......	3,1800
Acide fluoborique.......	2,3710	Ether acétique..........	3,0670
Acide sulfureux	2,3240	Sulfure de carbone	2,6440
Cyanogène.............	1,8060	Ether hyponitreux.......	2,6260
Hydrogène phosphoré.....	1,7610	Ether sulfurique........	2,5860
Protoxide d'azote........	1,5200	Ether hydrochlorique.....	2,2120
Acide carbonique........	1,5245	Chlorure de cyanogène ...	2,1110
Acide hydrochlorique.....	1,2474	Esprit pyroacétique......	2,0190
Hydrogène protophosphoré.	1,2140	Alcool...............	1,6133
Acide hydrosulfurique....	1,1912	Acide hydrocyanique.....	0,9476
Oxigène...............	1,1026	Eau.................	0,6235
Deutoxide d'azote.......	1,0388		
Hydrogène bicarboné.....	0,9780	LIQUIDES.	
Azote.................	0,9760	Eau distillée ou de pluie.. 1000	
Oxide de carbone.......	0,9570	Eau de rivière, environ... 1000	
Ammoniaque...........	0,5967	Eau de puits........ 1000 1014	
Hydrog. carbon. des marais.	0,5550	Eau de mer........ 1028 1042	
Hydrogène.............	0,0688	Acide sulfurique........ 1,8409	
		Acide nitreux.......... 1,5500	
VAPEURS.		Eau de la mer Morte..... 1,2403	
Air..................	1,0000	Acide nitrique.......... 1,2175	
Bichlorure d'étain........	9,1990	Eau de la mer.......... 1,0263	
Vapeur d'iode...........	8,7160	Lait................. 1,0300	
Vapeur de mercure......	6,9760	Vin de Bordeau......... 0,9939	
Vapeur de soufre........	6,6170	Vin de Bourgogne....... 0,9915	
Protocorure d'arsenic	6,3000	Huile d'olive........... 0,9153	
Chlorure de cilicium.....	5,9390	Ether muriatique........ 0,8740	
Ether hydriodique.......	5,4749	Huile essentielle de térébent. 0,8697	
Camphre ordinaire.......	5,4680	Bitume liquide dit *naphte.* 0,8475	
Ether benzoïque........	5,4090	Alcool absolu........... 0,7920	
Ether oxalique	5,0870	Ether sulfurique........ 0,7155	

TABLE D'ÉVALUATION DU POIDS DU MÈTRE CUBE DE DIVERSES SUBSTANCES.

INDICATION DES SUBSTANCES.	POIDS DU MÈTRE CUBE.	
	kil.	kil.
Eau.. .... { distillée et de pluie............	»	1000
de rivière, environ............	»	1000
de puits	1000	1014
de mer.....................	1028	1042
Terre ou sable de bruyère.....................	614	643
Terreau........................	828	857
Tourbe......... { sèche...................	514	»
humide....................	785	»
Terre végétale......................	1214	1285
Terre forte graveleuse...................	1357	1428
Vase..................	1642	»
Argile et glaise..................	1656	1756
Marne..................	1571	1642
Sable........... { fin et sec	1399	1428
fin et humide............	1900	»
fossile argileux............	1713	1799
de rivière humide............	1771	1856
Gravier cailloutis..................	1371	1485
Grosse terre mêlée de sable et de gravier..........	1860	»
Terre mêlée de petites pierres..................	1910	»
Argile mêlée de tuf..................	1990	»
Terre grasse mêlée de cailloux	2290	»
Écalins de roches.................	1571	1713
Ciment de terre cuite..................	1171	1228
Mâchefer, scorie de forges..........	771	995
Laitier vitreux.................	1428	1485
Pouzzolane....... { d'Italie.	1157	1228
du Vivarais..................	1085	1128
Trass de Hollande ou trass d'Andernach	1071	1085
Pierre ponce..................	557	928
Chaux.......... { vive sortant du four............	800	857
éteinte, en pâte ferme	1328	1428
Mortier de chaux et de.......... { sable.....................	1856	2142
ciment	1656	1713
mâchefer................	1128	1214
laitier	1856	1942
Brique	1000	1471
Craie.................	1214	1285
Pierres à bâtir.... { tendre................	1142	1713
franche demi-roche............	1713	1999
liais doux et roches............	2142	2284
roches dures, liais..............	2284	2427
très-compactes, cliquart..........	2499	2713

INDICATION DES SUBSTANCES.	POIDS DU MÈTRE CUBE.	
	kil.	kil.
Albâtres, marbres, brèches, lumachelles, brocatelles....	2199	2870
Chaux fluatée, spath fluor...........	3084	3184
Chaux sulfatée calcarifère, cruc et alabastrite.............	1899	2299
battue.................	1199	1228
tamisée...............	1242	1257
Gypse ou pierre à plâtre, cuite. Eau pour gâcher.........	328	343
Plâtre gâché. humide.............	1571	1599
sec...............	1399	1414
Eau vaporisée......	171	186
Eau combinée par cristallisation.....	157	157
Maçonnerie fraîche en moëllons.................	2240	»
en briques	1870	»
Baryte.................	4284	4626
Quartz pierre meulière poreuse.................	1242	1285
compacte caillasse.............	2485	2613
Quartz hyalin.............	2642	2656
Quartz arénacé ou grès à bâtir.....................	1928	2070
à paveur.................	2427	2613
Quartz résinite pechstein ou pierre de poix....	2042	2656
Quartz ou silex pyromaque, pouding............	2570	2927
Jaspe..............	2356	2813
Feldspath, pétrosilex............	2570	2742
Trapp, cornéenne, pierre de touche..............	2699	2742
Porphyre, ophite, serpentin, variolite.............	2756	2927
Talc, stéatite, chlorite............	2613	2784
Serpentine.................	2770	2856
Pierre ollaire...............	2742	2856
Granit, siénite, gnéiss............	2356	2956
Granitelle.................	2799	3056
Mica...............	2570	2927
Amiante...............	1556	1785
Schiste grossier................	1813	2784
tégulaire, ardoise	2742	2856
Trématode, pierre de Volvic...........	1928	2642
Laves, lithoïdes, basaltes	2756	3056
Laves du Vésuve.................	1713	2813
Tufs volcaniques	1214	1385
Scories volcaniques..............	785	885
Houille, charbon de terre..........	942	1328
MÉTAUX.		
Or, à 24 carrats, fondu, forgé............	»	19065
Argent à 12 deniers, fondu, forgé............	»	11491
Platine passé à la filière...........	»	21039

INDICATION DES SUBSTANCES.	POIDS DU MÈTRE CUBE.	
	kil.	kil.
Cuivre.......... { rouge fondu..................	»	7783
passé à la filière	»	8540
jaune, laiton fondu............	»	12674
passé à la filière............	»	8540
Fer............ { fondu......................	»	7202
forgé.......................	»	7783
Acier........... { non trempé..................	»	7829
écroui, trempé..............	»	7813
Étain.......... { pur de Cornwall, fondu........	»	7287
neuf, fondu écroui..........	»	7307
fin, fondu écroui............	»	7515
commun fondu...............	»	7915
dit *claire étoffe*, fondu..........	»	8439
Plomb fondu..............................	»	11346
Zinc fondu...............................	»	7138
Mercure coulant..........................	»	13560

CARREAUX DE PLATRAS ET PLATRE.	Un carreau	
	humide.	sec.
Pour cloisons légères........................	kil.	kil.
	15	12
18° sur 12° et..... { 2° ½ d'épaisseur..................	15	12
3°............................	18	15
3° ½	21	17
4°	23	20

	Longueur.	Largeur.	Épaisseur	Le cent de compte.	
Briques de....... { Bourgogne. 8° 4¹	4° »¹	2° »¹		241	248
Montereau. 8 »	4 »	1 10		208	214
Sarcelles... 7 9	3 ¼ »	» 21		180	184
Brique flottante composée de farine volcanique............ 7 »	4 ½ »	» 20		44	»
Ardoise......... { carrée, { forte............				45	47
fine				36	38
cartelette				22	23
La toise superficielle de voliges employée en couverture...				19	20
Tuiles de Bourgogne { grand moule { 11° 9° 6¹				223	225
faîtières 13°........				379	386
petit moule. { 9° 6° 6¹...........				159	162
faîtières 13°........				328	330
Tuiles de Sarcelles.. { 9° ½ 6° 8¹............				112	116
faîtières 12°............				245	»
Carreaux de 6° à six pans.. { de Bourgogne..........				84	»
de Sarcelles				74	»

BOIS.		
Abricotier......................................	771	»
Acacia (faux)..................................	785	800

INDICATION DES SUBSTANCES.	POIDS DU MÈTRE CUBE.	
	kil.	kil.
Acajou	785	914
Alisier	871	885
Amandier	110	»
Arbre de Judée	685	»
Aulne	543	800
Bouleau { commun	700	714
Bouleau { merisier	571	»
Buis { de France	900	914
Buis { de Mahon	914	928
Buis { de Hollande	1314	1328
Catalpa	457	471
Cèdre { du Liban	557	600
Cèdre { des Indes	1314	»
Cerisier { commun	714	743
Cerisier { de Sainte-Lucie	857	871
Charme	757	»
Châtaignier	685	»
Chêne { de Provence { vert	1220	»
Chêne { de Provence { sec	1015	»
Chêne { de Champagne { vert	988	»
Chêne { de Champagne { sec	860	»
Chêne { de Champagne { très-sec	758	»
Chêne { de Bretagne { sec	842	»
Chêne { de Bretagne { très-sec	742	»
Chêne { de Lorraine { vert	930	»
Chêne { de Lorraine { sec	643	»
Chêne { ordinaire { vert	1000	1157
Chêne { ordinaire { sec	785	914
Cognassier	700	985
Cormier	900	914
Coudrier noisettier	600	»
Cyprès { pyramidal	600	657
Cyprès { étalé	571	»
Ébénier { des Alpes	1042	»
Ébénier { d'Amérique	1199	1328
Érable { sycomore	643	»
Érable { de Virginie	628	757
Érable { jaspé	543	557
Février { épineux	814	28
Février { sans épines	771	785
Fresne	785	»
Gaïac	1328	1342
Génevier	543	557
Grenadier	1342	1357
Hêtre	714	857
If { de Hollande	771	»
If { d'Espagne	814	»

INDICATION DES SUBSTANCES.	POIDS DU MÈTRE CUBE.	
	kil.	kil.
Laurier d'Espagne..........................	814	828
Marronnier..............................	657	»
Mélèze.....	657	»
Mûrier	885	900
Néflier	942	»
Noyer.......... { de France....................	600	685
{ d'Afrique	728	743
Olivier.................................	914	928
Oranger	700	»
Orme..................................	942	743
Osier..................................	543	»
Peuplier........ { d'Italie......................	371	414
{ de Hollande..................	528	614
Pin du Nord............................	814	828
Platane......... { d'Orient.....................	700	714
{ d'Occident...................	628	»
Poirier.................................	657	714
Pommier	757	800
Prunier................................	771	»
Sapin .... { commun...................	528	557
{ jaune aurore...............	671	»
Saule	571	585
Sorbier des oiseleurs.....................	743	»
Sureau.................................	685	700
Tilleul	557	600
Tulipier................................	471	485
Thuya de la Chine	557	571
Aylande dit *vernis du Japon*.................	814	828
Vigne..................................	1314	1328

Pour établir une liaison entre les tables de pesanteurs spécifiques qui précèdent, nous ajouterons que, d'après les recherches de MM. Biot et Arago, le poids de l'air atmosphérique sec, à la température de la glace fondante et sous la pression de $0^m,76$ est, à volume égal, $\frac{1}{770}$ de celui de l'eau distillée.

Par une moyenne entre un grand nombre de pesées, on a trouvé qu'à zéro de température et sous la pression de $0^m,76$, le rapport du poids de l'air à celui du mercure, est de 1 à 10366.

NOUVELLES MESURES.

TABLE DES NOUVELLES MESURES.

NOMS SYSTÉMATIQUES.	VALEUR.
Mesures itinéraires.	
Myriamètre............................	10000 mètres.
Kilomètre.............................	1000 mètres.
Décamètre	10 mètres.
Mètre	*Unité fondamentale des poids et mesures.* Dix-millionième partie du quart du méridien terrestre.
Mesures de longueur.	
Décimètre............................	10e de mètre.
Centimètre...........................	100e de mètre.
Millimètre...........................	1000e de mètre.
Mesures agraires.	
Hectare..............................	10000 mètres quarrés.
Are..................................	100 mètres quarrés.
Centiare.............................	1 mètre quarré.
Mesures de capacité pour les liquides.	
Décalitre............................	10 décimètres cubes.
Litre................................	Décimètre cube.
Décilitre............................	10e de décimètre cube.
Mesures de capacité pour les matières sèches.	
Kilolitre............................	1 mètre cube ou 1000 décimètres cubes.
Hectolitre...........................	100 décimètres cubes.
Décalitre............................	10 décimètres cubes.
Litre................................	Décimètre cube.
Mesures de solidité.	
Stère................................	Mètre cube
Décistère............................	10e de mètre cube.
Poids.	
Millier..............................	1000 kilog. (poids du tonneau de mer).
Quintal..............................	100 kilogrammes.
Kilogramme...........................	Poids d'un décim. cube d'eau à la température de 4° au-dessus de la glace fondante.
Hectogramme..........................	10e du kilogramme.
Décagramme...........................	100e du kilog.
Gramme...............................	1000e du kilog.
Décigramme...........................	10000e du kilog.

RÉDUCTION DES MESURES ANCIENNES EN NOUVELLES ET RÉCIPROQUEMENT.

Réduction des toises, pieds, pouces en mètres et décimales du mètre.

Toises.	Mètres.	Pieds.	Mètres.	Pouces.	Mètres.
1	1,94904	1	0,32484	1	0,02707
2	3,89807	2	0,64968	2	0,05414
3	5,84711	3	0,97452	3	0,08121
4	7,79615	4	1,29936	4	0,10828
5	9,74518	5	1,62420	5	0,13585
6	11,69422	6	1,94904	6	0,16242
7	13,64326	7	2,27388	7	0,18949
8	15,59229	8	2,59872	8	0,21656
9	17,54133	9	2,92355	9	0,24363
10	19,49037	10	3,24839	10	0,27070
20	38,98073	20	6,49679	11	0,29777
30	58,47110	30	9,74518	12	0,32484
40	77,96146	40	12,99358	13	0,35191
50	97,45183	50	16,24197	14	0,37898
60	116,94220	60	19,49037	15	0,40605
70	136,43256	70	22,73876	16	0,43312
80	155,92293	80	25,98715	17	0,46019
90	175,41329	90	29,23555	18	0,48726
100	194,90366	100	32,48394	19	0,51433
200	389,80732	200	64,96789	20	0,54140
300	584,71098	300	97,45183	30	0,81210
400	779,61464	400	129,93577	40	1,08280
500	974,51830	500	162,41972	50	1,35350
600	1169,42195	600	194,90366	60	1,62420
700	1364,32561	700	227,38760	70	1,89490
800	1559,22927	800	259,87155	80	2,16560
900	1754,13293	900	292,35549	90	2,43630
1000	1949,03659	1000	324,83943	100	2,70700
2000	3898,07318	2000	649,67886	200	5,41399
3000	5847,10977	3000	974,51830	300	8,12099
4000	7796,14636	4000	1299,35773	400	10,82798
5000	9745,18296	5000	1624,19716	500	13,53498
10000	19490,36591	10000	3248,39432	1000	27,06995

Réduction des lignes en millimètres.

Lignes.	Millimètres.	Lignes.	Millimètres.	Lignes.	Millimètres.	Lignes.	Millimètres.
1	2,256	90	203,025	260	586,516	430	970,007
2	4,512	100	225,583	270	609,074	440	992,565
3	6,767	110	248,141	280	631,632	450	1015,123
4	9,023	120	270,700	290	654,191	460	1037,682
5	11,290	130	293,258	300	676,749	470	1060,240
6	13,535	140	315,816	310	699,307	480	1082,798
7	15,791	150	338,374	320	721,865	490	1105,356
8	18,047	160	360,933	330	744,424	500	1127,915
9	20,302	170	383,491	340	766,982	510	1150,473
10	22,558	180	406,049	350	789,540	520	1173,031
20	45,117	190	428,608	360	812,099	530	1195,590
30	67,675	200	451,166	370	834,657	540	1218,148
40	90,233	210	473,724	380	857,215	550	1240,706
50	112,791	220	496,282	390	879,773	560	1263,264
60	135,350	230	518,841	400	902,332	570	1285,823
70	157,908	240	541,399	410	924,890	1000	2255,829
80	180,466	250	563,957	420	947,448		

48

Réduction des millimètres en lignes.

Millim.	Lignes.	Millim.	Lignes.	Millim.	Lignes.	Millim.	Lignes.
1	0,443	90	39,897	420	186,184	740	328,039
2	0,887	100	44,330	440	195,050	750	332,472
3	1,330	120	53,196	460	203,916	760	336,905
4	1,773	140	62,061	480	212,782	770	341,338
5	2,216	160	70,927	500	221,648	780	345,771
6	2,660	180	79,793	520	230,514	800	354,637
7	3,103	200	88,659	540	239,380	820	363,503
8	3,546	220	97,525	560	248,246	840	372,369
9	3,990	240	106,391	580	257,112	860	381,235
10	4,433	260	115,257	600	265,978	880	390,100
20	8,866	280	124,123	620	274,844	900	398,966
30	13,299	300	132,989	640	283,709	920	407,832
40	17,732	320	141,855	660	292,575	940	416,698
50	22,165	340	150,721	680	301,441	960	425,564
60	26,598	360	159,587	700	310,307	980	434,430
70	31,031	380	168,452	720	319,173	1000	443,296
80	35,464	400	177,318	730	323,606		

Réduction des centimètres et des décimètres en pieds, pouces et lignes.

Centimèt.	Pieds.	Pouces.	Lignes.	Centimèt.	Pieds.	Pouces.	Lignes.
1	0.	0.	4,433	35	1.	0.	11,154
2	0.	0.	8,866	36	1.	1.	3,587
3	0.	1.	1,299	37	1.	1.	8,020
4	0.	1.	5,732	38	1.	2.	0,452
5	0.	1.	10,165	39	1.	2.	4,885
6	0	2.	2,598	40	1.	2.	9,318
7	0.	2.	7,031	41	1.	3.	1,751
8	0.	2.	11,464	42	1.	3.	6,184
9	0.	3.	3,897	43	1.	3.	10,617
10	0.	3.	8,330	44	1.	4.	3,050
11	0.	4.	0,763	45	1.	4.	7,483
12	0.	4.	5,196	46	1.	4.	11,916
13	0.	4.	9,628	47	1.	5.	4,349
14	0.	5.	2,061	48	1.	5.	8,782
15	0.	5.	6,494	49	1.	6.	1,215
16	0.	5.	10,927	50	1.	6.	5,648
17	0.	6.	3,360	60	1.	10.	1,977
18	0.	6.	7,793	70	2.	1.	10,307
19	0.	7.	0,226	80	2.	5.	6,637
20	0.	7.	4,659	90	2.	9.	2,966
21	0.	7.	9,092				
22	0.	8.	1,525				
23	0.	8.	5,958	Décimèt.	Pieds.	Pouces.	Lignes.
24	0.	8.	10,391	1	0.	3.	8,330
25	0.	9.	2,824	2	0.	7.	4,659
26	0.	9.	7,257	3	0.	11.	0,989
27	0.	9.	11,690	4	1.	2.	9,318
28	0.	10.	4,123	5	1.	6	5,648
29	0.	10.	8,556	6	1.	10.	1,977
30	0.	11.	0,989	7	2.	1.	10,307
31	0.	11.	5,422	8	2.	5.	6,637
32	0.	11.	9,855	9	2.	9.	2,966
33	1.	0.	2,288	10	3.	0.	11,296
34	1.	0.	6,721				

Réduction des mètres en toises, et en toises, pieds, pouces et lignes.

Mètres.	Toises.	Mètres.	Toises.	Pieds.	Pouces.	Lignes.
1	0,513074	1	0.	3.	0.	11,296
2	1,026148	2	1.	0.	1.	10,592
3	1,539222	3	1.	3.	2.	9,888
4	2,052296	4	2.	0.	3.	9,184
5	2,565370	5	2.	3.	4.	8,480
6	3,078444	6	3.	0.	5.	7,776
7	3,591518	7	3.	3.	6.	7,072
8	4,104592	8	4.	0.	7.	6,368
9	4,617666	9	4.	3.	8.	5,664
10	5,13074	10	5.	0.	9.	4,960
20	10,26148	20	10.	1.	6.	9,920
30	15,39222	30	15.	2.	4.	2,88
40	20,52296	40	20.	3.	1.	7,84
50	25,65370	50	25.	3.	11.	0,80
60	30,78444	60	30.	4.	8.	5,76
70	35,91518	70	35.	5.	5.	10,72
80	41,04592	80	41.	0.	3.	3,68
90	46,17666	90	46.	1.	0.	8,64
100	51,3074	100	51.	1.	10.	1,6
200	102,6148	200	102.	3.	8.	3,2
300	153,9222	300	153.	5.	6.	4,8
400	205,2296	400	205.	1.	4.	6,4
500	256,5370	500	256.	3.	2.	8,0
600	307,8444	600	307.	5.	0.	9,6
700	359,1518	700	359.	0.	10.	11,2
800	410,4592	800	410.	2.	9.	0,8
900	461,7666	900	461.	4.	7.	2,4
1000	513,074	1000	513.	0.	5.	4,0
2000	1026,148	2000	1026.	0.	10.	8,0
3000	1539,222	3000	1539.	1.	4.	0,0
4000	2052,296	4000	2052.	1.	9.	4,0
5000	2565,37	5000	2565.	2.	2.	8,0
10000	5130,74	10000	5130.	4.	5.	4,0

Réduction des mètres en pieds, pouces, lignes et décimales de la ligne.

Mètres.	Pieds.	Pouces.	Lignes.	Mètres.	Pieds.	Pouces.	Lignes.
1	3.	0.	11,296	16	49.	3.	0,736
2	6.	1.	10,593	17	52.	4.	0,032
3	9.	2.	9,888	18	55.	4.	11,328
4	12.	3.	9,184	19	58.	5.	10,624
5	15.	4.	8,480	20	61.	6.	9,920
6	18.	5.	7,776	21	64.	7.	9,216
7	21.	6.	7,072	22	67.	8.	8,512
8	24.	7.	6,368	23	70.	9.	7,808
9	27.	8.	5,664	24	73.	10.	7,104
10	30.	9.	4,960	25	76.	11.	6,400
11	33.	10.	4,256	30	92.	4.	2,88
12	36.	11.	3,552	35	107.	8.	11,36
13	40.	0.	2,848	40	123.	1.	7,84
14	43.	1.	2,144	45	138.	6.	4,32
15	46.	2.	1,440	50	153.	11.	0,80

Mètres.	Pieds.	Pouces.	Lignes.	Mètres.	Pieds.	Pouces.	Lignes.
55	169.	3.	9,28	600	1847.	0.	9,6
60	184.	8.	5,76	700	2154.	10.	11,2
65	200.	1.	2,24	800	2462.	9.	0,8
70	215.	5.	10,72	900	2770.	7.	2,4
75	230.	10.	7,20	1000	3078.	5.	4,0
80	246.	3.	3,68	2000	6156.	10.	8
85	261.	8.	0,16	3000	9235.	4.	0
90	277.	0.	8,64	4000	12313.	9.	4
95	292.	5.	5,12	5000	15392.	2.	8
100	307.	10.	1,6	6000	18470.	8.	0
200	615.	8.	3,2	7000	21549.	1.	4
300	923.	6.	4,8	8000	24627.	6.	8
400	1231.	4.	6,4	9000	27706.	0.	0
500	1539.	2.	8,0	10000	30784.	5.	4

Réduction des toises carrées et cubes en mètres carrés et cubes

T. car.	Mètres carrés.	T. car.	Mètres carrés.	T. cub	Mètres cubes.	T. cub	Mètres cubes
1	3,7987	17	64,5786	1	7,4036	17	125,8661
2	7,5975	18	68,3774	2	14,8078	18	133,2700
3	11,3962	19	72,1761	3	22,2117	19	140,6739
4	15,1950	20	75,9749	4	29,6156	20	148,0778
5	18,9937	30	113,9623	5	37,0195	30	222,1167
6	22,7925	40	151,9497	6	44,4233	40	296,1556
7	26,5912	50	189,9372	7	51,8272	50	370,1945
8	30,3899	60	227,9246	8	59,2311	60	444,2334
9	34,1887	70	265,9120	9	66,6350	70	518,2723
10	37,9874	80	303,8995	10	74,0389	80	592,3112
11	41,7862	90	341,8869	11	81,4428	90	666,3501
12	45,5849	100	379,8744	12	88,8467	100	740,3890
13	49,3837	150	569,8115	13	96,2506	150	1110,5836
14	53,1824	200	759,7487	14	103,6545	200	1480,7781
15	56,9812	250	949,6859	15	111,0584	250	1850,9726
16	60,7799			16	118,4622		

Réduction des mètres carrés et cubes en toises carrées et cubes.

M. car	Toises carrées.	M. car	Toises carrées.	M. cub	Toises cubes.	M. cub	Toises cubes.
1	0,2362	80	21,0596	1	0,1351	80	10,8051
2	0,5265	90	23,6920	2	0,2701	90	12,1558
3	0,7897	100	26,3245	3	0,4052	100	13,5064
4	1,0530	150	39,4837	4	0,5403	150	20,2596
5	1,3162	200	52,6490	5	0,6753	200	27,0128
6	1,5795	250	65,8112	6	0,8104	250	33,7660
7	1,8427	300	78,9735	7	0,9454	300	40,5192
8	2,1060	350	92,1357	8	1,0805	350	47,2724
9	2,3692	400	105,2979	9	1,2156	400	54,0256
10	2,6324	450	115,4602	10	1,3506	450	60,7789
20	5,2649	500	131,6225	20	2,7013	500	67,5321
30	7,8973	600	157,9470	30	4,0519	600	81,0385
40	10,5298	700	184,2715	40	5,4026	700	94,5449
50	13,1622	800	210,5959	50	6,7532	800	108,0513
60	15,7947	900	236,9204	60	8,1038	900	121,5578
70	18,4271			70	9,4545		

Réduction des pieds carrés et cubes en mètres carrés et cubes.

P. carr.	Mèt. carrés.	P. carr.	Mèt. carrés.	P. cub.	Mèt. cubes.	P. cub.	Mèt. cubes.
1	0,1055	20	2,1104	1	0,03428	20	0,68555
2	0,2110	30	3,1656	2	0,06855	30	1,02832
3	0,3166	40	4,2208	3	0,10283	40	1,37109
4	0,4221	50	5,2760	4	0,13711	50	1,71386
5	0,5276	60	6,3312	5	0,17139	60	2,05664
6	0,6331	70	7,3864	6	0,20566	70	2,39940
7	0,7386	80	8,4417	7	0,23994	80	2,74218
8	0,8442	90	9,4969	8	0,27422	90	3,08495
9	0,9497	100	10,5521	9	0,30850	100	3,42773
10	1,0552			10	0,34277		

Réduction des mètres carrés et cubes en pieds carrés et cubes.

M. carr.	Pieds carrés.	M. carr.	Pieds carrés.	M. cub.	Pieds cubes.	M. cub.	Pieds cubes.
1	9,48	20	189,54	1	29,17	20	583,48
2	18,95	30	284,30	2	58,35	30	875,22
3	28,43	40	379,07	3	87,52	40	1166,95
4	37,91	50	473,84	4	116,70	50	1458,69
5	47,38	60	568,61	5	145,87	60	1750,43
6	56,86	70	663,38	6	175,04	70	2042,47
7	66,34	80	758,15	7	204,22	80	2333,91
8	75,81	90	852,93	8	233,39	90	2625,65
9	85,29	100	947,68	9	262,56	100	2917,39
10	94,77			10	291,74		

Dans la construction des tables de réduction qui précèdent, on a employé les valeurs suivantes :

Mètre . . . .   0,513074 de toise.

Mètre carré . . . .   0,263 244 929 476 de toise carrée.

Mètre cube . . . . .   0,135 064 128 946 de toise cube.

Toise . . . .   1,949 036 591 2 mètre.

Toise carrée . . . .   3,798 743 633 8 mètres carrés.

Toise cube . . . . .   7,403 890 343 0 mètres cubes.

MESURES AGRAIRES.

La perche des eaux et forêts avait 22 pieds de côté; elle contenait 484 pieds carrés.

L'arpent des eaux et forêts était composé de 100 perches de 22 pieds; il contenait 48400 pieds carrés.

La perche de Paris avait 18 pieds de côté; elle contenait 324 pieds carrés.

L'arpent de Paris était composé de 100 perches de 18 pieds; il contenait 32400 pieds carrés et 900 toises carrées. Cet arpent est donc équivalent à un carré de 30 toises de côté.

L'unité nouvelle que l'on nomme *are* et que l'on pourrait considérer comme la perche métrique est un carré de 10 mètres de côté, qui comprend 100 mètres carrés.

L'*hectare* ou l'arpent métrique se compose de 100 ares, ou de 10000 mètres carrés.

	Pieds carrés.	Toises carrées	Mètres carrés.
Perche des eaux et forêts...........	484	13,44	51,07
Arpent des eaux et forêts...........	48400	1344,44	5107,20
Perche de Paris	324	9	34,19
Arpent de Paris................	32400	900	3418,87
Are.....................	947,7	26,32	100
Hectare.....................	94768,2	2632,45	10000

Réduction des arpens en hectares et des hectares en arpens.

Arpens de 100 perches carrées, la perche de 18 pieds linéaires.		Arpens de 100 perches carrées, la perche de 22 pieds linéaires.	
Arpens.	Hectares.	Arpens.	Hectares.
1	0,3419	1	0,5107
2	0,6838	2	1,0214
3	1,0257	3	1,5322
4	1,3675	4	2,0429
5	1,7094	5	2,5536
6	2,0513	6	3,0643
7	2,3932	7	3,5750
8	2,7351	8	4,0858
9	3,0770	9	4,5965
10	3,4189	10	5,1072
100	34,1887	100	51,0720
1000	341,8869	1000	501,7199

Réduction des hectares en arpens de 18 pieds la perche.		Réduction des hectares en arpens de 22 pieds la perche.	
Hectares.	Arpens.	Hectares.	Arpens.
1	2,9249	1	1,9580
2	5,9299	2	3,9160
3	8,7748	3	5,8741
4	11,6998	4	7,8321
5	14,6247	5	9,7901
6	17,5497	6	11,7481
7	20,4746	7	13,7061
8	23,3995	8	15,6642
9	26,3245	9	17,6222
10	29,2494	10	19,5802
100	292,4914	100	195,8020
1000	2924,9437	1000	1958,0201

Conversion des anciens poids en nouveaux.

Grains.	Grammes.	Onces.	Grammes.	Livres.	Kilogramm.	Livres.	Kilogrammes.
10	0,53	1	30,59	1	0,4895	80	39,1605
20	1,06	2	61,19	2	0,9790	90	44,0555
30	1,59	3	91,78	3	1,4685	100	48,9506
40	2,12	4	122,38	4	1,9580	200	97,9012
50	2,66	5	152,97	5	2,4475	300	146,8518
60	3,19	6	183,56	6	2,9370	400	195,8023
70	3,72	7	214,16	7	3,4265	500	244,7529
		8	244,75	8	3,9160	600	293,7035
Gros.		9	275,35	9	4,4056	700	342,6541
1	3,82	10	305,94	10	4,8951	800	391,6047
2	7,65	11	336,53	20	9,7901	900	440,5553
3	11,47	12	367,14	30	14,6852	1000	489,5058
4	15,30	13	397,73	40	19,5802		
5	19,12	14	428,33	50	24,4753		
6	22,94	15	458,91	60	29,3704		
7	26,27	16	489,51	70	34,2654		
8	30,59						

Conversion des nouveaux poids en anciens.

Grammes.	Livres.	Onces.	Gros.	Grains.	Kilogr.	Livres.	Onces.	Gros.	Grains.
1	0,	0.	0.	19	1	2.	0.	5.	3 5,1
2	0.	0.	0.	38	2	4.	1.	2.	70
3	0.	0.	0.	56	3	6.	2.	0.	33
4	0.	0.	1.	3	4	8.	2.	5.	69
5	0.	0.	1.	22	5	10.	3.	3.	32
6	0.	0.	1.	41	6	12.	4.	0.	67
7	0.	0.	1.	60	7	14.	4.	6.	30
8	0.	0.	2.	7	8	16.	5.	3.	65
9	0.	0.	2.	25	9	18.	6.	1.	28
10	0.	0.	2.	44	10	20.	6.	6.	64
20	0.	0.	5.	17	20	40.	13.	5.	55
30	0.	0.	7.	61	30	61.	4.	4.	47
40	0.	1.	2.	33	40	81.	11.	3.	38
50	0.	1.	5.	5	50	102.	2.	2.	30
60	0.	1.	7.	50	60	122.	9.	1.	21
70	0.	2.	2.	22	70	143.	0.	0.	13
80	0.	2.	4.	66	80	163.	6.	7.	4
90	0.	2.	7.	38	90	183.	13.	5.	68
100	0.	3.	2.	11	100	204.	4.	4.	59
200	0.	6.	4.	21					
300	0.	9.	6.	32					
400	0.	13.	0.	43					
500	1.	0.	2.	53					
600	1.	3.	4.	64					
700	1.	6.	7.	3					
800	1.	10.	1.	13					
900	1.	13.	3.	24					
1000	2.	0.	5.	35					

Multipliez le prix du kilogramme par 0,4895, vous aurez celui de la livre.

Multipliez le prix de la livre par 2,0429, vous aurez celui du kilogramme.

Le kilogramme ou le poids d'un décimètre cube d'eau distillée, considérée au maximum de densité et dans le vide, vaut.. 18827,15 grains.

La livre vaut............................. 9216

Donc, livre................................ 0,489505846 kil.

Et kilogramme.............................. 2,042876302 livr.

Réduction des kilogrammes en livres et décimales de la livre.

Kilogrammes.	Livres.	Kilogrammes.	Livres.
1	2,0429	60	122,5726
2	4,0858	70	143,0013
3	6,1286	80	163,4301
4	8,1715	90	183,8589
5	10,2144	100	204,2876
6	12,2573	200	408,5752
7	14,3001	300	612,8629
8	16,3430	400	817,1505
9	18,3859	500	1021,4382
10	20,4288	600	1225,7258
20	40,8575	700	1430,0134
30	61,2863	800	6834,3010
40	81,7151	900	1838,5887
50	102,1439	1000	2042,8763

Réduction des grammes en grains et décimales du grain.

Grammes.	Grains.	Grammes.	Grains.
1	18,8	7	131,8
2	37,6	8	150,6
3	56,5	9	169,4
4	75,3	10	188,3
5	94,1	100	1882,7
6	113,0		

Réduction des décigrammes en grains et décimales du grain.

Décigrammes.	Grains.	Décigrammes.	Grains.
1	1,9	6	11,3
2	3,8	7	13,2
3	5,6	8	15,1
4	7,5	9	16,9
5	9,4	10	18,8

Réductions des hectolitres en setiers, et des setiers en hectolitres, le setier étant de 12 boisseaux anciens et le boisseau de 13 litres.

Hectolitres.	Setiers.	Setiers.	Hectolitres.
1	0,641	1	1,560
2	1,282	2	3,12
3	1,923	3	4,68
4	2,564	4	6,24
5	3,205	5	7,80
6	3,846	6	9,36
7	4,487	7	10,92
8	5,128	8	12,48
9	5,769	9	14,04
10	6,410	10	15,60
20	12,820	20	31,20
30	19,231	30	46,80
40	25,641	40	62,40
50	32,051	50	78,00
60	38,461	60	93,60
70	44,871	70	109,20
80	51,282	80	124,80
90	57,692	90	140,40
100	64,102	100	156,00

Le poids moyen de l'hectolitre de froment est de 75 kilogrammes.

49

MESURES ANGLAISES COMPARÉES AUX MESURES FRANÇAISES.

Mesures de longueur.

Anglaises.	Françaises.
Pouce (1/36 du yard)..........	2,539954 centimètres.
Pied (1/3 du yard).............	3,0479549 décimètres.
Yard impérial.................	0,91438348 mètre.
Fathom (2 yard)...............	1,8287669 mètre.
Pole ou perch (5 1/2 yards)......	5,02911 mètres.
Furlong (220 yards)...........	201,16437 mètres.
Mile (1760 yards).............	1609,3149 mètres.

Françaises.	Anglaises.
Millimètre....................	0,03937 pouce.
Centimètre...................	0,393708 pouce.
Décimètre....................	3,937079 pouces.
Mètre.......................	39,37079 pouces. 3,2808992 pieds. 1,093633 yard.
Myriamètre..................	6,2138 miles.

Mesures de superficie.

Anglaises.	Françaises.
Yard carré...................	0,83697 mètre carré.
Rod (perche carrée)...........	25,291939 mètres carrés.
Rood (1210 yards carrés).......	10,116775 ares.
Acre (4840 yards carrés)........	0,304671 hectare.

Françaises.	Anglaises.
Mètre carré..................	1,196033 yards carrés.
Are.........................	0,098845 rood.
Hectare.....................	2,473614 acres.

Mesures de capacité.

Anglaises.	Françaises.
Pint (1/8 de gallon)............	0,567932 litre.
Quart (1/4 de gallon)..........	1,135864 litre.
Gallon impérial...............	4,54345794 litres.
Peck (2 gallons)..............	9,0869159 litres.
Bushel (8 gallons).............	36,347664 litres.
Sack (3 bushels).............	1,09043 hectolitre.
Quarter (8 bushels)..........	2,907813 hectolitres.
Chaldron (12 sacks)...........	13,08516 hectolitres.

Françaises.	Anglaises.
Litre.......................	1,760773 pint. 0,2200967 gallon.
Décalitre...................	2,2009667 gallons.
Hectolitre..................	22,009667 gallons.

Poids.

Anglais Troy.	Français.
Grain (24ᵉ de pennyweight)......	0,06477 gramme.
Pennyweight (20ᵉ d'once)........	1,55456 gramme.
Once (12ᵉ de livre troy).........	31,0913 grammes.
Livre troy impériale............	0,3730956 kilogramme.

Anglais, Avoir du poids.	Français.
Dram (16ᵉ d'once).............	1,7712 gramme.
Once (16ᵉ de la livre)..........	28,3384 grammes.
Livre avoir du poids impériale. ...	0,4534148 kilogramme.
Quintal (112 livres)............	50,78246 kilogrammes.
Ton (20 quintaux).............	1015,649 kilogrammes.

Français.	Anglais.
Gramme.....................	15,438 grains troy.
	0,643 pennyweights.
	0,03216 once troy.
Kilogramme.	2,68027 livres troy.
	2,20548 livres avoir du poids.

(Extrait de l'Annuaire du bureau des longitudes.)